龍種崛起

從市井無賴逆襲成為大漢帝王

芒碭山裡的大王
賣狗肉的販子
刺殺失敗的刺客

樂律

朱耀輝——著

英雄不論出處，只要確認過眼神
走對路跟對人，混混也能當皇帝！

◎當初的芒碭山大王，要如何逆襲成大漢皇帝？
◎戰亂之中，誰挖了誰的牆角，誰又忍不住跳槽？
◎「狡兔死，走狗烹」，劉邦其實也很苦？

漢初的生死棋局，風趣的文字下是驚心動魄的權謀詭計
項羽封王，劉邦大統，一覽牽動著千年轉折的命運抉擇

目錄

代序

第一章　草澤「龍種」
　　　　我是混混我怕誰 ……………………………………… 012
　　　　少年劉邦的俠客夢 …………………………………… 019
　　　　劉邦的中年危機 ……………………………………… 027
　　　　芒碭山裡當大王 ……………………………………… 032

第二章　日薄西山
　　　　秦始皇：我真的還想再活五百年 …………………… 042
　　　　李斯被拉下水了 ……………………………………… 046
　　　　胡亥：大秦帝國的掘墓人 …………………………… 051
　　　　王侯將相寧有種乎 …………………………………… 054

第三章　沛縣起義
　　　　就從這裡起步 ………………………………………… 062
　　　　刺客張良 ……………………………………………… 070
　　　　周文遇上對手了 ……………………………………… 075

第四章　立志圖秦
　　　　項羽的崛起 …………………………………………… 082
　　　　帶頭大哥很重要 ……………………………………… 088

003

目錄

劉邦和項羽組團打仗⋯⋯⋯⋯⋯⋯⋯⋯⋯⋯⋯⋯⋯⋯ 093
趙高的算計⋯⋯⋯⋯⋯⋯⋯⋯⋯⋯⋯⋯⋯⋯⋯⋯⋯ 097
有一種病叫「章邯恐懼症」⋯⋯⋯⋯⋯⋯⋯⋯⋯⋯ 100
鉅鹿之戰，項羽一戰封神⋯⋯⋯⋯⋯⋯⋯⋯⋯⋯⋯ 104

第五章　滅秦之路

西征，可靠嗎？⋯⋯⋯⋯⋯⋯⋯⋯⋯⋯⋯⋯⋯⋯⋯ 116
酈食其的求職之路⋯⋯⋯⋯⋯⋯⋯⋯⋯⋯⋯⋯⋯⋯ 121
張良的計謀⋯⋯⋯⋯⋯⋯⋯⋯⋯⋯⋯⋯⋯⋯⋯⋯⋯ 125
最後的審判⋯⋯⋯⋯⋯⋯⋯⋯⋯⋯⋯⋯⋯⋯⋯⋯⋯ 130
帝國死亡倒數計時⋯⋯⋯⋯⋯⋯⋯⋯⋯⋯⋯⋯⋯⋯ 139

第六章　王的盛宴

勝利面前要保持清醒⋯⋯⋯⋯⋯⋯⋯⋯⋯⋯⋯⋯⋯ 148
信不信我打你呀？⋯⋯⋯⋯⋯⋯⋯⋯⋯⋯⋯⋯⋯⋯ 153
命懸一線的飯局⋯⋯⋯⋯⋯⋯⋯⋯⋯⋯⋯⋯⋯⋯⋯ 160
項羽真的火燒阿房宮了嗎？⋯⋯⋯⋯⋯⋯⋯⋯⋯⋯ 169
排排坐，切蛋糕⋯⋯⋯⋯⋯⋯⋯⋯⋯⋯⋯⋯⋯⋯⋯ 173

第七章　屈就漢王

蕭何跑路了⋯⋯⋯⋯⋯⋯⋯⋯⋯⋯⋯⋯⋯⋯⋯⋯⋯ 180
「胯下之辱」的真相⋯⋯⋯⋯⋯⋯⋯⋯⋯⋯⋯⋯⋯ 183
夢想的舞臺在哪裡⋯⋯⋯⋯⋯⋯⋯⋯⋯⋯⋯⋯⋯⋯ 187
千金易得，一將難求⋯⋯⋯⋯⋯⋯⋯⋯⋯⋯⋯⋯⋯ 191

第八章　還定三秦

明修棧道，暗度陳倉 …… 198

劉邦和田榮，先揍誰？ …… 203

盜嫂陰謀家 …… 209

演員的自我修養 …… 214

第九章　楚漢爭雄

羽之神勇，千古無二 …… 220

挖牆腳的正確姿勢 …… 225

魏王豹背叛了 …… 232

第十章　韓信北伐

置之死地而後生 …… 240

一代謀士李左車 …… 245

帝王師與縱橫家 …… 249

范增中招了 …… 253

滎陽拉鋸戰 …… 257

第十一章　龍戰於野

被拖垮的項羽 …… 264

出來混，演技很重要 …… 268

閒不住的酈食其 …… 272

爭功的韓信 …… 276

濰水囊沙破龍且 …… 279

目錄

第十二章　垓下悲歌

大丈夫定諸侯，奈何做假王！……286

趁他病，要他命……292

垓下合圍楚霸王……295

英雄的完美謝幕……300

項羽為什麼敗了？……306

第十三章　君臨天下

終於當上皇帝了……310

劉邦的煩惱……315

咬牙封雍齒……319

田家兒郎夠血性……324

人和人不能比……329

落寞的韓信……333

第十四章　內憂外患

崛起的匈奴……342

劉邦對決冒頓……346

白登山的七天七夜……352

狡兔死，走狗烹……357

廢立太子風波……363

王者孤獨……368

代序

要了解漢朝，不可不讀《史記》。

我初次讀《史記》，還是受錢穆先生的影響。

很早以前，偶爾讀到錢穆先生為孫女錢婉約開的書單，其中關於《史記》部分有這樣一句話：「《史記》需全讀不宜選讀，遇不易解處，約略讀過，遇能解又愛讀處，則仍需反覆多讀，仍盼能背誦。」

盼能背誦，區區四個字把我驚呆了。

後來便找來《史記》，有時間就讀，尤其最愛大漢開國的部分。

讀得多了，也不再糾結於表面的傳奇故事，反而更在意太史公字裡行間的韻味。由於寫史往往需要為尊者諱，或者很多事情不方便明說，史家只好把真相隱藏在細節之中。

在這個意義上，項羽能舉多大的鼎、劉邦能喝幾斤酒、樊噲吃生肉會不會拉肚子等，都屬於細枝末節。

過去的史書，很少有人去深挖字裡行間的細節，並且試圖還原真實的人物，以及大漢開國的波瀾壯闊的時代。

以至於有人居然認為，劉邦只是街頭的小混混，那些豐沛功臣也只是小人得志而已。

其實大不然。

大漢王朝的建立，正處於中華歷史從封建向帝制轉型的重要時期，究竟是大一統還是分封，不僅是秦始皇和六國的分歧所在，也是劉邦和項羽、韓信等諸侯爭論的焦點。

代序

很多事情都圍繞這條線展開。

項羽分封十八路諸侯,並且把自己的首都定在彭城,雖說免不了富貴還鄉的心思,其內心又何嘗沒有恢復周政的理想藍圖?

韓信終生都相信,自己為劉邦打下半壁江山,裂土封王是應得的獎賞,劉邦沒理由,也不會奪走齊國。仔細來看,韓信不就是典型的春秋戰國思想嗎?

立功就封土,君臣始終以禮相待。

而劉邦恰恰是秦始皇的繼承人。

為了打敗項羽,他不得不以關東土地為誘餌,吸引諸侯加入自己的隊伍,但是在秦國故地,劉邦始終沒有分封一寸土地。

那些豐沛功臣,只能以侯爵在朝廷任職,和漢家朝廷實現深度的利益捆綁。

漢初的異姓諸侯王,算是劉邦的妥協,一旦時機成熟,他還是要為大一統做準備。這也是劉邦殺的功臣為什麼都是封王的人,而長安朝廷的侯爵幾乎都能保全的原因。

這條暗線,在過去的史書中都沒有寫出來,只能由讀者慢慢找。為了留下真實的歷史,太史公殺死無數腦細胞,才在字裡行間埋下伏筆。

我一直認為,歷史是有規律的,人物也是有感情的。

所謂規律,是無數事件、因素、巧合推動時代發展,逼迫當事人做出某些不得已的選擇。

可能劉邦未必想殺韓信。畢竟劉邦可以因為蕭何曾經多給了他兩個大錢,後來多封蕭何兩千戶,可見劉邦是知恩圖報的人,可大一統的歷史規律,讓他不得不殺韓信和彭越。

能把這條線挖出來,漢朝歷史才具規模。

和朱耀輝相識的時間不算短，每次聊天都要說到漢朝，尤其是波詭雲譎的漢初開國歲月。

對於歷史，我只是半路出家，本以為《史記》讀得熟就可以在人前賣弄，沒想到，總是被這個傢伙打臉。

不過，我們有一個共識就是，劉邦乃大英雄。

試想一下，劉邦很年輕時就仗劍遠遊，跑到魏國投奔信陵君，餐風露宿日晒雨淋，只為跟在偶像身邊求教學習。到達魏國後才知道，信陵君早已去世，劉邦還跟在信陵君曾經的門客張耳身邊，端茶倒水伺候了很久。

一個年輕人，圖什麼？

應該是夢想和情懷。

如果是我們，能不能為了心中的憧憬和夢想，而拋棄一切去追尋？恐怕能做到的人很少。

回到沛縣後，劉邦又團結了一批兄弟，夏侯嬰甚至能為他坐牢，可見劉邦的人格魅力。

那些縣裡的官吏如蕭何、曹參等人，也和劉邦的關係匪淺，這就絕不僅僅是有求於人的利益關係，只能是欣賞這個人。

雖然劉邦出身低微，但是在沛縣，他已經是成功人士。

和作者聊天的時候，我們曾經生出一個邪惡的念頭，假如穿越回秦末的沛縣，我們肯定會一人抱住一條大腿，求劉邦帶我們飛。不過，人家能不能看上還不一定呢！

可能是愛這段歷史太過深沉，他毅然提筆，寫下這套百萬字的書籍，用唯恐天下不亂的語氣，試圖還原一個真實的劉邦，以及波瀾壯闊的時代，並且從史料中挖掘歷史的規律和脈絡。

書中幽默跳脫的語言，彷彿劉邦邊洗腳邊罵人的灑脫，又有一種功成

代序

　　名就之後，回到沛縣高唱〈大風歌〉的豪邁和深沉。

　　集輕鬆和睿智於一體，嗯，這個漢朝確實太有意思了。

　　如果這本書能夠穿越時空，被劉邦看到的話，他肯定會一拍大腿：「終於有人為我們正名了。」

　　來人，快帶作者上來洗腳——不對，馬上賞千金封萬戶！

　　謹為序。

溫伯陵

第一章
草澤「龍種」

第一章　草澤「龍種」

我是混混我怕誰

一切的一切，都要從西元前 256 年說起。

這一年發生了一件大事，苟延殘喘了三百多年的東周王朝被秦國一勺燴了。

周王朝自從搬到洛陽後，就像一位步履蹣跚的老人，雖然住進了療養院，但是畢竟年紀大了，身體一天不如一天。想當年，周王朝在滅了商朝時，分封諸侯，那是何等的意氣風發？而如今，齊、楚、燕、韓、趙、魏、秦這七個不肖子孫，眼看著自己快不行了，個個蹬鼻子上臉，逢年過節也不來探望，只想著瓜分家產。作為家長的周朝一心想恢復往日的榮光，可惜已是有心無力了。

周赧王接手的就是這樣一個爛攤子。

從他即位開始，天下就已經進入了白熱化的競爭階段，大國為了搶地盤，紛紛發力，衝突不斷，戰火紛飛。周赧王每天都會收到小弟們互相廝殺的消息，而周王室又剛好處在天下的中心，使得周赧王每天晚上睡覺都得睜一隻眼睛，指不定哪天某個小弟就帶著自己的隊伍衝進來了。

這種擔驚受怕的日子，周赧王一過就是幾十年，真是佩服他的毅力。

雖然小弟們都不聽話，但是周赧王卻不敢擺臉色，尤其是在面對秦國時。在戰國的天下格局中，秦國就像一匹黑馬，趁著東面的小弟們亂哄哄之際，三十餘位幫主奮發圖強，一棒接一棒，終於將小作坊做大做強，做成了一家上市企業，眼下正磨刀霍霍，準備對自己下手。

周赧王唯一能依靠的，只有三晉，也就是趙、魏、韓。然而，韓、魏兩國早已奄奄一息，只有趙國還算堅挺。不料，長平一戰，趙國被打趴下了，元氣大傷，再也沒有人能保護周天子了。

就在周赧王內心忐忑時，楚國派了使者前來，希望周赧王能夠用「天子」的名義號令其餘各國協助攻秦。

周赧王欣喜不已，他讓西周公拉起了一支五六千人的隊伍。為了籌備糧餉，他又開始向一些土豪地主們籌借軍資，說好聽點叫「發行國債」，說難聽點就是打白條，承諾他們在周軍回朝之時，可以拿手中的白條來換取戰利品。

西元前256年，在周赧王的指示下，西周公率領軍隊伐秦。不料，臨到出發的日子，很多小弟或害怕秦國，或出於儲存實力的想法，一個個玩起了失蹤，只有楚、燕兩個小弟響應周赧王號召。

眼見盟軍遲遲不來，聯盟只好解散，不過，周赧王借來的軍資卻已是所剩無幾。地主們紛紛來討債，他們手裡拿著白條，聚集在宮門外，要求周赧王兌現承諾。周赧王只好躲到宮後的一個高臺上去避債。於是，一個成語誕生了，這就是「債臺高築」。

所以說，中華民族第一個「發行債券」的，是周赧王。

偷雞不成蝕把米，周赧王憂憤而死。就在這一年，秦國收取了九鼎，吞了周天子的土地，這家持續經營了八百年的周家老店自此宣告破產。

其實，那年冬天，還有一件不起眼的小事，楚國沛豐邑豐陽里一戶劉姓人家，一個叫劉季的男嬰出生了，這個名字大家可能不太熟，但是他另外一個名字路人皆知：劉邦。

關於劉邦的出生，還有一個比較玄的神話故事。

這一天，雷聲大作，狂風驟起，剛才還是晴空萬里，一瞬間天空就昏暗了下來。家裡的劉太公想起太太還在地裡忙活，於是趕緊抄起把雨傘就出了門。

他氣喘吁吁，好不容易趕到地裡時，抬眼看去，瞬間就羞紅了臉，因

第一章 草澤「龍種」

為他看到太太躺在一塊大石頭上睡得正香，一條若隱若現的龍正伏在她的身上，做著羞愧之事。

劉太公揉了揉眼睛，再次睜眼看，沒錯，確實是一條蛟龍！

不一會兒，雲收雨散，太太從夢中醒來，說自己剛打了個盹兒，夢到自己和某個神明迸發出了激情的火花，劉太公不好多說，扶著剛睡醒的媳婦回了家。十個月後，一個男嬰呱呱墜地，沒錯，他就是劉邦。

特此宣告，上面的這個故事，純屬司馬遷杜撰。

為何要杜撰？待我細細道來。

自古以來，歷代的帝王為表明自己乃真龍天子的權威性，無時不在刻意修飾、神化自己。這種神化自其出生便已開始，他們的神化之筆雖各有差異，但是雷同之處也頗多，主要以龍、蛇、日、光、氣、異香、人言等為依託，從視覺、聽覺、嗅覺幾方面包裝。比如，天上星星閃啦、地上冒紅光啦什麼的，總之就是想告訴你，這個孩子與別人不一樣。

為了編出新意，後世史家絞盡腦汁，在神話的道路上越跑越遠。比如，趙匡胤出生時據說紅光搖曳，滿街飄香。許多人以為隔壁著火了，紛紛提著桶，端著盆來救火。趕到趙家門口，才聽說是老趙家生了娃。小趙全身金色，持續三天才逐漸退去，街坊傳言，小趙出生有異象，必非常人。因出生時滿室飄香，鄰居就稱呼趙匡胤為「香孩兒」。

這顯然就是在欺負讀者沒常識了，淺薄如我都能一眼就看出，這哪是什麼異象？明明是典型的新生兒黃疸嘛！是膽紅素代謝異常造成的，要是現在，護理師一定會把小趙放進光療箱去照藍光。

明太祖朱元璋更勝一籌，不發黃了，全身發紅光，映出滿堂紅，鄰居以為隔壁老朱家房子燒起來了，提著水桶跑來救火，結果空忙一場。

無論如何，劉邦的出生也算是一件喜事，劉太公平常樂善好施，東家

一顆瓜,西家一顆棗,鄰里關係不錯,聽聞劉太公又生了一個孩子,眾人紛紛趕來祝賀。望著襁褓中的劉邦,眾人交口稱讚,什麼天庭飽滿啦,地閣方圓啦,並且一口斷定,此子將來必定是大富大貴之人。

劉太公之前生了兩個兒子,老大劉伯早逝,幸好老二劉仲還算孝順聽話。家中添了一子,按理說是喜事,可是劉太公卻一點兒也高興不起來。這日子本來就過得不順遂,如今又多了一張吃飯的嘴,能不能養活還不知道呢!

隨著日子一天天過去,一轉眼,劉邦成年了。看著眼前這個青壯年勞動力,劉老爹笑呵呵地遞給他一把鋤頭:「來吧,季兒,拿起你的鋤頭,奮鬥吧!」

然而,劉邦卻說了一句:「我不!」然後腳底抹油,眨眼間就消失得無影無蹤。

「種地有什麼意思?頂多混個溫飽,難道我劉邦只能面朝黃土背朝天,在父母兄長鄰里朋友的輕視中,這樣平庸地過一輩子嗎?不!這不是我想要的生活!生活不只有眼前的苟且,還有詩和遠方的田野,我不能在這裡苟且一輩子!」

老爺子的兒子們:老大劉伯早逝,老二劉仲忠厚老實,吃苦耐勞,是個做農事的好手,幾乎繼承了自己身上所有優秀的基因,很早就成家立業,分出去住了。

再看老三——

老爺子的臉立刻沉了下來,同樣是自己的兒子,怎麼人與人的差距就這麼大呢?這老三整天好吃懶做,遊手好閒,已經成了村裡貪財好色的不良典型。家裡的事全被劉老漢、劉老太和二哥包了,而他自己從來都不去關心,也從來不下地做事。隔壁的小孩兒甚至幫他編了一首兒歌:

第一章　草澤「龍種」

劉三爺、人三流，

騙了吃的騙喝的，

沛縣百姓一千戶，

上當人家九百九！

每當聽到外面這些風言風語，老爺子總會氣得拎著他的耳朵直罵：「老三，你看看你二哥，做事勤快，你怎麼就不能跟他多學學？」

罵歸罵，劉邦才不會把老爺子的話放在心上，該怎麼樣還怎麼樣。老爺子算是看清楚了，這老三沒得救了。

做父親的，哪個不望子成龍，望女成鳳？看著一天天長大的老三，老爺子心裡也著急啊：「既然不喜歡種地，那就送你去上學吧，好歹還能認幾個字。說不定將來還能在鄉里當個教書先生，混口飯吃！」

說來也巧，劉邦出生那天，村裡一戶盧姓人家也生了個孩子，取名盧綰，兩個孩子是同年同月同日生。

什麼是緣分？這就是緣分哪！鄰里鄉親覺得這事得慶祝一番，還特意殺豬宰羊，到兩家賀喜。劉老爺子一合計，既然兩家這麼有緣，那就讓盧綰和劉邦一起去上學吧！

然而，劉邦的心思完全不在書本上，逃課成了家常便飯。

很快，他的身邊就聚攏了一大幫朋友。他們是：賣狗肉的樊噲、跟屁蟲盧綰、不良青年周勃、江湖大哥王陵、縣政府司機夏侯嬰。

這裡要重點說一下王陵，他跟劉邦同鄉。在豐邑，劉邦是名副其實的大哥級人物，手下有眾多小弟，可出了豐邑，到了沛縣，劉邦就吃不開了。在沛縣的江湖中，混得最好的當屬王陵。劉邦很識時務，他投靠了王陵，做了王陵的小弟。

若干年後，天下大亂，劉邦帶著自己的隊伍走上了反秦之路，王陵在

沛縣的日子過得很不如意，不得不投靠劉邦。當年的帶頭大哥一轉身，低頭替當年的小弟當起了小弟。生活就是這樣，三十年河東，三十年河西，你或許能厲害一時，但是未必能厲害一世。

和這樣一幫不良少年混在一起，劉邦能有什麼人生追求？

總之，在此時的劉邦身上，沒有任何跡象表明他有做天子的潛質。眼下的他只是沛縣街頭混混，一人吃飽全家不餓。

問題在於，這麼多人天天廝混在一起，請客吃飯總是難免的，可是劉邦沒有錢，怎麼辦？

對於臉皮厚的劉邦而言，這個問題不難解決，他的辦法是：蹭飯！

前面說過，劉邦的大哥劉伯死得早，只留下大嫂和兒子劉信一起生活，劉邦經常帶著自己的這群狐朋狗友到大嫂家蹭飯。一開始，大嫂還挺客氣，可是時間一長，天天來蹭吃蹭喝，大嫂也不樂意了！

這一天，劉邦又帶著自己的一幫小弟們到大嫂家。不料，當他跨進大嫂家大門時，沒有看到大嫂，卻聽到從廚房裡傳來勺子猛刮鍋底的刺耳聲音——沒飯了。

見此情景，劉邦的小弟們都識趣離開了，劉邦的臉上卻是青一陣白一陣。在自己的小弟面前吃了癟，太丟人了，他感覺自己的人格遭到了侮辱，從此發誓再也不進大嫂家的大門。

多年以後，劉邦做了皇帝，先後封了二哥和四弟為王，偏偏沒有封大哥這一家。雖然劉邦的大哥很早就已經去世了，但是畢竟還有一個兒子劉信。而且劉信也不是孬種，他曾以中郎將的身分，跟隨劉邦出征，立下過戰功，算是劉邦家族下一代中的佼佼者。

眼看著劉邦該封的都封了，該賞的都賞了，卻唯獨落下了劉信。劉信自然不好說什麼，但是劉邦的父親可就看不下去了，找到劉邦問他：「自

第一章　草澤「龍種」

己的親姪兒都不封，你到底什麼意思啊？」

劉邦說：「我啊，不是忘了封了，而是因為他的母親太不厚道，想當年我帶著弟兄們去大嫂家吃飯，大嫂不給飯吃也就罷了，還讓我在兄弟們面前難堪，這事情她可能早忘了，但是我可沒忘！」

父親說：「就算你大嫂當初有做得不對的地方，這都過去多少年了，你怎麼還這麼記仇呢？你要是還認我這個爸爸，那就給我個面子，隨便替劉信封個官，別讓他們一家太難堪。」

父親發話了，劉邦抱怨之餘，也不好意思不封，左思右想，他封了一個侯爵給姪兒：羹頡侯。什麼意思呢？「頡」古音讀「戛」，敲擊的意思，「羹頡」也就是敲擊羹鍋──誰讓你當年不給我們兄弟們飯吃！活該！

眼看著年齡一天天大了，劉邦也該考慮娶太太了。但是問題在於，劉邦在鄉里口碑很差，家裡又窮，沒有哪戶人家願意把自己的黃花大閨女嫁給這麼一個無賴。但是這豈能難得倒混混劉邦？耐不住寂寞的劉邦開始追求鄰村一個曹姓已婚女子，沒過多久，就讓人家懷孕了，十個月後，還生了個大胖小子。

曹氏的丈夫氣到不行，將曹氏暴打一頓，然後將孩子扔給劉邦：「你的孩子，你看著辦吧！」

這下子，劉邦紅到鄰縣去了，他走在村子裡，婦女看到他，趕緊跑回家把門關上，彷彿一看到他就會大肚子似的。連年過半百的婦人也急急地躲回家去，一隻手還拉著自己那個十幾歲的小女兒，不讓自家孩子多看他一眼。

劉邦氣鼓鼓地走在路上，心中非常鬱悶！

眼看著別人家的枝頭早已繁花似錦，可是他的枝頭卻還是光禿禿、赤裸裸，說不著急，那是假話。

少年劉邦的俠客夢

雖然劉邦平日裡不務正業、混吃混喝，但是在內心深處，他還是有些追求的。什麼追求？當游俠！輕裘長劍，烈馬浩歌，紓難救急，快意恩仇，那是多少男兒少年時的夢想！

乍一聽，你會覺得，少年，好志向啊！

確實，在戰國時期，有那麼一群人，他們輕生死，重大義，仗劍走天涯，專門替人打抱不平。劉邦也幻想著自己帶一把劍，在野外客棧裡耍個帥，十步殺一人，千里不留行，事了拂衣去，深藏功與名！想想都覺得刺激！

劉邦不會武功，家裡也沒有錢，怎麼辦？那就只有去當別人的小弟！

在當時，那些有錢的貴族們最喜歡做的一件事就是收留一些有特長的人，美其名曰養士，其中有四個人極為有名，他們是魏國的信陵君魏無忌、趙國的平原君趙勝、楚國的春申君黃歇、齊國的孟嘗君田文。

這四人都喜歡養士，但還是各有不同。孟嘗君是出於私心，培植勢力，有沽名釣譽之嫌；春申君所養多是浪蕩浮華之輩，純為裝點門面；平原君則完全是跟風作秀。

與上面這三人不同，身為頂級富二代，信陵君從來沒有覺得自己有多了不起，史載「不敢以其富貴驕士」，沒有任何私心雜念，不慕浮華虛名，不分三六九等，只求於己有益，於國有用。此外，信陵君肯走基層，親自坐著車去見一個城門保全。

說起這個保全，他叫侯嬴，是位隱士，年已七十，家裡很窮，在大梁城做看門人。信陵君聽說這老頭很有才幹，備下厚禮登門拜訪，卻吃了閉門羹。信陵君不死心，擺了一桌酒席，親自坐車去接侯嬴赴宴。

第一章　草澤「龍種」

侯嬴考察了一番：「嗯，這小子不錯，那就跟隨他吧！」

後來，秦國攻打趙國，信陵君在侯嬴的幫助下竊符救趙，還替他推薦了朱亥，助信陵君成就了大事。

也正因為如此，四公子中，司馬遷最喜歡信陵君魏無忌，他在《史記》中不僅單獨為他立傳，通篇還以「公子」對信陵君相稱，溢美和褒揚遠遠超過了其他三位。

劉邦的家在楚國沛縣，沛縣是楚國和魏國的邊縣，因此劉邦打小就是聽著信陵君的傳奇故事長大的。如果說信陵君是光照世界的燦爛明星，那麼劉邦就是蟄居鄉下的狂熱粉絲。

多年以後，劉邦幾次路過魏無忌的墓，都哭到不行，還特地找人為魏無忌守陵。

如同今天的年輕人迷戀偶像明星一樣，成年後以游俠自任的劉邦為了追星，生平第一次出門遠行，他孤身一人涉千山，過萬水，遠赴大梁城去拜訪自己的偶像。

都怪那個時候通訊不發達，在那個交通基本靠走的年代，等劉邦風塵僕僕趕到大梁時，才得知自己的偶像已經去世好幾年了。

沒有見到自己的偶像，劉邦內心的失落可想而知。

就在劉邦準備收拾鋪蓋回家時，有一個人扯了扯他的袖子，對他說：「回家多無聊，跟隨我到外黃去吧，包吃包住！」

劉邦一臉疑惑，問他：「你是誰？」

來人答道：「我是張耳。」

有人要問了，這張耳是何人？也敢學信陵君招收門客？

張耳是魏國大梁人，曾經當過信陵君的小弟。信陵君去世後，小弟們流落四方，張耳想模仿他，把小弟們重新召集到一起，自己當大哥。但

少年劉邦的俠客夢

是問題在於，信陵君之所以能當大哥，是因為他是魏國宗室貴戚，門庭顯赫，有大把的錢可以揮霍，你張耳的口袋比臉還乾淨，大家憑什麼跟隨你？

張耳支支吾吾地說：「我長得帥啊！」

眾人哄堂大笑：「帥有什麼用啊，能靠臉吃飯嗎？」

還真可以。

外黃縣的一位富家女子就看上這個大帥哥了。

這位富家女子眼光挺高，家裡人為她介紹了對象，她瞧不上，便逃婚出來，跑到了父親的一個朋友家。朋友就為她介紹了張耳。

在偷偷看過張耳本人後，她當即被張耳所迷倒，回到家就鬧著要嫁給張耳，還發誓這輩子非他不嫁。張耳家沒錢？沒關係，我家什麼都缺，就是不缺錢啊！

此時的張耳正愁無處容身，得知有富家女子看上了自己，心裡非常高興，趕緊答應了這門親事。就這樣，富家女子以娘家的財勢幫著張耳在外黃站穩了腳跟，還收了不少小弟，張耳本人也混了個外黃縣令。

在外黃縣，劉邦跟大哥張耳氣味相投，成天在街上喝酒。

就在劉邦繼續喝酒，做著自己的游俠夢時，千里之外，另一個與自己同齡的人正在沙盤上描畫著自己胸中的藍圖。

這個人，就是嬴政。

嬴政與劉邦，乍一看是兩個時代的人，但是其實，這都是我們的錯覺，嬴政只比劉邦大三歲。當早熟的嬴政開始握緊權力，發動戰爭機器向六國猛烈開炮時，劉邦還在沛縣過著古惑仔的生活。

劉邦家雖然不富裕，但是他卻有一個非常幸福的童年，而比他大三歲的嬴政童年，卻只能和母親趙姬流浪在邯鄲街頭，過著食不果腹的悲慘

第一章 草澤「龍種」

生活。

嬴政的父親是異人，被發配到趙國當質子。這種身分無疑是很尷尬的，雖然自己骨子裡流的也是王族的血液，但這裡是趙國，有誰會關心你的王族身分？兩國要是鬧翻了，第一個就拿你開刀祭旗！

很不幸，秦趙兩國的關係一直很差，異人的日子自然也好不到哪兒去。所有人都不看好他，唯獨有個叫呂不韋的商人卻一眼看出，眼前的這落魄王孫絕對是個潛力股啊！只要自己肯投資，將來一定能取得豐碩的回報！

只是，要把異人這支已經連續跌停、持續飄綠的股票推上高位，談何容易？

呂不韋卻很自信，因為他就是戰國時代最厲害的操盤手！

說做就做，呂不韋當即就去拜訪異人。一見面，呂不韋就故作神祕地說：「你信不信，老夫能光大你的門庭？」

異人：「別搞笑了，你還是先光大你的門庭，再來光大我的吧！」

呂不韋回答得很坦率：「你不知道，我的門庭要等到你的門庭廣大之後才能光大。我不是為了幫你，我是在幫我自己。」

話都說到這個份上了，異人已經明白了呂不韋的意思，那就坐下來聊聊吧！

呂不韋為什麼這麼自信？因為他有錢，很多很多錢，「富可敵國」是他的身價。他堅信，這世上沒有錢搞不定的事，如果搞不定，那一定是你的錢還不夠多。

面對異人的嘲諷，呂不韋並不在意，他將自己的計畫和盤托出，還附帶把自己的小妾趙姬送給了異人。

異人聽完他的講述，兩眼開始發光，他激動地握住呂不韋的手：「你要是真能把我扶上秦國集團董事長的位子，我任命你為執行董事，將來肯

定少不了你的好處！」

在花錢這一點上，呂不韋從來不吝嗇。為了投資異人，呂不韋一出手就拿出了五百金送給異人。

緊接著，呂不韋又拿出五百金作為公關費，踏上了西入秦國之路。

這裡要重點說明一下，秦漢時代，所謂的金，不是指金子，而是黃銅。長期以來，銅鑄幣就是各朝各代的通用貨幣。金子由於比較稀有，一般不作為貨幣使用，而是作為建築、藝術品的原材料。

在呂不韋的成功運作下，異人完成了角色轉換，從質子一路成長為太子。就在異人苦哈哈地吃糠咽菜，為接替父親的職位隨時準備時，千里之外，自己的老婆孩子還流落在邯鄲街頭，過著寄人籬下的悲慘生活。

嬴政的童年是不幸的，從他記事起，他和母親趙姬就在邯鄲街頭流浪，過著有一頓沒一頓的生活，忍受著旁人的嘲諷和侮辱。這種生活帶給年幼的嬴政兩點變化：一個是他的心智早熟，另一個是，由於父愛的長期缺位和悲慘遭遇，嬴政的內心缺乏安全感，這帶給他巨大的心理創傷和心理扭曲。

從心理學的角度看，由於環境的影響以及獨特的家庭原因，許多孩子都會產生自卑感。在成長過程中，他們始終在與這種自卑感決鬥，由此衍生出多種行為模式。其中很重要的一種是以超乎常人的努力來達成超乎尋常的抱負，以此來克服或壓制自己童年時期的自卑感。

而嬴政，恰恰就是這樣一個人。

異人接任秦國皇位後，趙國的反應很快，第一時間就把嬴政母子送到了秦國，向秦國示好。

三年後，異人去見了上帝，歷史的重任交到了嬴政身上。這一年，他只有十三歲。

第一章　草澤「龍種」

當嬴政繼承了秦國掌門人的位子時，劉邦正帶著一群哥們在樹上掏鳥窩；當嬴政和老奸巨猾的呂不韋、嫪毐鬥智鬥勇時，劉邦正帶著一幫小弟跟別人打架鬥毆；當嬴政扳倒了呂不韋和嫪毐這兩座大山，開始親政時，劉邦正帶著小弟們在酒館裡喝酒。

什麼是差距？這就是差距！有些人天生含著金鑰匙出生，而有些人出生時，卻什麼也不是。但是那又如何？人生是講節奏的，有一個詞叫大器晚成。

正當劉邦在外黃縣做著自己的游俠夢時，蟄伏已久的少年嬴政終於出手了，他向六大門派正式宣戰！

江湖風雲又起！

韓、趙、魏、楚、燕、齊，你們洗乾淨脖子等著吧！

眼看著六大門派一個個倒了下去，燕國的少主人，太子姬丹坐不住了。

太子丹與嬴政本是舊相識。想當初，兩人都曾在邯鄲做人質。同是天涯淪落人，兩人惺惺相惜，結下了深厚的友誼。然而，兩人最終都沒能擺脫命運的安排，嬴政回到了秦國，成了秦國掌門人，而太子丹卻天生是當人質的命，上一次是趙國，這一次又到了秦國。

一個是高高在上的秦王，一個是跌到了塵埃裡的落魄太子。昔日最好的玩伴竟然將劍鋒指向了自己的國家，太子丹心裡非常焦急。一個月明星稀的夜晚，太子丹逃離秦國，回到了自己的國家。

太子丹跑回燕國後，眼看自己的父親昏庸無能，心想：「明的不行，那就來暗的吧！找一個絕世高手，直接刺殺秦國的掌門人──嬴政！」

問題在於，天下之大，到哪兒去找這樣的高手呢？

不用找，眼下燕國國內就有這樣一個高手，他的名字叫荊軻！

與荊軻相比，劉邦充其量只能算是游俠愛好者，他既不會武功，家裡又沒有礦，只能跟著大哥張耳混。

荊軻不一樣，他是真正的游俠。他是衛國人，卻不依附任何人，居無定所，行蹤飄忽不定。

太子丹一見到荊軻，就說了一大通嬴政的壞話，接著話鋒一轉，請求荊軻去刺殺嬴政。

荊軻開口推辭說：「不行不行，我能力有限，難擔大任，你還是換個人吧！」

太子丹上前以頭叩地，堅決請求。

荊軻只能應承了下來。

易水河畔，太子丹帶著小弟們為荊軻送行。在高漸離的擊築伴奏下，荊軻無限悲涼地唱了人生中最後一首歌：「風蕭蕭兮易水寒，壯士一去兮不復還。」

後來的事情大家都知道了，荊軻成功到了秦王身邊，圖窮匕見，只可惜功虧一簣，卻也嚇到嬴政了。要不是嬴政反應快，早就被荊軻刺死了。

經歷了這件事，嬴政對這些所謂的游俠深惡痛絕，他開始打壓這些不穩定分子。張耳在當地頗有名氣，自然也受到了波及，劉邦只得回到自己的沛縣老家。

很快，戰火就燒到了劉邦的家鄉。

這一年，秦國在收拾了魏國後，騰出手來，準備拿楚國開刀。

楚國的領地從黃河直到長江，廣闊無垠。雖然在此前與秦國正面PK過好幾次，實力大不如前，但是俗話說得好，瘦死的駱駝比馬大，憑藉著廣袤的領土縱深，足以拖垮來犯之敵。與這樣規模相當的對手決戰，秦國還是得提早熱身。

第一章　草澤「龍種」

這一天，秦國召創辦公會議，討論如何滅楚一事。嬴政問少年才俊李信：「寡人打算攻取楚國，將軍估算一下，需呼叫多少軍士才夠？」

李信的回答很自信：「給我二十萬人馬，必定能踏平楚國！」

嬴政又問王翦，王翦的回答很保守：「非得六十萬人不可。」

這麼一對比，嬴政心裡就有主意了，隨後封李信為三軍總司令，帶著二十萬人伐楚。

王翦心裡很失落，既然你不信我，那我倒要看看，你二十萬人怎麼踏平楚國！隨後推託有病，回老家頻陽去了。

年輕的李信帶著二十萬人踏上了南下之路，他太自信了，貿然輕進，疏忽了後方的防備，結果被楚國的總司令項燕截了胡，大敗。要想滅楚，你還不夠格！

得知李信戰敗，嬴政差點暈過去。

嬴政第一時間乘著自己的專車去接王翦：「為了秦國的統一大業，您老人家還得回來主持軍事工作啊！」

當著嬴政的面，王翦再一次提出了自己的要求：「要我出山滅楚也可以，六十萬軍隊，只能多不能少。」

嬴政一拍胸脯：「保證沒問題！」

此時的楚國正在開慶祝大會呢，得知王翦親自出馬，猶如當頭澆了一盆冷水，瞬間氣氛就變得不一樣了。這王翦可不是李信這樣的年輕人，早在多年前，他就在排位賽中與白起、廉頗、李牧一起打到了王者的段位。與這樣的猛人交手，楚國不得不打起十二分的精神來迎戰。楚王當即全國總動員，抽調了國內幾乎所有的壯丁，湊了五十萬人馬，交給三軍統帥項燕與昌平君。

雖然項燕與昌平君也不是吃乾飯的，但是王翦的段位實在太高，如果

說王翦是王者，那項燕與昌平君只能算是青銅。在王翦的排程下，秦軍很快就攻破了楚國的首都，項燕也在這場帝國保衛戰中輸了。

仗雖然打輸了，但是氣節不能輸，你可以消滅我，但是不能打敗我。有個叫楚南公的咬牙切齒地指天發誓：「匹夫無不報之仇，楚雖三戶，亡秦必楚！這筆帳我們回頭再算！」

但是其實，為楚國一雪恥辱的並不是他，而是另外兩個人。一個叫項羽，這年才十一歲，此時的他正遭受著人生中的第一個挫折，父親、祖父相繼在衛國戰爭中戰死沙場。不僅如此，他們全家都上了紅色通緝令。

年幼的他，只能將這份仇恨深埋心底，然後跟隨自己的叔父項梁開啟逃亡生涯。

另一個復仇者叫劉邦。那一年，劉邦三十三歲，成了亡國之民。

劉邦的中年危機

魏國被攻破後，嬴政開始打壓游俠這類社會不穩定分子，張耳成了通緝犯，在大城市混不下去的劉邦，只得回到老家沛縣。

時光如梭，青年終有一天也會變成中年。這不，劉邦的四十歲不打一聲招呼就來了。

男人四十，容易中年危機。

當時大秦立國不久，各類人才如雨後春筍紛紛湧現，創造了很多人生逆襲的勵志故事。

比劉邦大三歲的嬴政，已經完成了橫掃六國、一統天下的終極夢想，正在到處勒石刻功，吹噓自己前無古人的偉大功績。

第一章 草澤「龍種」

上蔡縣的小公務員李斯，也不甘心蝸居在小縣城，他果斷辭職，做了一枚「秦漂」，最終成為大秦集團最優秀的行政總監，走上了人生的巔峰，引得很多人羨慕嫉妒恨。

年僅十二歲就官拜副國級的甘羅，早已成為很多父母眼中別人家的孩子。

這些讓劉邦很焦慮。

雖然劉邦在外面沒有闖出一番事業，但是這幾年的遊歷生活也不是一無所得。在外面，劉邦不僅結交了不少朋友，更是開闊了眼界。如果說之前的劉邦只是個「混混劉邦」，那自此之後，他已經是「豪傑劉邦」了。

回到家鄉沛縣後的劉邦，也學著信陵君、張耳的風範開始結交各路英豪。他本就天性豁達，在人際交往方面很有一套，很快，他就以老鄉、朋友等關係為紐帶，重新組建了自己的朋友圈。

這一次的朋友圈比之前擴大了不少，除了樊噲、盧綰這些底層人士外，新入群的還有縣政府的辦公室主任蕭何、監獄長曹參。劉邦很清楚，要想在社會上吃得開，什麼階層的人都要認識。

很多人把劉邦的成功歸結於幸運和機遇，卻忽略了劉邦在大梁當小弟的那幾年。劉邦等於是站在戰國末期的中心位置，看完了強秦是如何積蓄實力。他的身邊不乏其他意見領袖，跟他討論對統一和制度的理解。

很快，劉邦的家鄉沛縣也成了大秦的一個縣。

為了管理這片遼闊的土地，對內壓制各種不服，嬴政在咸陽宮召開專題工作會議，討論國家制度問題。

咸陽皇宮的大殿裡，燈火通明，文武百官分列在兩邊，嬴政居高臨下地看著大臣們：「現在天下剛剛安定，百廢待興，朕始終不敢懈怠，思前想後，覺得必須儘早確立國家制度。今天召開這個專題會議，就是想跟大

家一起討論這件事。」

　　丞相王綰上前一步,胸有成竹地說:「陛下,臣認為還是應該繼續實行分封制。如今雖然統一了,可是原先燕國、齊國和楚國那些地方,離首都咸陽路途遙遠,交通不便。我建議把皇族子弟和功臣們分封到各地,派往各處鎮守,管理地方事務。」

　　這個主意好!大臣們紛紛鼓掌。嬴政卻沒有吭聲,這時廷尉李斯站了出來:「我不同意!」

　　這四個字就像消聲器,話一出口,會場一片寂靜。

　　周文王時所封的諸侯大多是一家人,但是日子久了,他們之間的血緣關係越來越疏遠,結果一見面就撕破臉,連周王都勸不住。現在國家仰仗陛下的神威而統一起來,各地都成為由中央直接管轄的郡縣。那些皇子和功臣們,可以給他們重賞,但是不要讓他們在封地做王侯,不讓他們掌握實權,這才是治理國家的根本!

　　聽完李斯的發言,嬴政很是欣慰,還是有聰明人的嘛!他點了點頭,開始做最後的總結發言:「連年戰亂讓百姓苦不堪言,這都是因為那些諸侯自立為王,割據混戰造成的。現在我大秦終於統一天下了,如果繼續分封王侯,到處立國,就會製造新的戰亂,無法實現真正的天下太平。所以我同意李斯的意見。」

　　為什麼嬴政放棄了分封制,採用了郡縣制?

　　很簡單,因為分封制其實就是股份制,天下統一前,秦國施行的是軍爵制,在戰場上砍人頭賺錢。

　　但是眼下,四海歸一,嬴政的心態也發生了變化。他不想分其他人股份,他要把所有的股份牢牢掌握在自己手裡,絕不允許有人在公司挑戰自己董事長的地位。周朝的分封制看著不錯,但是年代久了,難免相互惡意

第一章　草澤「龍種」

併購股權，最後一旦一家做大，董事長也就名存實亡了，春秋戰國就是活生生的例子！

沛縣歸了秦國以後，按照郡縣制，縣長是中央派來的，而下層官員都是透過考試在當地招募，這就為劉邦創造了一個機會。

劉邦參加了沛縣組織的公務員考試，憑藉著多年累積的人脈關係，他順利成為帝國政府的一名公務員──亭長。

有人要問了，這亭長是個什麼職位？

在這裡，有必要跟大家解釋一下秦朝的官職制度。

嬴政統一天下後，廢除分封，分天下為三十六郡，郡守管理下屬各縣，縣設縣尉、縣令；縣令管理下屬各鄉，鄉下設游徼、三老、嗇夫（管理大鄉）、有秩（管理小鄉）；三老管理下屬各亭，亭設亭長；亭長管理下屬各里，裡設里長。

亭本來是一個軍事組織，設定在交通線上，負責接待往來的使者、轉發政府的郵件，三公里設一個亭，是準軍事機構，而且有驛馬。用我們今天的話來說，亭是郵政交通站兼派出所。亭一般設有亭長一人，下屬有求盜一人，負責治安；有亭父一人，負責打掃環境。

了解了這些，我們不難看出，劉邦的這個亭長職務，相當於泗水的郵政交通站站長兼派出所所長。

都說事業才是男人的真正姿色，這話一點兒也不假。劉邦已經快四十歲了，身邊的朋友早已成家立業，有的都已經抱上了孫子，唯獨自己依然過著單身的生活，也沒有為之奮鬥一生的事業，說不心慌那是假的。因此，雖然亭長只是個最低階的公務員，但是劉邦卻一點也不在意，接到錄取通知書那天，劉邦就收拾好東西，當天就去上班了。不早點去不行，劉邦的老家在豐邑，豐邑在沛縣的西部，與泗水亭東西相隔百十里路呢！

劉邦的中年危機

基層工作都是煩瑣而乏味的，今天郡守要來視察工作，明天縣上要召開工作會議，後天還要幫隔壁的王大娘找被偷的雞。最關鍵的是，還要靈活應對各種複雜的人際關係，要是得罪了某個上司，指不定哪天就要被報復。

劉邦做得挺好的，他每年的績效考核都名列前茅。當然，這也得益於他跟縣裡的上司關係處得不錯，尤其是縣政府的辦公室主任蕭何、監獄長曹參，到現在還認劉邦為大哥呢！

在新的工作職位上，劉邦在做好本職工作的同時，也在觀察秦帝國這家上市企業的管理和經營情況。

正如他所見的，嬴政一統天下後，天下百姓原以為終於不用打仗了，可以喘口氣了，卻不料，秦始皇是個狂熱的土木工程愛好者。自打他上任起，築長城、修馳道、建陵寢等一系列超大工程相繼上馬，每一項都需要極大的民力，施工隊人員不夠怎麼辦？把監獄裡的罪犯拉出來頂上去。還不夠？那就在全國徵集民夫！

要知道，這些民夫去修長城、修陵寢，不僅沒有錢賺，反而還要自掏腰包、自籌路費。如果不能按約定的日子到達，也是要重罰的，不信你去問陳勝、吳廣。

秦自商鞅變法後，實行耕戰立國的政策，老百姓要想謀出路，只有兩條路：要麼去當兵，上戰場去砍敵人的腦袋，由此獲得相應的爵位；要麼拿起鋤頭，老老實實種地去。除此之外，沒有第三條路。

有人或許要問，我不做了，我要跑路，你能拿我怎麼辦？

我不得不遺憾地告訴你，跑路更是行不通。

秦帝國建立後，施行嚴格的戶籍管理制度，每個郡縣編戶籍，登記姓名、財產、住所、爵位、家庭成員等，其詳細程度不亞於我們今天常見的

第一章 草澤「龍種」

戶口名簿，而且每年要查一遍，本人必須到。徵兵、徵稅都是按這個名單執行，外出要有通行證，鄰里互相監督，私自離開戶籍是重罪，這也是劉邦在外面混不下去只得回家的原因。

對於小公務員劉邦而言，徵兵徵稅也是他的本職工作之一。這工作可不好做，劉邦人手根本不夠，只得每天走街串巷，挨家挨戶做說服。碰上個別的貧困戶，劉邦也是靈活處置，能免則免，從不為難這些老鄉。正因為如此，沛縣的父老鄉親對劉邦的看法才有了好轉。

白道上，劉邦是亭長，而且跟縣政府的官員處得不錯；黑道上，劉邦小弟眾多，在沛縣也算是各方面都能罩得住的「大哥」。一般人如果混到這個份上，也算是心滿意足了，但是對於劉邦而言，他的事業才剛剛開始。

芒碭山裡當大王

這一日，沛縣來了一位特殊的貴客，一個叫做呂公的老頭搬到了沛縣，據說還是縣令的好朋友。

再一打聽，這位呂公是名門望族，家裡有錢又有地位，原本住在單父縣，因為無意間得罪了當地的黑社會，擔心自己被報復，這才帶著一家老小搬到了好朋友的地盤上。

有朋自遠方來，不亦樂乎？縣令自然很開心，專門擺了一桌酒席為好朋友接風洗塵，還廣發邀請函，請全縣有頭有臉的人都來捧場。一聽是縣令大人的朋友，自然少不了人前來拉關係。

劉邦沒有收到邀請函，原因很簡單，他沒有資格。

芒碭山裡當大王

　　一般人碰到這種事，猜想心裡抱怨幾句，也就過去了，但劉邦不是一般人，具體來說，他比一般人的臉皮要厚。

　　此處需要劃重點，臉皮厚是劉邦的一大特點，為他創造了人生許多關鍵的機會。

　　然而，呂公的酒席可不是白吃的，就和今天的風俗一樣，到別人家賀喜吃飯，是要交禮金的，古代也不例外。縣令還專門立了一條規矩：禮金滿一千的坐正廳，不夠一千的都坐在廊下。

　　看到門口迎客的是自己的好朋友蕭何，劉邦心中立刻有了一個主意。就在客人差不多到齊時，門口一個洪亮的聲音響起：「泗水亭長劉季，賀錢一萬！」

　　一聽這話，呂公當場就震驚了，什麼人這麼大口氣，出手這麼大方？他連忙起身，到門口親自迎接貴客。

　　剛出了廳堂，就見一位鼻梁高挺、貌有龍相、頷下留有一副五絡長鬚的中年漢子面帶自信的微笑向客廳走來，步伐沉穩而有力，目不斜視，身體筆直，頭微抬，眼神中充滿自信！

　　呂公樂得都快合不攏嘴了，也不問劉邦是現金還是轉帳，直接拉著劉邦到了正廳就座。劉邦也毫不怯場，坦然就坐。

　　呂公不清楚劉邦的底細，在一旁擔任司禮的蕭何可是知道的，這傢伙別說帶一萬錢了，身上一毛錢都沒有，連忙為呂公解釋：「劉季這小子經常愛說大話，您可千萬別當真！」

　　不料，呂公卻笑呵呵地擺了擺手，毫不介意，只是盯著劉邦細看，時而露出滿意的笑容。

　　劉邦被看得心裡有些發毛，心裡暗暗嘀咕：「這老頭不會對我有意思吧？」但是這種念頭也是一閃而逝，他本就臉皮厚，正好沒吃午飯，索性

第一章　草澤「龍種」

風捲殘雲般地狂掃了起來，還不忘跟旁邊的客人客氣一番：「大家都別客氣，都動動筷子，來來來，多吃點兒！」

事實上，呂公盯著劉邦觀察，倒沒劉邦想得那麼不堪，而是在施展一門家傳的絕學：相術。

沒錯，就是看面相。《漢書》中：「高祖為人，隆準而龍顏，美鬚髯」，隆準就是高鼻梁，龍顏就是圓眉骨，還配有一把拉風的鬍子，這相貌，在古代也算得上是美男子了。

酒席結束後，劉邦酒足飯飽，正準備離開，卻被呂公特意留了下來。內宅中，只剩下呂公與劉邦二人，呂公首先開口道：「帥哥我也見過不少了，像兄弟你這麼帥的，我還是第一回見到。這樣吧，我有個閨女，長得還算有幾分姿色，你要是不嫌棄，就嫁給你當老婆吧！」

劉邦原本只是打算混一頓飯，萬萬沒想到，竟然有這樣的好事兒落到自己頭上，這可真是意外之喜啊！還等什麼呢？趕緊答應了吧！

看著劉邦離去的身影，隔壁房間的呂夫人走了出來，一臉的不爽：「你這個死老頭子，成天說我們家閨女將來了不得，肯定得嫁個貴人。人家沛縣縣令跟你關係這麼好，又這麼大的官，跟你提親你都不答應。你倒好，現在要把她嫁給那個無賴啊？你是不是瘋了？」

不料，呂公連理都懶得理，對她說：「你一個婦道人家，懂什麼！」

為何呂公只見了一面，就執意要把女兒許配給劉邦？有人說：「史書上不是說了嘛，呂公有一門祖傳的絕學，善於看面相，他一定是看出了劉邦長相不一般，將來肯定能成大事，所以才決定把女兒嫁給他。」

你要是這麼想，那可就上當了。

在我看來，呂公之所以中意劉邦，所謂的面相只是個幌子，真實的原因是，呂公初來乍到，他迫切需要在沛縣站住腳。從剛才的側面了解中得

知，眼前的這傢伙不僅是沛縣的派出所所長，而且還是當地的地頭蛇，手底下有一幫小弟，黑白兩道通吃。如果能跟這傢伙攀上關係，那自己在沛縣就會免去很多不必要的麻煩。

唯一的問題在於，此時的劉邦已經四十多歲了，比自己的大女兒足足大十五歲，對於這樁包辦婚姻，呂雉樂意嗎？呂公倒是不在意，男人四十一枝花，年齡不是問題！

更何況，劉邦至今沒有娶媳婦，自己的女兒過去還是正室呢！

就是你了，劉邦！

為了在沛縣不受人欺負，呂公後來又為小女兒物色了一個女婿，樊噲！別看樊噲只是賣狗肉的，他粗獷的外表下有一顆柔軟的心，而且關鍵時刻沉著冷靜，為人豪爽又仗義，是個值得託付的人。有了這兩個女婿，呂公在沛縣總算是扎下了根。

呂雉嫁給劉邦後，很快為他生下了一兒一女。要說這呂雉也是個賢惠踏實的人，下地種田、燒飯洗衣、奉養老人安排得井然有序。雖然劉邦依然不改本性，好吃懶做，但是呂雉沒有任何怨言，她把稚嫩的兒女背在竹筐裡，在田間揮汗如雨，對丈夫的酒肉朋友亦是大方招待，努力經營著這個家。劉邦總算感覺到了家的溫暖，生活也逐漸有了起色。什麼叫家？屋裡有個女人才叫家！

有一次，呂雉帶著兩個孩子在地裡做事，一個老頭路過討水喝，呂雉為他倒了碗水，又給了他一些吃的。老頭心中感激，作為報答，他免費幫呂雉看了面相，讚道：「夫人的面相，真是天下少有的貴人啊！」

呂雉很開心，心想，這老頭真會說話，又讓老頭看看兩個孩子。老頭看了看男孩，說：「夫人您之所以富貴，靠的就是這個孩子啊！」又看了看小女兒，說這也是富貴之人。

第一章　草澤「龍種」

老頭剛走，劉邦就回來了，呂雉便把剛才老頭說自己和孩子們都是富貴命的話告訴了劉邦。

一聽說有這種看相不要錢的好事，當然不能錯過啊，劉邦趕忙問這位老頭往哪去了，呂雉指了一個方向，說應該還沒走遠。劉邦撒腿就追，追上後，非讓老頭也幫自己看看。

結果老頭一看，血壓當時就高了：「您的夫人和孩子能有富貴命，全是因為您啊，您的命貴不可言！」

劉邦一聽大喜，向老頭道謝：「如果真的是這樣，將來一定不敢忘記您的鼓勵！」說完就跑回家了。

劉邦作為泗水亭長，除了平日裡迎來送往、打擊罪犯外，還有一項重要任務，那就是每年還要拉壯丁為建設大秦帝國添磚加瓦。萬里長城、驪山陵、馳道等工程尚未竣工，又一項大型工程要開始了。

什麼工程？修建阿房宮！

按照嬴政的意思，咸陽城裡的宮殿多半是秦孝公時期營建的，如今已經過去一百多年了，眼下秦國已經一統天下，更新為秦朝，這相應的標準待遇也得跟上節奏不是？緊接著，嬴政指著咸陽北部的一塊地方，為大臣們安排任務：「仿照六國宮殿樣式，再建出一座宮殿來，名字我都想好了，就叫阿房宮！」

秦朝末年的徭役之繁重是今天的人們難以想像的。有人統計，當時徵發來服兵役和徭役的人力合計約二百萬，占到了全國總人口的15%。而根據湖南出土的里耶秦簡記載，這些被徵召的苦力僅一年的時間便死亡了七分之一。

很快，遠在沛縣的劉邦也接到了任務，以亭長的身分為沛縣押送一批壯丁到驪山服徭役，具體工作是為秦始皇修建陵墓。

芒碭山裡當大王

為什麼這種施工隊的工作會落到劉邦身上？

為了說明這個問題，在這裡，我為大家解釋一下秦朝的一項重要制度：「傅籍」，也叫「始傅」。

什麼意思呢？秦朝有規定，男子到了十五週歲，就要到政府去登記，這就是「傅籍」，相當於到當地派出所登記戶口。登記完戶口後，你就變成了「更卒」，每年要當一個月的免費勞動力，自帶乾糧為帝國修路、治河、開渠、漕運、運輸物資。秦王朝的法制非常嚴苛，在這裡生活，說不準哪天就一個不小心，觸碰紅線犯了法。當然你要是有上造以上爵位，便能以爵抵罪，減輕罪責。

劉邦只好挨家挨戶上門徵丁，詛咒、摧罵是少不了的，但是時間緊任務重，劉邦也管不了那麼多了，完不成任務，那可是要殺頭的大罪。

好不容易湊夠了人數，又一個難題擺在劉邦面前：路費不夠。這麼多人，一路上吃喝拉撒，開銷可不是個小數目，朝廷還不能報帳。見此情景，劉邦的同事們只得幫他湊路費，這個掏二百，那個掏三百，唯獨蕭何比較仗義，一出手就是五百，讓劉邦大為感動：「老蕭，這份恩情我記下了，將來等我發達了，一定報答你！」

在準備妥當後，一行人就這樣踏上了去往咸陽的路。連年的工程建設，使得民間怨氣很大，那些被徵調去修長城、修陵墓的一去就是好幾年，也不知道是死是活。

劉邦剛一上路，就出現了苦力逃亡的現象，不斷有人跑路，走著走著，一不小心跑掉一個，走著走著，一不小心又跑掉一個。這還沒走幾天呢，苦力已經跑了一大半兒了。對劉邦來說，如何處置這種突發狀況是一個兩難的問題：如果他不加以制止，等到了驪山，自己的腦袋也該搬家了；如果他強行制止，極有可能出現陳勝、吳廣起義那樣的群體暴動，到那時他能不能保命都很難說。

第一章　草澤「龍種」

怎麼辦？

沉思良久，劉邦做出了他一生中第一個最重要的決定。

這一天，劉邦的隊伍走到豐邑以西的大澤之中，在路邊休息的時候，他特意拿出好酒好肉招待大家，酒足飯飽後，劉邦抹抹嘴，對大夥兒說道：「眼下的處境大家也都看見了，這一路上壯丁跑了不少，任務肯定是無法完成了。大夥兒兄弟一場，我也不難為諸位了，儘管吃飽喝飽，各自逃生去吧！喝完這酒，我也準備跑路了。我們就此別過，後會有期！」

眾人一聽，劉老大仁義啊！寧肯自己被通緝也不願意逼著兄弟們跳火坑，這樣的大哥去哪裡找？剩下的十多個人一想，這家肯定是回不去了，反正自己也沒地方去，不如就跟劉老大混吧！好歹還能混碗飯吃。

當場就有十幾條漢子心悅誠服，拍著胸脯說願意跟隨劉邦。劉邦心中很是感動，對大夥兒說道：「既然弟兄們信得過我，我也不推託了，有我劉季一口飯吃，就有大家一碗飯！」

劉邦不想過東躲西藏的生活，他家裡有老婆，還有兩個年幼的孩子，但是現實逼得他只能走上這條路。

沛縣肯定是回不去了，帶著這麼多人，還能去哪兒呢？

對這個問題，劉邦早有準備，他朝不遠處的芒碭山一指：此處山高林密，周圍沼澤密布，是個藏身的好去處。

十餘個人趁著酒意，踏上了去往芒碭山的路。劉邦派了一個小弟到前面去探路，不一會兒，探路的人慌慌張張跑回來，說：「前面路上有一條大蛇擋路，我們過不去了。」

劉邦藉著醉意，對那人說道：「大丈夫走路，有什麼可怕的？是男人就跟我走！」說著，撥開眾人，大踏步向前。

眾人被劉邦這麼一激，熱血上湧，走了沒多遠，果然見路中央有條大

蛇。劉邦也不客氣，拔劍上前，將那條蛇砍成了兩半。嗯，今晚有肉吃了。

又走了幾里路，劉邦睏意上來，找了塊大石頭，倒頭就睡。後面的人經過斬蛇之處，看見一個老太太在哭泣，大家很好奇，決定去問個究竟：「老人家，您哭什麼啊？」

「我兒子被人殺了。」

「誰殺的？」

「我的兒子是白帝之子，在這條路上化身為白蛇，可是被赤帝之子斬殺了，我好傷心啊！」

這話別說路人不信，就是你聽了也不信。其中一個壯漢耐不住性子，對老太太說道：「在這裡跟我演戲，沙包大的拳頭有沒有見過呀？」

被壯漢這麼一嚇唬，老太太忽然就不見了。

你沒有看錯，確實是憑空消失了！

眾人嚇了一跳，趕緊跑了回來，將此事告訴了劉邦。劉邦聽完，心裡很高興！赤帝之子，這不就是說我嘛！很快，劍斬白蛇這一神話故事逐漸流傳開來，引得更多的粉絲前來投奔。

從私自放走壯丁這件事上來看，劉邦確實夠仗義。他寧可自己背這個黑鍋，也不願意看著鄉親們去送死，已經表明了他的仁義和大度。在這裡，我看到的不是那個在沛縣到處蹭吃蹭喝的混混劉邦，也不是那個帶著一把劍獨自四處遊蕩的游俠劉邦，而是一個推己及人、心懷天下的仁者劉邦。

劉邦雖然跑路了，但是俗話說得好，跑得了和尚跑不了廟，他被通緝後，呂雉可就慘了，官府將她抓進了監獄。

監獄的生活歷來不好過，陰暗潮溼，終日不見陽光，呂雉的日子可想而知。最尷尬的是，這些獄卒們看呂雉長得漂亮，時不時地過去調戲一

第一章　草澤「龍種」

下,而且做得還很過分。女子一旦進了監獄,就相當於進了地獄,輕薄之類的舉動都是小事,古代可是從來沒有人權之說的。

終於有一天,一個叫任敖的獄卒看不下去了,他果斷出手,將其中一個渾蛋打了個半死。這下子,沛縣監獄裡再也沒人敢欺負呂雉了。

任敖是官面上的人,雖然與劉邦有些私交,但是能讓他忍不住出手教訓,呂雉所受的侮辱可想而知。

對於任敖的出手相助,呂雉顯然一直記在心裡,後來她掌權後的第一件事,就是提拔自己人,將任敖任命為御史大夫,相當於副丞相。

這之後,在縣辦公室主任蕭何、監獄長曹參的幫助下,呂雉被放了出來,恢復了人身自由。回到家的呂雉沒有半句怨言,她心中一直記掛著劉邦,多次跑到芒碭山上為劉邦送衣送飯,無論劉邦躲到哪兒,呂雉每次去都能很快找到他。

劉邦心裡覺得很奇怪,呂雉是怎麼找到自己的?

呂雉一臉得意:「老公你所在的地方,頭頂上通常都有一朵七彩祥雲,我每次都是循著雲氣找著你的。」

劉邦聽完,心裡比吃了蜜還甜。這段對話很快就傳到了其他人耳朵裡,沛縣子弟皆認為劉邦是真龍天子,紛紛跑到芒碭山入了夥。

從這個故事中,我們不難看出,劉邦是個行銷策劃的行家,他深知如何透過人為造勢來凝聚人心,並運用得恰到好處。

劉邦就這樣在芒碭山沉寂下來,日復一日,月復一月,他在等待,等待著遲遲未到的召喚。

第二章
日薄西山

第二章 日薄西山

秦始皇：我真的還想再活五百年

好了，讓我們把鏡頭再一次對準咸陽城。

不得不說，嬴政確實是一位偉大的王，空前絕後的王。他繼承歷代先王的遺志，橫掃六國，建立了中華歷史上第一個統一的中央集權國家。在他的治理下，龐大的秦帝國如同一臺上緊發條的機器，穩定而高速地運轉著，一刻也不曾停息。

此刻，他站在大殿之上，俯視著群臣，開始誇耀起自己橫掃六合的豐功偉業，從滅韓，一直講到滅齊，激昂的聲音迴盪在大殿的每一個角落。

簡單總結一下就是：「我就是這麼厲害，和六國的王不一樣，和古往今來所有的王都不一樣，我是王上之王，萬王之王。」

眼看著群臣一個個趴在地上，呼喊萬歲，嬴政的心理得到了極大的滿足，他第一次體會到自己光榮的存在，命定的存在。他一生的目標，都已在今天一次性找到。

在滔滔不絕講了一個多小時後，嬴政開始做最後的總結：「寡人以眇眇之身，興義兵誅暴亂，靠的是祖宗的神靈護佑，六國君王都依他們的罪過受到了應有的懲罰，天下已定。現在如果不改名號，無法將我的功業傳之後世，眾臣擬個新的帝號吧。」

眾人聽了一陣鬱悶：「繞了一大圈，原來是想替自己加尊號啊，早說啊！」

李斯心領神會，下班後就和同事們開始討論，經過一輪又一輪的投票，眾人最終選出了一個答案：泰皇。

嬴政一看，心想：「泰皇是一個二手貨，別人用過的，我可看不上。」於是大筆一揮，將「泰皇」字改成了「皇帝」，自稱「始皇帝」。「從此以後，我就是皇帝中的第一，將來我的子孫就是二世、三世、四世，一直排

下去，直到萬世。」

從今天起，千秋萬代，歷史都將會記住他的名字：秦始皇！

不得不說，嬴政是一位有著超強執行力的皇帝，只要他想做的，必定要做成，即便付出再大的代價也在所不惜。修長城、修高速公路、修陵墓，每一項工程都極其耗費民力，但是他在拍板時，連眉頭都不皺一下。

然而，再厲害的人，終究無法逃避一個事實：死亡。

自然界是公平的，很多年前，你自然地生下來；很多年後，你會自然地死去。死亡是一切生物的最終歸宿，誰也無法逃避。

然而，面對死亡，嬴政卻說：「不！我命由我不由天！」

為了逃避大自然的規律，嬴政開始痴迷於另一項事業：追求長生。

一直以來，人類都有兩個終極夢想，一個是飛翔，一個就是長生。嬴政是一個相當自負的人，他不願面對死亡這個殘酷的結局。晚年的他為了追求長生不老，變得極度迷信，甚至還上演了一出坑術士的鬧劇。當年，有一個叫盧生的術士，自稱來自遙遠的人間仙境東方之海，能夠煉製長生不老藥。一心追求長生不死的秦始皇嬴政信以為真，贊助場地，對方要什麼給什麼。

但是結果呢？謊言就像泡沫，即便再漂亮，也終有破滅的時候。眼見這個謊言編不下去了，盧生乾脆選擇了跑路，還狠狠吐槽了一番：

「始皇帝這個人，脾氣不好，自以為滅了六大門派，可以打遍天下無敵手，覺得自己很厲害，就專門用獄吏，那些有知識有學問的博士們只能靠邊站。丞相與文武大臣都是死腦筋，墨守成規，大老闆用刑罰來施威於天下。秦國集團雖然有三百多位占星家，但是這些人也大多是貪生怕死之輩，不敢當面指責大老闆，大老闆本人也恃才傲物，貪於權勢，大事小事都要親自管。像我們這樣的人，怎麼可能會為他煉仙丹呢？做夢去吧！」

第二章　日薄西山

嬴政聽完他的吐槽，快氣炸了，你們吃我的喝我的，端起碗吃肉，放下筷子就罵髒話，還有沒有王法了？不分青紅皂白，只要跟這群江湖騙子沾點關係的人通通都被抓起來，一律砍了，第一次就砍了四百多人。

這就是歷史上有名的坑術士事件，事實上只是一些江湖混混利用嬴政想長生不老的心態求發財而已，結果把自己也坑進去了。

都說吃一塹長一智，但是嬴政卻仍不死心，他還是做夢都想長生。

這個世界上，有需求就會有市場。於是，另一個江湖騙子登場了。

這個人叫徐福，是個方士，段位比盧生要高出一大截。他沒有直接說自己可以煉出長生不老藥，而是說，這世上確實有長生不老藥，只不過不在凡人手上，而在神仙手裡。嬴政一聽，這說法挺新鮮，問題是，神仙到底在哪兒呢？

徐福見嬴政上鉤了，繼續一本正經地吹牛：「這神仙嘛，自然是在海上了。據說，東海仙境中有蓬萊、方丈、瀛洲三座仙山，三座仙山裡有神仙居住。只要陛下批准，我現在就帶人去尋找神仙，一定為您求來長生不老藥。」

嬴政大手一揮，准了！

有了嬴政的批准，徐大騙子帶著三千童男童女以及預備了三年糧食、衣履，乘坐特別製造的大船，駛向一望無際的大海。

很多年後，日本人有了一個新的祖先：徐福。

嬴政在咸陽城裡左等右等，也等不到仙藥，心中悶得不得了，決定出門散散心。去哪裡呢？這個時候，有人告訴他：「臣夜觀天象，發現東南方向有天子氣，建議陛下到那裡去轉一圈。」

嬴政一聽，那就去南方！

這句話經風一吹，很快就傳到了在芒碭山當山大王的劉邦耳朵裡，心

裡就像六月天吃了冰西瓜，真舒坦！東南有天子氣，那不就是我嘛！想不到我劉邦也有祖上冒青煙的時候呀！

然而，當他聽到：秦始皇要南巡故楚！

他心想：還得意忘形什麼呀？趕緊躲躲吧！

就在始皇帝南渡浙江的時候，兩個故楚國的未亡人卻正冷眼瞧著他呢。

其中一個人，看著嬴政豪華盛大的排場，一臉冷傲，非但沒有被嚇住，反而說出了那句在歷史上石破天驚的話：「彼可取而代之也！」

「你秦始皇有什麼厲害的？遲早有一天，我要取代你！」

說這句話的人，正是項羽。

項羽年輕，口無遮攔，項梁可是被這個姪子的冒失嚇得不輕。他趕緊一把捂住項羽的嘴，斥責道：「別胡說八道了，要滅門的！」

不過，生氣歸生氣，項梁心裡還是很開心，從此以後對這個姪子另眼相看。

嬴政帶著超級豪華的旅行團，一路遊山玩水，領略中原的大好風光。但是他的身體一天比一天差，他已經聽到死神在召喚自己了。

旅行團到了沙丘，團長嬴政再也走不動了。

沙丘可是有名的地方，那個以胡服騎射而聞名的趙武靈王就是餓死在這裡的。想當年，趙武靈王進行胡服騎射的革新，打造了中華歷史上第一支制式騎兵部隊，東征西討，很快使趙國成為東方大國。但是在傳位問題上他首鼠兩端，猶疑不決，最終被困在沙丘行宮中活活餓死。

這一次，空曠的沙丘行宮迎來了嬴政。

按理說，身為一家上市公司的董事長，知道自己快要去見上帝了，最關鍵的是抓緊召開董事會議，指定下一任董事長，立遺囑。可是，嬴政最討厭「死」這個字，誰也不敢催著他立遺囑。

第二章 日薄西山

　　嬴政不提，底下的公司骨幹誰也不敢提，大家就這麼耗著，看誰能撐到最後。

　　終於，嬴政妥協了，趁著還剩最後一口氣，他找來了趙高，讓他提筆寫了一封遺書給自己的大兒子扶蘇：「把軍隊託付給蒙恬，抓緊回咸陽準備我的後事。」

　　說完，嬴政頭一歪，嚥了氣。

　　嬴政苦鬥了一生，被他制服的人不計其數。最終，他被死神制服了。

李斯被拉下水了

　　雖然嬴政沒有明說，但是言下之意自然是讓老大扶蘇繼承家族董事長的位子。

　　按照一般的劇情發展，老爹的遺囑自然是天大的事，必定要第一時間送給扶蘇。然而，此刻，跪在一旁的趙高，心中正在進行一場激烈的鬥爭，他就像一匹狼，嗅到了一個改變自己命運的機遇！

　　趙高是誰？

　　趙高第一次登上歷史舞臺，是因為他被嬴政指定為胡亥的家庭老師。

　　為什麼嬴政會選定趙高？

　　很簡單，因為趙高這個人可不簡單，他雖然出身低賤，但是憑藉著自己的努力，改變了自己的命運，成為當時一流的書法家（擅長篆體），還寫得一手好文章（代表作《爰歷篇》）。此外，趙高還苦讀法律書籍，具備一個頂級大律師的所有條件。更難得的是，趙高身體素質不錯，騎術精湛，是嬴政的專職司機，掌管著大秦皇家車隊中車府。

李斯被拉下水了

後來的結果證明，對大秦政權而言，這是一個極端錯誤、十分致命的決定。

嬴政嚥氣那一刻，趙高正式從幕後走到前檯。

這天傍晚，趙高找到胡亥，對他灌起了迷魂湯：「陛下去世了，生前沒有封兒子們為王，只留了一封遺書給你大哥扶蘇。等回到咸陽，你大哥扶蘇當了皇帝，就沒你的事了，有什麼想法嗎？」

胡亥說：「這安排沒問題啊！」

趙高在心裡冷笑一聲，開始糊弄胡亥：「話可不能這麼說。眼下你的哥哥弟弟和蒙氏兄弟都不在這裡，如今天下生殺大權都在你、我和李斯手中，你得拿個主意啊，當皇帝跟當臣子，管人的和被管的，那能一樣嗎？」

胡亥一聽，心想：「這是要讓我搶班奪權呀！」

糾結了半天，胡亥開口了：「跟大哥搶皇位這是不義，違背父皇的意志，這是不孝，我不能做這種事。」

按理說，胡亥這孩子本質上還是不壞的。可是，抵不上老師教壞他啊！

趙高再次誘惑道：「你這些顧慮完全是多餘的。我聽說商湯、周武殺其主，天下稱義，不為不忠；衛君殺其父，衛國人還稱頌他的功德，連孔老夫子也認為這並非不孝。節操確實很重要，但是你要辦大事，就不能拘於小節操；辭讓是美德，但是真正的高行大德是不辭讓的，當仁不讓嘛。只要你自己堅持做一件事，全世界都會讓路。機不可失，時不再來，你得趕緊做決定啊！」

胡亥撓了撓頭：「趙老師，您說得太對了，我聽您的。問題在於，光是我們說好沒用啊，李斯那一關可不好過啊！」

趙高擺擺手，說道：「李斯那一關交給我！」

在成功打通了第一關後，趙高馬不停蹄，來到了下一關。

第二章　日薄西山

第二關比第一關難多了，因為鎮守這一關的叫李斯，時任大秦帝國的丞相，在官場摸爬滾打多年，政治鬥爭經驗非常豐富。

要拉這樣一個有實權的人下水，難度堪稱地獄級。不過，作為一枚資深的遊戲玩家，趙高有著豐富的通關經驗，他最擅長的就是揣摩人心，找出對方的弱點，然後放大招一擊必中。

晚些時候，趙高推開了李斯的房門。

一見到李斯，趙高也不廢話，直接開門見山：「陛下賜給扶蘇的詔書和玉璽放在胡亥那裡，所以定誰為太子，只在丞相和我一句話了，這事你怎麼看？」

李斯認真說道：「誰來接替皇位，這是皇上說了算的，不是我們大臣能定的。」

趙高暗罵一聲老狐狸，還好自己早有準備，施展自己的技能，一甩手，就是五個連珠炮：

「你的才能有蒙恬高嗎？

你的功勞有蒙恬大嗎？

你的謀略有蒙恬強嗎？

你的擁護者有蒙恬多嗎？

你跟扶蘇的關係有他跟蒙恬好嗎？」

趙高放完大招，也不說話了，靜靜地等待著李斯的反應。

歷史有無數的選擇，選擇在某個人手裡。這一刻，大秦帝國的命運就掌握在李斯手中。

然而，此時的李斯卻陷入了深深的思考中，他竟然沉默了。

就在趙高等得快要睡著時，李斯抬起頭來，說了一句：「聯盟還缺人

李斯被拉下水了

嗎？我入夥！」

趙高心裡樂得不得了，心想：遊戲通關！

看到這裡，想必很多人心裡都在問為什麼：為什麼李斯就這麼輕易被趙高說服了？

要破解這樁懸案，我們需要仔細分析李斯的處境和心路歷程。

我們都知道，李斯在學校裡的班導是荀子，學的專業卻是法家。法家講究的是嚴刑峻法，打擊知識分子。別忘了，當初的焚書，最早就是李斯提議的。更何況，修長城、修高速公路、修陵墓，每一項工程都需要耗費極大的民力，哪一樣沒有李斯的參與？

我們再來看看扶蘇。

扶蘇是嬴政的長子，也是最成熟的。面對老爹的不恤民力，扶蘇曾多次提過建議，但是都被嬴政否決，捱了一頓罵不說，自己還被發配邊疆，跟蒙恬一起到基層參加勞動了。

由此不難看出，扶蘇心裡是傾向於儒家的，他本人就是知識分子的代表。如果將來讓他掌了權，李斯絕對沒有好果子吃！

而這才是李斯輕易倒戈的根本原因！

嬴政死的時候，守在身邊的只有李斯、胡亥、趙高還有五六個貼身宦官。其他隨從的官員平時根本沒機會見秦始皇，有什麼請示彙報的事，都是透過李斯和宦官來回傳話的。

由於嬴政是在出差的路上去世的，為了防止六國的那些不安定分子趁機搗亂，李斯召集中高層幹部，開了個緊急會議：「這事一定要保密啊，我們這是在外出差，咸陽那邊一旦知道皇帝駕崩了，也沒太子，不知道有多少人得起來爭奪皇位呢，非出大差錯不可，我們能不能回去都不好說了。一句話，考驗我們演技的時候到了！」

049

第二章 日薄西山

在大導演李斯的安排下，大家每天上班時都自動切換到演戲模式：每天照常早請示、晚彙報，按時送飯、倒馬桶，一切如常。

而此時，又一個難題擺在面前：當時正是盛夏，太陽最毒的時候，嬴政的屍體在車裡沒過幾天就發臭了。這可大大不妙！

眼下，隨著嬴政的專車中傳出一陣陣惡臭，這祕密還能隱瞞多久？

關鍵時刻，趙高的腦袋靈光一閃，想出了一條「妙計」：他安排人拉來兩車鮑魚一起上路，在大太陽底下晒兩天，魚就發臭了，眾人不得不捏著鼻子趕路，但是這樣一來，屍體的臭味也就被壓住了。

在李斯的幫助下，嬴政的這封詔書被趙高等人捷足先登了，重新發出去的，是另一份內容截然不同的詔書！

這一天，遠在邊疆養馬的扶蘇盼星星、盼月亮，終於盼到了老爹的使者。扶蘇興沖沖地跪在地上，不料聽使者讀完，卻是眼前一黑，差點跌倒！

詔書的內容是這樣寫的：

「你跟蒙恬帶著數十萬大軍，那麼多年也沒立什麼功，還整天怪我不把你立為太子，太不孝了，賜死！蒙恬呢，在這中間也沒發揮作用，失職，也賜死！」

看完這封詔書，扶蘇感覺自己的天都快塌了，他拔出劍，正準備自刎，卻被蒙恬拉住了：「這麼大的事，我們寫封信，請求複議一下，別輕易下結論啊。」

扶蘇的心理防線卻已經崩潰了：「這個玉璽印啊，文字文風啊，使者啊，半點假也沒有啊，還請示什麼啊！」說完就自殺了。

蒙恬沒那麼容易上當，最後被逮捕，手上的軍隊交給了小弟王離。

出差的隊伍到達咸陽後，李斯才正式面向全國觀眾召開釋出會：「我們最最最最敬愛的帝王，已經在回來的路上不幸去世了！」

胡亥：大秦帝國的掘墓人

得知這個消息，天下人的反應各不相同，有拍手叫好的，有痛哭流涕的，也有惋惜緬懷的。

當這則快訊傳到芒碭山的劉邦耳中時，他的反應只有兩個字：開心！沒有了嬴政這座壓在眾人心裡的大山，大家的心情也比之前舒暢了許多。雖然眼前的事業依然看不到任何希望，但是能熬死這位強勢的帝王，總歸是一件值得慶賀的事！

當然，此時的劉邦還沒有意識到歷史賦予他的使命。放眼天下，秦帝國雖然沒了領袖，但是國家依然強大，軍隊依然強盛，自己依然看不到未來的希望。

在開完嬴政的追悼會後，胡亥順理成章地成了大秦帝國的接班人。他是嬴政最小的兒子，常年陪伴在老爹左右，這次組團旅遊，嬴政也特意將他帶在身邊。對於接老爹的職位，胡亥沒有任何心理準備，在老師趙高的策劃下，胡亥昨天還是個無憂無慮的少年，今天睜開眼時，已經成了大秦帝國的帝王。

國事千頭萬緒，該從哪裡入手呢？

就在胡亥迷茫之際，趙高老師又一次出場了。這一次，他把屠刀對準了曾經與自己有過節的，蒙恬的弟弟蒙毅：

「陛下，其實先帝很早就想立您為太子，讓您繼承皇位。可是蒙毅卻在先帝面前說您沒有足夠的才能治理國家，不應該立您為太子，還說你大哥扶蘇比您強多了，他才適合做太子。如果他明知道您這麼有才，而故意拖延不讓冊立，那就是對先帝既不忠誠，又不老實了。以我之見，不如除掉他！」

第二章　日薄西山

胡亥一聽，原來這背後還有這麼多故事：「那就殺了！」

胡亥一句話，蒙恬跟蒙毅兄弟倆就遭了殃。

胡亥顯然看不到蒙氏兄弟的冤屈，他只想舒舒服服地活著，什麼都不用想，什麼都不用做，那才好呢！當然，胡亥也有些心虛，因為他不確定這樣做是否合適。

這一天，胡亥找到趙高，小心翼翼地問他：「趙高，你別看我年齡小，其實我覺得人生短暫，和駿馬是一樣的，一眨眼的功夫，這馬就跑得不見蹤影了。我既然當了大秦的皇帝，你們所有人都得聽我指揮，我想做什麼就做什麼，聽耳朵喜歡聽的，看眼睛喜歡看的，逍遙快活自由自在。你認為這樣做合適嗎？」

趙高一拍即合：「嗯，你說得太對啦！一名合格的皇帝就該這麼做。我來幫你分析一下：沙丘奪權，幾位公子和大臣們雖然表面上裝得一本正經，私下裡肯定都在議論你、懷疑你。各位公子都是你的親哥哥，大臣們又都是你老爹提拔的。如今你剛剛上位，他們心中肯定不服氣，肯定在計劃些什麼。一想到這些，我都怕得要死，你又怎麼能夠繼續享樂呀？」

胡亥一聽，冷汗就下來了，心想：「對啊，這些人對我一點禮貌都沒有，將來要是想篡權，那可怎麼辦？」

「趙老師，你得幫我想想辦法呀！」

趙高笑道：「誰要是對你有意見，全部殺了！」

於是，屠刀高高舉起，十多位兄弟姐妹倒在了血泊中。將閭兄弟三人被關在監獄，聽候處置，胡亥派人斥責將閭：「你沒有盡到臣子的責任，罪該處死！由行刑官執法吧！」

將閭一臉委屈：「在宮廷的禮儀活動中，我一直都聽指揮；在朝廷的位次排序上，我也規規矩矩；回答陛下的問題時，我也沒有說錯過話，怎

麼就叫不盡臣子的職責了？你要有能耐就指出來，好讓我死而無憾！」

要指出將閭的失誤，顯然太為難使者了：「你別為難我呀！我是新來的，上面的人要我做什麼，我就做什麼，我只是執行命令而已。」

將閭心中殘存的那一點希望破滅了，仰天長嘯：天哪，我有什麼過錯？兄弟三人抱頭痛哭一陣，拔劍自刎，去地下向始皇帝告狀去了。

同樣戰戰兢兢的還有公子高。

眼見刑臺之上，劊子手的屠刀高高舉起，迸射出的淋漓鮮血染紅了咸陽城內外，公子高絕望了，他想跑路，但是問題在於，跑得了和尚跑不了廟，你跑了，你的家人就得替你背鍋了。想了半天，公子高決定主動一點，他寫了封信給弟弟胡亥，說：「父親一個人睡在驪山陵裡，一定很孤單，我想去陪他。」

胡亥看到信，大喜過望，心想：「正煩惱沒藉口收拾你呢，沒想到你竟然主動要送死，弟弟我成全你！」他把奏摺遞給趙高，笑道：「這算不算走投無路？」

趙高：「這樣最好，幾位公子在死亡的威嚇下，整日活在恐懼之中，哪有時間謀反？」

胡亥心情愉悅，說道：「既然這樣，那就准了！」

做完這一切，胡亥又提出一個要求：「我要出去玩！」

看著眼前這些如山高的彙報材料，胡亥頓時覺得壓力很大，他連看一眼標題的興趣都沒有，揮揮手，把這些公文都交給了自己最信任的趙老師，自己遊山玩水，出門快活去了。

按理說，嬴政在位時不恤民力，天天在弄工程建設，民眾整天活在高壓之下。好不容易換了一任董事長，原想著能稍微放鬆一下，結果卻悲哀地發現，一蟹不如一蟹，這位只會吃喝嫖賭，心思根本不在工作上，還不

第二章　日薄西山

如嬴政呢！

民眾從希望到失望，從失望到絕望，從絕望到徹底放棄。沉默的大多數中，已經有人將手臂高高舉起。

講到這裡，讓我們把時間稍稍暫停一下，調整一下歷史望遠鏡的焦距，把鏡頭對準一場歷史大戲。

王侯將相寧有種乎

夏日炎炎，酷暑難當，大地萬物昏昏欲睡，熱得辛勤耕作的農民煩躁苦悶，晒得路面直冒熱氣。

城外的農田中，有不少農人在田間做事。一位年輕人揮舞著手中的鋤頭不知疲倦地勞作，裸露的脊背閃著古銅色的光澤。

「這太陽太毒了！大夥兒先歇一歇吧！」一位同伴直起身子說道。

年輕人停下了手中的鋤頭，抹了一把臉上的汗，脫下汗漬漬的衫子，坐在田埂上休息。看著田地裡辛苦耕作的工友們，年輕人抬頭仰望天空，感慨了一句：「將來我們幾個誰要是發達了，可別忘了互相提攜一下啊！」

旁邊的人聞言笑道：「我說陳勝啊，我們是做苦力的，有碗飯吃就不錯了，哪還敢妄想什麼富貴？」

年輕人的臉上浮現出一絲苦笑。他眼望著遠方，嘆息道：「唉！麻雀哪能理解大雁的志向呢？」

這就是發生在兩千多年前某片田地上的一幕場景，那個年輕人名叫陳勝。此時，他的身分還只是一名打工者。

與他一起種地的絕對不會想到，就是眼前這位年輕人，在不久的將

來，點燃了秦末農民起義的第一把烽火。而連他自己也不會相信，他的這句話，將會成為一句勵志格言。

說到陳勝，就不得不提他的好搭檔──吳廣。

關於陳勝、吳廣的傳奇故事，還得從那場轟轟烈烈的大澤鄉起義說起。

時間：西元前209年七月

地點：蘄郡所屬的大澤鄉

人物：九百兵役男丁

事件：天降大雨，道路不通

滂沱大雨傾瀉而下，猶如洪水一般偌大的陣勢震懾住了所有的人。連日來的大雨沖垮了前行的道路，陳勝等人躲在一處屋簷下，望著遠處河道中的山洪傾瀉而下，一臉鬱悶。不用說，他們的行期肯定是誤了。

這一年，朝廷大規模徵兵到邊疆站崗，很不幸，陳勝入選了，還被選為隊長，副隊長是自己的好友：吳廣。

得知這個消息，兩人的心中十分鬱悶。但是沒辦法，命令就是命令，不論你接不接受，它就在那裡，不離不棄。

這年夏天，兩位大隊長在秦朝督察員的監督下，帶著一支九百餘人的隊伍，踏上了去往邊疆的路。然而，老天爺似乎是要故意為難他們，隊伍出發沒幾天，就遇到了一場暴雨，走不了了。而按照規定，如果遲到，兩人絕對是吃不完兜著走。

這一天休息的時候，兩人說起了悄悄話。一個說：「還走什麼啊，到了也是遲到，遲到是要被處死的，眼下我們已經是半個死人了，如果拼一把，說不定還有活命的機會！」

另一個說：「天下人對秦朝不爽已經很久了，現在的秦二世是始皇帝的小兒子，我聽說，老大扶蘇才是真正的皇位繼承人。當年我們楚地抗秦

第二章　日薄西山

的時候，有個很厲害的將軍叫項燕。這兩人不知道躲到什麼地方去了，很多人都以為他們還活著。如果我們打著他們的旗號造反，肯定能得到很多人的回應。」

為了活命，兩人決定拼一把！

說做就做，兩人故意激怒了秦朝的監督員，陳勝喊了一嗓子：「王侯將相寧有種乎！」

這一句話，可謂是石破天驚，驚醒了在場的所有人，猶如一道天光，劃破了萬古長夜。

在陳勝、吳廣的組織下，大家砍了監督員的腦袋，在大澤鄉舉起了反秦的大旗。

隨著陳勝的一聲喊，蠢蠢欲動的六國遺老、飽受壓迫的貧苦百姓紛紛站了出來。

直到這一刻，陳勝才發現，大秦居然猶如朽木，他沒費多大勁就攻下大片地盤；原來造反是這麼容易的，只要你敢走出第一步，後面的路豁然開朗。

成為眾人關注的焦點，讓陳勝有一種渴望而又陌生的感覺。這種感覺讓他心跳加速、面紅耳赤，讓他的大腦變得亢奮、狂熱，讓他感受到一種前所未有的愉悅與快感。

人各有命，陳勝不信命，不信天，他只信自己。

陳勝、吳廣帶頭造反的消息，就像一點火星，落在了乾草堆上，瞬間點燃了各地百姓心中的怒火。

許多人帶著刀槍棍棒，衝進縣衙，砍了官員們的腦袋，然後宣布起義。

想當初，在秦帝國黑色大軍的鐵蹄下，六國貴族紛紛敗下陣來，原以為這輩子無望了，不料這才過了十四年，嬴政就掛了，給了他們一個大大的驚喜。

王侯將相寧有種乎

隨著陳勝那一聲石破天驚的吶喊，那些潛伏起來的六國貴族們就像是早春三月的蛤蟆，蹬蹬腿，扒開泥土，又開始活絡起來。要說鬧革命，他們可比陳勝專業多了，再加上本身就有一定的人氣，很快就在各地豎起了起義大旗。

在成功點燃大家心中的怒火後，陳勝首先帶人拿下了大澤鄉，隨後帶著小弟衝往蘄縣。得知有一大群反賊直奔自己而來，蘄縣的縣令和守軍早就嚇跑了，連工作都不要了就開始跑路。畢竟，工作可以再找，命卻只有一條。

陳勝兵不血刃，順利拿下了蘄縣，也極大地鼓舞了這支衣衫襤褸的隊伍，大家雖然手頭還沒有像樣的兵器，但是造反的熱情卻很高漲。在陳勝的指揮下，起義隊伍一路西進，所到之處，猶如秋風掃落葉，政府軍不戰自潰。當然，有很大一部分當地守軍是聽聞反賊來了，就先跑路了，所以陳勝這一路上基本上沒怎麼打硬仗。

很快，當陳勝的隊伍到達陳縣時，他的隊伍早已鳥槍換炮，成為一支戰車六七百輛、戰馬一千多匹、士卒幾萬人的行業領導者了。

聽聞陳勝大軍要來陳縣，郡守和縣令早就嚇得半死，逃之夭夭了，只有郡丞不肯降，力戰身死，為朝廷盡了忠。

要說這陳縣，可不一般，這裡曾經是楚國的首都，群英薈萃。拿下陳縣，不僅可以擴大自己的影響力，還可以收穫兩個有權勢的人。

這兩位，一個叫張耳，一個叫陳餘。

這兩人都是魏國有權勢的人，張耳年齡比陳餘大，幾乎可以當他父親了，但是陳餘並不在意，兩人在秦末漢初這段歲月裡上演了一出相愛相殺的歷史大戲。

關於張耳的履歷，我之前寫過，他是魏國大梁人，曾經當過信陵君小

第二章　日薄西山

弟。因為長得帥，被一位富家女子看上，靠著老丈人家的財產，不僅當了外黃縣的縣長，還成功吸引了一大批粉絲，這其中就有劉邦。

翻開陳餘的個人檔案，我們不難發現，他的履歷跟張耳簡直一模一樣。陳餘原本也是一個窮小子，整天在趙國的大街上晃盪。雖然沒錢，但是陳餘身上有一種獨特的氣質，深深地吸引了當時的一個富家女子（猜想還是因為長得帥）。那位女子一見傾心，回家就吵著要嫁給陳餘。就這樣，陳餘昨天還是邯鄲街頭的流浪漢，今天就成了豪門女婿，再加上學富五車，很快成了當地有權勢的人。

相同的境遇，一樣的理想追求，陳餘和張耳一見面就很談得來，從此成為刎頸之交。

這種兄弟間的感情可不是說說而已，秦滅六國後，大力搜捕六國的意見領袖，開出的賞金為：張耳千金，陳餘五百金，老張和小陳從此逃亡江湖。兩人一路跑到了陳國，在城門口當起了保全。往前翻幾年，信陵君的謀士侯嬴也做過這工作。搞笑的是，秦朝下發的關於他們二人的通緝令，就是由他倆張貼在城門口的，如果當地政府知道了這個笑話，非殺了那個畫師不可。

陳餘年輕，容易衝動。有一回，上級前來視察工作，對陳餘的接待工作很不滿意，拿出皮鞭，劈頭蓋臉就抽了過來。陳餘火氣大，哪裡受得了這樣的侮辱，打算把這狗官綁起來暴揍一頓，出一口心中的惡氣，張耳趕緊踩了陳餘一腳，暗示他要忍讓。

事後，張耳將陳餘拉到一處僻靜的桑樹下，嚴肅責備了年少衝動的陳餘：我們當初交朋友的時候怎麼說的？約好了一起做大事，同生同死，怎麼今天你稍微被人欺負了一下，就要逞匹夫之勇玩命？太不值了！記住，我們是做大事的！

陳餘捂著血淋淋的屁股點頭稱是，鄭重向張耳道歉。

王侯將相寧有種乎

　　什麼是朋友？不是在你發達時陪你喝酒吃肉、唱歌的那群人，而是在關鍵時刻，願意拉你一把的人。這樣的人，才可以稱得上是好友。張耳和陳餘當時就是這樣的關係。

　　做大事的機會很快就來了。陳勝帶著一幫小弟攻下陳地，張陳二人立即亮明身分投奔陳勝。得知他們來投奔自己，陳勝的心情像浪花一樣歡騰，不敢怠慢，立刻拜他們二人為座上賓招待著。

　　一進入陳縣，陳勝就迫不及待地請來了陳縣的意見領袖，商議怎麼把造反事業做大做強。

　　參加此次會議的多是目光短淺之輩，拍起馬屁來是相當厲害：「老大你身披鎧甲，手執兵器，敢跟暴虐的秦王朝說不，太厲害了，你不稱王說不過去啊！趕緊答應了吧！」

　　陳勝一聽心中大喜，又去詢問張耳和陳餘的意見，要是這兩位能挺自己，那就完美了！不料，張耳和陳餘卻澆了他一頭冷水：

　　「暴秦無道，害得別人家破國亡，耗盡百姓財力。你不顧個人安危，舉義兵討伐暴秦，一個小小的陳縣就讓你得意了，想著趕快稱王，這只能在天下人面前暴露你的私心。希望將軍把稱王這事先緩一緩，趕快領兵西進，派人尋找六國後代立為王，為秦國四處樹敵。這樣可以分散秦軍，將軍就能乘虛直接攻下首都咸陽，然後占據咸陽號令六國諸侯。六國諸侯在將軍的幫助下得以復國，必定對將軍感恩戴德，將軍再以德服之，這樣一來不是更好嗎？心急吃不了熱豆腐，你要是今天在這裡稱王了，那以後天下諸侯就不會跟隨你了。」

　　應該說，張耳和陳餘的意見還是很中肯的，為陳勝做了一份策略規劃圖。如果陳勝能夠按照這個計畫實施，那將來天下紛爭，鹿死誰手就難說了。可惜的是，陳勝根本沒這個耐心，此時的他心智已經被稱王的欲念所矇蔽，聽不進這逆耳的忠言。陳勝一輩子都生活在社會的底層，忍受了太

第二章 日薄西山

多的不公和屈辱，稱王是他揚眉吐氣的時刻，這對他太有誘惑力了！

稱王好不好？當然好！一朝權在手，便把令來行，這是多少人夢寐以求的生活！然而從長遠來看，這卻是一招臭棋！陳勝獨自稱王，失去了六國王室的支持，將自己推到了風口浪尖上，過早暴露了他的野心、私心，最終只能帶來英雄豪傑們的離心！這也為他將來的失敗埋下了禍根。

在中華民族的歷史長河中，從來都不缺乏這類人物，有太多的人在這個人生的十字路口選錯了方向。明末的李自成、晚清的洪秀全，無一不是栽在這上面。洪秀全在拿下南京後，自認為半壁江山到手，大局已定，開始關門當太平天子，貪圖享樂，萎靡不振，為後來的失敗埋下了伏筆。袁世凱在稱帝後成為眾矢之的，可謂是一失足成千古恨！

人生的路雖然很長，但是緊要處就那麼幾步。如果在關鍵時刻行差踏錯，哪怕只是走錯一步，也足以跌入萬劫不復的深淵。

在這一點上，很少有人能做到朱元璋在徽州時「高築牆、廣積糧、緩稱王」的冷靜與清醒，也很少有人能讀懂曾國藩當初為何不肯稱帝而寧可解散湘軍的良苦用心。

話題回到陳勝身上，他的急於稱王，斷送的則是整個天下，包括自己的性命！

陳勝在拒絕了張耳和陳餘的意見後，宣布自立為王，國號「張楚」，也就是張大楚國的意思。

在接連拿下了幾個縣後，隨著企業規模的進一步擴大，陳勝又在各地成立分公司，向四面八方擴展地盤，擠占秦帝國的生存空間。

第三章
沛縣起義

第三章　沛縣起義

就從這裡起步

　　星星之火，可以燎原！

　　一瞬間，很多官員不淡定了，這其中就包括沛縣縣令。他擔心這把反秦的燎原之火燒到自己，與其這樣，還不如自己點一把火，掌握主動權。

　　想到這裡，縣令找來了自己的兩個智囊蕭何和曹參，跟他們商量：「眼下反秦已經變成很多人的一項事業，形勢是一片大好，我們沛縣也不能落後啊！二位弟兄啊，替本官出出主意吧，我們要是也起義，怎麼弄好呢？」

　　對於這個問題，蕭何和曹參早有準備，對他說道：「造反沒問題，但是您出這個頭不合適。您是官，帶頭造反，砸自己的飯碗，沒有公信力。最好的辦法是將本縣流亡在外的人召集回來，讓他們帶頭起義，一來可以增加力量，二來也可以取得民眾的信任。」

　　縣令一聽，道理不錯，說道：「既然你說我不合適，那誰合適呀？」

　　「當然是劉邦呀！」

　　「劉邦？」縣令想了半天，想當年，劉邦在沛縣確實是一號人物，黑白兩道通吃，但是眼下上哪兒去找他呢？

　　蕭何和曹參相視一笑，說道：「這個您就不用操心了，樊噲肯定知道劉邦在哪裡，讓他去找，一定能找到！」

　　縣令一聽，趕緊派他去找劉邦！

　　在蕭何的授意下，樊噲扔下自己的狗肉攤子，立即踏上了前往芒碭山的路。而此時，縣令突然想到：「不對啊，讓劉邦這個通緝犯回來，不是引狼入室嗎？到時候他要拿自己的人頭祭旗，那可怎麼辦？好你個蕭何、曹參，敢挖這麼大一個坑給我！」

反應過來的縣令急忙命人去抓蕭何和曹參。這兩人都是人精，得知縣令反悔的消息，早就消失不見了。

得知樊噲來了，劉邦知道一定是沛縣那邊有動靜了，趕緊請他進來。聽說沛縣縣令也有造反的念頭，而且還是蕭何、曹參派他來為自己通風報信的，劉邦心裡很高興：「好不容易熬到出頭之日了，兄弟們，收拾好東西，跟我回家！」

劉邦帶著小弟們來到了沛縣城外，抬頭一看，卻傻眼了，只見城門緊閉，城牆上還有四處巡邏的士兵嚴陣以待。

劉邦知道事情又出了變數，心想：「這哪是要請我酒席？明明是想殺死我嘛！」蕭何和曹參都是自己的哥兒們，不會挖坑給他跳，不用多想，這一定是沛縣縣令的意思了。

此時，一個難題擺在了劉邦面前：是轉身就走，還是強攻入城？

如果扭頭就走，劉邦倒是沒什麼，但是身後的這幫弟兄們心裡就會有意見了。「辛辛苦苦跟隨你，出門時說得好好的，要帶我們回家，一眨眼的工夫，你又反悔了，還想上山當土匪？」

但是如果強攻入城，恐怕更是行不通。要知道，眼前的這座城是劉邦的家鄉，城裡面都是劉邦的街坊鄰居，劉邦怎麼忍心對自己人動手？更何況，自己帶的這點隊伍人數不多，在山上待的時間長了，一個個都像叫化子，手裡連點像樣的武器都沒有，拿什麼攻城？

就在劉邦糾結的時候，有人替他出了個主意：「老大，我有個想法，我們可以寫一封信，射進城裡，向父老鄉親們說事實、講道理，只要鄉親們回心轉意了，肯定能開啟城門，放我們進城的！」

劉邦一聽，心想：「玩心理戰呀，這方法我熟，就這麼做！」

說做就做，劉邦讓人寫了封信，一箭射進了城裡。百姓們開啟一看，

第三章　沛縣起義

裡面是這麼寫的：

「天下百姓苦秦久矣！現在你們為沛縣縣令賣命，聽他糊弄，要是諸侯的軍隊來收拾我們，可怎麼啊？縣令靠得住，母豬都能上樹了。不如殺掉縣令，擁立一個可靠的人，響應諸侯，才可保全家小啊！」

鄉親們看完信，心裡也是七上八下的，劉邦的話不無道理，沛縣縣令反覆無常，眼下的反秦已成燎原之勢，跟著他，這「防禦塔」遲早要被攻破的！既然如此，何不把劉邦放進來呢？這傢伙有頭腦、有手段，手上又有一批小弟，肯定能保我們一方平安！

想到這裡，鄉親們終於達成一致，殺縣令，開城門，迎劉邦！當然，這一切的背後少不了劉邦在城內的臥底輔助。

當沛縣縣令看到一群人亂哄哄闖入時，他知道自己偷雞不成蝕把米，只能自認倒楣。

劉邦順利進了城，迎接他的是鮮花和笑臉，當然，大夥兒還贈送了他一個帶頭大哥的稱號。

然而，面對這份理應屬於他的榮譽稱號，劉邦卻退縮了。他對眾人說道：「起義可不是一件小事，一定要安排合適的人做合適的事。我不是貪生怕死，只是擔心自己能力不夠，保護不了大家，大家還是重新選一個人當帶頭大哥吧！」

眼看著一份榮譽擺在眼前，只要伸出手就能夠得著，劉邦為什麼偏要說不呢？

有人認為，這是劉邦在謙讓，就和古代皇帝即將登基時的勸進一樣，皇帝總要表現出一副我能力不行，你們就別為難我了的樣子，而大臣們則要拿出最好的演技誓死力爭，擺出一副「大哥」不當皇帝大家沒有活路的架勢。

而我卻不這麼看。

劉邦眼下要做的是什麼事兒？造反！

造反，是要流血，是有傷亡的！劉邦此時的猶豫，表明他內心還沒有下定決心踏上這條路。

有人會說，你這不是廢話嘛，劉邦當年放跑民夫，帶著剩下的人跑到芒碭山上潛伏，不就已經準備好鬧革命了嗎？

要我說，這還真不一樣。

劉邦在芒碭山上當了山大王，並不是鐵了心要造反，推翻秦王朝，而是在當時任務無法完成的情況下，選擇的一條求生之路。

有人會說，那還不是一樣嗎？

我還是想說，不一樣。

劉邦被逼上梁山時，家中有年邁的父母，有柔弱的妻子，還有兩個年幼的孩子。更何況，當時的他已經四十多歲了，在那個普遍壽命都不長的時代，他的人生即將步入遲暮之年。如果在這個時候，你去告訴他，邦哥，造反是一項很有前途的事業，我很看好你喲！猜想他會黑著臉跟你說：「說什麼呢？誰要造反了？我不過是走投無路了，躲到山上想多活幾日呢！」

沒錯，劉邦上了芒碭山，就和宋江上了水泊梁山一樣，他們並不是真想造反，而是只把這裡當成一個暫時藏身的地方，等待將來有一日，朝廷大赦天下時，自己好洗白回家。要知道，劉邦當初上山的時候，霸氣的嬴政還健在呢，那一年還專門到南方巡遊了一圈，嚇得劉邦躲在山寨裡，一個月沒下山打秋風。

只是，後來的形勢發展變化太快，完全出乎大家的意料。嬴政在出差的路上突然暴斃，繼位的不是長子扶蘇，而是那個傻兒子胡亥。更令人跌

第三章　沛縣起義

破眼鏡的是，趙高竟然把李斯拉下了水，在咸陽城內大開殺戒。胡亥的一系列胡作非為，極大地消解了秦帝國的公信力，在他上位一年後，各地紛紛燃起了反秦的狼煙，這是劉邦所沒料到的。

雖然劉邦在路上時，早就在腦海裡無數次幻想過到沛縣鬧革命的情景，但是真到了這一步，他卻有些心虛了。

打仗是要死人的，而且牽扯甚廣，若無必贏把握，貿然挑頭，後果極其嚴重，搞不好大家一起玩完。

然而，看著眼前這些熱血激昂的兄弟們，劉邦的熱血也被點燃了，那一刻，他在心中已經做出了決斷，上前一步，對眾人說道：「既然諸位父老鄉親如此看得起我劉季，那我就恭敬不如從命，勉為其難帶領大家謀一條出路！」

過去的劉邦是一個混混，如今，他要做一番大事，邁出這一步，再沒有後路可退。

迎接他的，是一片陌生的天地，沒有親情，沒有友誼，有的只是殺戮、鮮血、哭泣，身邊的這些人，有人會死，有人會離去，有人會背叛。

這些，劉邦都不怕。

他發誓要向這個龐大的帝國發起挑戰！

「嬴政，你我本是同年齡層的人，你已經完成了自己前無古人的萬世基業，生命已然結束，但是我的人生才剛開始！」

在順理成章成為沛縣起義的帶頭大哥後，劉邦發表了一篇熱情洋溢的演說，痛斥秦帝國的壓迫和剝削，號召大家聯合起來，一起推翻殘酷暴虐的秦帝國。隨後，打了雞血的人們把牲畜的血塗抹在旗鼓上，配合劉邦舉行了盛大而隆重的祭祀黃帝和蚩尤的儀式。

為什麼要塗紅色的血？

就從這裡起步

很簡單，因為劉邦斬白蛇起義，自稱是赤帝之子，紅色就是自己的幸運色了。

鬧革命，最重要的是兩件事：一是拉人頭，二是搶地盤。劉邦也深知這一點，為了擴大自己的革命隊伍，劉邦在沛縣宣布起義後，並沒有急著展示自己的肌肉，而是到處招兵買馬拉人頭。

劉邦的號召力還是很不錯的，很快，他的隊伍就達到了三千人。

有了根據地，也有了小弟，劉邦的底氣足了許多，下一步就是搶地盤了。

向哪裡擴張呢？劉邦將地圖攤開，將目光瞄向了胡陵和方與。劉邦的第一戰運氣不錯，很快就拿下了這兩塊地盤，隨後一個神龍擺尾，轉身又攻下了豐邑。

就在劉邦剛喘了口氣的當下，秦朝的泗水郡郡監注意到了新崛起的劉邦。這位郡監在歷史上沒有姓，只留下了一個名，平，我們暫且就叫他阿平哥吧！

阿平哥看劉邦混得不錯，想偷襲一把，結果卻偷雞不成蝕把米，打了敗仗不說，還被趕到了胡陵。劉邦想乘勝追擊，但是蕭何卻拉住了他：「眼下我們兵力不足，要盡量避免這種硬碰硬的打法。」

劉邦問：「那怎麼辦？」

蕭何告訴他：「先禮後兵，我們可以試著勸降。」

當阿平哥聽完說客的一番說辭後，他忽然發現，對方說的都是大實話。眼下的秦帝國確實已經陷入了一片火海之中，而憑自己的力量，絕對無法撲滅這大火。既然如此，何不重新考慮一下自己的職業規劃？

幾天後，阿平哥開啟城門，向劉邦投降。

這一戰極大地鼓舞了劉邦的隊伍，他決定趁熱打鐵，將自己的大本營交給了親密同袍雍齒，自己帶著隊伍進攻薛縣。此時薛地的守將是泗川郡

第三章　沛縣起義

守壯。面對這支破破爛爛的農民軍，大壯哥信心十足：「我是正規軍，你們是雜牌軍，想跟我單挑？儘管放馬過來！」

不料，還沒等大壯哥擺好姿勢，劉邦大軍就圍了上來。好不容易從死人堆裡爬出來，準備跑路，卻遇上了劉邦的小弟曹無傷，結果腦袋搬了家。

就在劉邦四處搶人搶地盤時，一個壞消息傳來，劉邦的親密同袍雍齒叛變了！

得知這個消息，劉邦差點就犯了心臟病，帶著自己的人馬，連夜就往豐邑趕。不著急不行，豐邑是自己的大本營，如果連大本營都丟了，那還打個什麼仗？

寫到這裡，大家一定在猜，為什麼雍齒要在這個時候叛變？

這裡有必要講一下雍齒這個人。和劉邦身邊的眾多小弟一樣，雍齒也是劉邦的老鄉，在當地也是一個大家族，有錢有勢，和王陵關係不錯。憑藉著這樣的家世和地位，雍齒打從心裡就瞧不起劉邦，認為他哪能跟自己比？眼下跟隨劉邦，不過是權宜之計。

劉邦顯然沒有那麼多心思，只要是來投奔自己的，他都心懷感激。得知雍齒來投奔自己，劉邦很是開心，臨走前還將大本營交給了雍齒。

就在劉邦四處征戰時，一個叫周市的看到了機會，他決定策反雍齒。

周市是誰？

這裡為大家說明一下，周市本是陳勝麾下大將，陳勝讓他收復魏地，他立魏國王室後裔魏咎為王，自己混了個魏國的相國。眼看雍齒在城裡自娛自樂，周市動了心思，他派人勸降雍齒：「劉邦只不過是一個小小的沛公，你跟著他能有什麼前途？這裡本來就是魏國的地盤，現在魏地基本平定，你如果來投降，我可以封你為侯，繼續鎮守此地，要是不從，我便滅了你，你是過來呢，還是不過來呢？」

被周市這麼一嚇唬，雍齒心裡盤算著：「劉邦只是一個小小亭長，跟隨他，顯然不如魏國名頭大啊！」於是他率領豐邑人馬投靠了周市，將刀口對準了劉邦。

雍齒的背叛對劉邦打擊不小，怒火攻心的他帶兵進攻豐邑，但是雍齒顯然早有準備，在城內的防守很嚴密，劉邦幾次攻城都沒有攻下來，氣得劉邦大病了一場。

就在劉邦鬱悶的當嚇，蕭何適時地出現了，他為劉邦指出了一條路：「眼下雍齒擁兵自重，要在短時間內拿下豐邑，希望很渺茫，再這樣耗下去我們肯定會被耗死，我倒是有個主意。」

劉邦：「什麼主意？」

蕭何：「借兵。」

劉邦：「眼下大家都在招兵買馬擴張地盤，誰會這麼好心？」

蕭何：「老大你忘了，我們隔壁不是來了個楚王景駒嗎？」

看到這裡，想必你一定是一臉疑惑，這憑空冒出來的景駒又是哪路神仙？

景駒原本是楚國貴族，當然在秦帝國的高壓下，這些六國貴族的日子都不好過，陳勝拉開了反秦起義的序幕，但是他很快就自我膨脹了，最終在陰溝裡翻了船，被了結性命。

陳勝死後，他的部下秦嘉一路跑到了彭城，本想自己當老大，但是他掂量了下自己的實力，猜想是沒有信心，便擁立了楚國王室後裔景駒為楚王，順便替自己封了個大司馬。

劉邦決定到那裡去碰碰運氣。

第三章　沛縣起義

刺客張良

在路上，一個叫張良的文弱書生，於萬千紅塵之中，沒有早一步，也沒有晚一步，遇到了劉邦，堪稱中華歷史上最偉大的一次「偶遇」。

雖然歷史上的張良大名鼎鼎，但是在遇到劉邦之前，張良一直不太順利。在這兩位偉大人物握手之前，我們先來翻一下張良的個人檔案。

在太史公的筆下，張良的第一次亮相，彷彿是一部武俠小說的開場。

他原本是韓國的貴族，祖上兩代皆是韓國國相，事五任韓王。可以說，在韓國，論權勢之煊赫，幾乎無人能與張良一家比肩爭鋒。如果不出意外，「官三代」張良也將沿著父輩的足跡，續寫家族的榮耀。

天有不測風雲，還沒等張良承父業，秦帝國的黑色鐵騎就踏破了弱小的韓國，也踏碎了張良的夢想。

然後？就沒有然後了。

對於熱血少年張良而言，一切彷彿是一場噩夢，在夢中，他還是韓國的翩翩貴公子；夢醒後，他竟成了無國無君的世間流浪客。

國仇、家恨，一起壓在張良瘦弱的肩膀上，沉重得讓他抬不起頭來。張良暗暗發誓：「此仇不報，我有何臉面去見地下的列祖列宗？」

仇恨一旦扎根心中，只有依靠鮮血才能銷蝕。復仇，成了他最大的志向。

此後的張良，懷著冰冷的恨意，變賣了所有的家產，遣散了三百家僕，就連親弟弟去世都不去安葬，義無反顧地踏上了反抗秦朝的道路。從一開始，他就沒打算回頭。

在張良的努力下，他終於找到了一位肌肉男，為他量身打造了一把大

鐵錐，兩人埋伏在帝國三川郡陽武縣博浪沙，準備刺殺秦始皇。時間、地點都已算好，就等著秦始皇的到來。

天氣很熱，大地像個蒸籠一樣，熱得讓人喘不過氣來。就在張良和肌肉男感覺快被烤熟時，一隊浩浩蕩蕩的車馬迤邐而來，捲起塵土飛揚。

看到這裡，張良立即打起十二分精神，謝天謝地，嬴政果然來了，為了這一刻，他已經等待了太久！

然而，當車隊走到眼前時，張良卻傻眼了：眼前的這支車隊中有好多輛一模一樣的豪華馬車，根本看不出哪一輛才是秦始皇的專車！

怎麼辦？

機不可失，不能再等了！肌肉男一聲怒吼，大鐵錐沖天而起，在空中劃下一道優美的弧線。肌肉男的力氣夠大，鐵錐直奔一輛豪車而去，轉瞬間就將始皇帝的座駕砸了個稀巴爛。

還沒等保鏢們反應過來，張良與肌肉男迅速站起身，拿出百公尺衝刺的速度奔跑，轉瞬間就沒了蹤影。

然而，讓張良始料不及的是，幾天後消息傳來，被鐵錐砸中的竟是嬴政的副車，嬴政本人安然無恙，而肌肉男很快被抓，張良本人也被通緝。

原來，秦始皇由於之前遭遇了太多的刺殺，加上生性多疑，已經學乖了，每次出門都會坐不同的車，反正自己家的車庫裡有的是車。這一次，秦始皇沒坐被鐵錐擊中的那輛車，因此僥倖逃過一劫。

這就是歷史上赫赫有名的「博浪沙刺秦」。明朝有個讀書人叫陳仁錫，在讀到這段歷史時更是拍案叫絕：「子房一錐，宇宙生色！」

刺殺事件在當時影響很大，但是很遺憾，這是一次失敗的刺殺。得知這個消息，張良感到一股濃烈的絕望：「蒼天啊，你這不是在玩我嗎？」

為了躲避秦帝國的抓捕，張良改名換姓，在下邳潛伏下來，經歷了一

第三章　沛縣起義

段漫長而又孤獨的時光。等他再次出場時，歷史已經風雲變色！

張良在下邳專門研修黃老之術，這一躲，便躲到了人生不惑。在此期間，他遇到了一個怪老頭。

這一天，張良吃完飯，在一座橋上看風景，看風景的人在看他。一個老頭走到張良面前，腳輕輕一甩，鞋「碰」的一聲掉到了河裡。

「小夥子，幫我撿一下鞋！」老人朝張良喊道。

張良當時很震驚，以他刺殺秦始皇的脾氣，當場就想打人，心想：「老頭子你是故意扔的，你以為我沒看見嗎？」

幸好，張良出身貴族有修養，混社會也講道義。「算了，看這糟老頭也挺可憐的，就幫他撿一次吧！」他下去把鞋撿了上來。張良轉身要走，老頭又說話了：「別走啊，小夥子，幫我穿上吧！」

張良一聽火氣大了：「憑什麼？幫你撿就不錯了，還要我幫你穿上？沙包大的拳頭有沒有見過呀？」

不過轉念一想，為這麼點小事生氣也不至於。既然都幫他撿回來了，幫他穿上又能如何？

想到這裡，張良又蹲下身子，幫老頭穿好了鞋。老頭哈哈大笑：「小夥子人不錯喲！五天後來這裡見我吧！」

五天後的清晨，張良如約到橋上，誰知老人已經早到了，看到張良遲到，老頭很不高興：「跟老年人相約，你怎麼還遲到？太沒禮貌了，五天後再來吧！」

又過了五天，公雞一叫，張良就來了，一看老頭又等在那裡了，還對他說：「怎麼又遲到啦？五天以後再來！」說完轉身離開。

張良氣壞了，說道：「老頭你是不是有意整我啊？我們再比一次，我就不信還會輸給你！」

這一次，張良深更半夜就出發，終於比老頭早了一步。老頭很高興：「小子，我這裡有一本書，免費送給你。」

張良心中一喜，《太公兵法》！

「你讀完了就可以做王者之師了，十年後必定可以有所作為。十三年後，你再來見我，我是濟北谷城山下的黃石。」

拿到這本書後，張良白天看，晚上看，吃飯時看，上廁所也看，受益匪淺，簡直是愛不釋手。

張良始終沒有忘記那個給他《太公兵法》的老人。十三年後，他經過濟北時，果然在谷城山下看見有塊黃石，他小心翼翼地把這塊石頭取回，作為珍寶供奉起來。張良去世後，家屬把這塊黃石和他葬在了一起。

這個故事怎麼看，怎麼都覺得奇怪。一個老人，平白無故為何要試探張良？而且還要免費送他一本祕籍？

關於這個問題，宋代的大文豪蘇軾就曾寫過一篇〈留侯論〉，專門討論此事。蘇軾認為，這老頭是個世外高人，眼看張良有蓋世之才，卻不學伊尹、姜尚那樣安邦定國的謀略，反而學荊軻、聶政當刺客，浪費他的才能，忍不住出手，挫一挫他的銳氣，讓他明白忍字的含義。

而張良，顯然也沒有辜負老頭的期望。在下邳潛伏的日子裡，張良完成了自己人生的轉變。如果說，以前的張良是一個像荊軻一樣，快意恩仇的熱血俠客，那麼當他再次出場時，身上已經抹去了銳氣，成了一位喜怒不形於色的文弱書生。當然，不變的是他骨子裡與生俱來的血性：「是的，亡國之仇，滅門之恨，我從沒有忘，也不敢忘。但是我已不是過去那個只知逞一時之勇的熱血少年，反秦不是一朝一夕之事，也不是靠我一個人就能完成的，我將用另一種方式復仇！」

九年後，陳勝、吳廣在大澤鄉率先宣布起義，就像一粒星火，點燃了

第三章　沛縣起義

百姓心中的怒火，各地紛紛宣布起義，向秦帝國發出挑戰。張良一看，時機已經成熟，帶著一幫小弟鬧起了革命。張良最初的想法是憑一己之力恢復韓國。不過，他顯然高估了自己振臂一呼的影響力。吆喝了一圈下來，結果只吸引了百十來個小弟。

靠這點人就想鬧革命，挑戰秦帝國這個龐然大物，顯然是作死的節奏，張良只得重新尋找靠山。

誰是那個靠山呢？

張良放眼一瞧，旁邊不就有個代理楚王景駒，他的公司正在擴大經營，就你了！

說走就走，張良帶著自己的小弟，踏上了投奔景駒的路，不料半路卻遇上了劉邦。得知眼前的這位文弱書生也要去投奔景駒，劉邦開始挖牆腳了：「在哪參加革命不都一樣？兄弟我一看見你就覺得特別有緣分，不如跟隨我吧！」

張良一聽，有點心動。反正自己出門是為了找靠山，如果劉邦願意罩著自己，自己當然願意當他的小弟了。前提是，劉邦是否跟自己投緣。

張良熟讀《太公兵法》，閒暇之餘，他經常跟劉邦討論兵法，提供他一些意見。而劉邦總能很快領會張良的意思，常常能夠舉一反三，獲得新的感悟。在此之前，張良也曾替別人出過主意，但是別人要麼聽不懂，要麼就是不採用，只有劉邦一點就通，最能領會他的意思。

一個是落魄貴族，一個是中年大叔，兩個人碰到一起，竟然產生了如此奇妙的「化學反應」，讓張良也感慨不已：「邦哥真是天縱奇才也！」

什麼也不說了，確認過眼神，遇到了對的人。

周文遇上對手了

　　趁著張良與劉邦惺惺相惜之際，我們來看一下陳勝的事業進展情況。

　　陳勝造反的消息傳到首都咸陽後，胡亥一個頭兩個大。江山不穩，這還了得！趕緊查查，造反的是哪個不長眼的傢伙？

　　朝堂之上展開了熱烈的討論，跟以往一樣，主戰的多，個個慷慨激昂，唾沫橫飛：「做小弟的怎麼敢挑釁老大？這是赤裸裸的犯上作亂，這些反賊眼裡哪還有陛下？懇請陛下立即發兵剿滅！」

　　胡亥一聽，心想：「這些人把事情說得這麼嚴重，不就是從側面說國家不穩，我無能嗎？」

　　一直冷眼旁觀的儒生叔孫通很會看眼色，他見胡亥不高興了，立即上前說道：「臣以為剛才幾位說的話都不對。賴陛下洪福大德，四海已為一家，拆毀舊的城池，銷熔各地的兵器，向天下表示不再動用武力。況且我大秦上有聖主，下有法令，臣民各盡其職，四方咸來歸附，哪裡有人敢反叛？至於說陳勝之徒，無非是幾個偷雞摸狗的小毛賊罷了，何足掛齒！地方官早在捕捉，不日即可歸案，陛下無須憂慮。」

　　這一段話說得胡亥通體舒暢，又問了一遍儒生們：「你們怎麼看呀？」儒生們有的堅持原則，說是造反；有的已經看出了風向不對，改口說是一夥小毛賊而已。胡亥讓一旁的官員記下他們的發言，凡說是造反的都交給官吏治罪，說是盜賊的都被免掉職務，只有會說話的叔孫通得到了賞賜，由待詔博士晉升為正式博士，從臨時工轉正成了正式工。

　　學生們個個義憤填膺，指責老師叔孫通為什麼故意迎合胡亥，你的良心不會痛嗎？

　　叔孫通一臉鄙視，你們知道什麼！匆匆忙忙收拾好行裝，一溜煙就跑

第三章　沛縣起義

回老家，跟陳勝、吳廣鬧革命去了。

對於舊體制，叔孫通心想：「這船都快要沉了，真當我傻啊？」

胡亥選擇當鴕鳥，倒是成全了陳勝的反秦大業。隨著起義隊伍的不斷壯大，陳勝又開始得意了，他決定兵分六路，四面出擊，給秦王朝狠狠一擊！

這個計畫看著很熱血，但是仔細一分析，會發現相當狗血。

眼下的陳勝雖然取得了一些小勝利，但是傻子都能看出來，陳勝起義時，秦帝國這隻龐然大物還沒來得及做出反應，這些勝利有一大半都是政府軍免費贈送的。如今剛有了一點小成績就得意了，自以為實力已經很強大了，還想分兵六路，全面開花，嚴重削弱了起義軍的力量，實在是犯了兵家大忌！

不過，眼下的陳勝顯然沒有想這麼遠。他把目光投向了當時的糧倉——敖倉。而要拿下敖倉，就必須攻克重鎮滎陽。他把這個艱鉅的任務交給了自己的親密同袍：吳廣。

很不幸，防守滎陽的，正是李斯的長子，李由。

與那些聞風而逃的守軍不同，李由可是塊硬骨頭，吳廣帶著小弟們氣勢洶洶直撲過來，張大嘴咬了一口，結果卻撞到牙了。吳廣不信邪，圍住滎陽，日夜攻城，但是李由的防守很嚴密，幾乎無懈可擊，吳廣碰了一鼻子灰。

得知滎陽的戰事不順利，陳勝也是著急得很。他打開地圖，苦思冥想了半天，忽然眼前一亮：「我的目的在於滅秦，只要拿下了首都咸陽，秦帝國就算殘廢了，何必在滎陽一直耗下去呢？」

說做就做！陳勝一面令吳廣繼續圍攻滎陽，拖住政府軍，另外派了周文為將軍，繞過滎陽，直取函谷關！

周文遇上對手了

周文是誰？他曾經是陳縣的紅人，跟隨過戰國四公子之一的楚國春申君，還熟習兵法。不僅如此，周文還曾經在項燕的部隊中待過一段日子，想來也是上過戰場的人。論打仗，他可比陳勝、吳廣段位高多了。

周文接到陳勝的指示，帶著自己的小弟踏上了西去之路。他本以為一路上少不了被陷害，早就做好了心理準備，但是沒想到，這一路走得十分順暢，基本上沒有遇到像樣的抵抗，沒過多久就把前線推進到了戲水東岸，秦始皇的棺材板都壓不住了。

咸陽城，就在眼前！眼看著咸陽城唾手可得，周文大軍卻在戲水東岸停了下來，不走了。

這到底是為什麼？

有人猜測也許是周文大軍跑得太快，孤軍長線作戰是一個大忌，加上糧草不濟，所以才不得不停下來，等待後方陳勝的支援。

我認為，這種說法純屬胡扯。

原因很簡單，翻開地圖不難發現，戲水距離咸陽僅有百餘里，只要讓大家吃飽喝足，半天時間就能趕到咸陽城下，根本不存在糧草不足一說。

既然如此，為什麼周文要在戲水前停下來？他是在等待什麼？

1940年，法國東北部的港口城市，也發生過類似一幕。眼看德軍即將全殲英法軍隊時，阿道夫·希特勒（Adolf Hitler）突然宣布坦克部隊停止追擊。

後來才得知，希特勒考慮到接下來的作戰計畫，不得不保留裝甲力量，同時也希望英國能重回談判桌，並加入軸心國一方，因此不能趕盡殺絕，這才有了八天內救出近三十三萬人的奇蹟。

同樣，周文之所以停下腳步，必定有他的苦衷，這苦衷就是，他遇到麻煩了。

第三章　沛縣起義

　　合理的推測就是：胡亥上位後，曾徵調五萬人保衛首都。這五萬人裝備精良，擔負著拱衛首都咸陽的重任，是精銳中的精銳，其戰鬥力可不是周文大軍能比的。當週文大軍抵達戲水東岸時，他看到的是一支五萬人、清一色黑袍黑甲的正規部隊。

　　冷酷的兵，鋒利的刀，無情的箭！

　　這，才是名震天下的大秦正規軍！

　　戲水東岸，是周文的十萬雜牌軍；西岸，是五萬政府正規軍。雙方就這樣大眼瞪小眼，對峙了下來。

　　我們再把鏡頭切換到咸陽宮內。

　　敵人近在眼前，胡亥這隻鴕鳥就是再傻，也沒法裝作不知道了，趕緊召開董事會，商量商量怎麼辦吧！

　　「各位，都說說吧，反政府武裝力量都已經打到家門口了，怎麼辦呀？」

　　沉默，可怕的沉默。

　　就在大家裝聾作啞時，一個洪亮的聲音響起：「陛下，我倒是有個主意，不如赦免驪山腳下的七十萬奴隸，把他們武裝起來，我願意帶他們去殺賊！」

　　胡亥一看是章邯，高興得直搓手：「只要能盡快『剿賊』，別說奴隸了，你把死人刨出來打仗都沒問題，能贏就行！」

　　牛皮不是吹的，火車不是推的，章邯既然願意接這個工作，心裡肯定早有準備。在他的安排下，七十萬奴隸放下鐵鍬，拿起武器，肩負起了挽救大秦帝國命運的重任。

　　乍一看，這些人都是替秦始皇修理皇陵的，都是烏合之眾，他們能打贏周文的十萬大軍嗎？

　　這時候就看出章邯的組織能力了。早在出發前，章邯承諾過他們，只

周文遇上對手了

要參軍殺敵，之前犯的法一筆勾銷，打了勝仗之後，還有機會加官晉爵。

這對於即將死在修皇陵路上的刑徒來說，簡直就像是天上掉餡餅，是一個活命的機遇，建功立業的機遇，所以他們在戰場格外賣力。

戲水西岸，章邯望著對岸的十萬農民軍，眼神中閃過一絲輕蔑之色，下令：「全軍出擊！」

面對這支嗷嗷叫的秦軍隊伍，沒有打過硬仗的起義軍們，就像剛剛放下鋤頭拿起刀劍的普通農夫一般，空有一身力氣，卻只能被動挨打。起義軍本身就是沒有任何軍紀約束的臨時軍隊，眼見秦軍如利劍一般直插起義軍大營，大家紛紛扔掉兵器開始跑路。很快，起義軍像潮水一樣潰退，連周文都無能為力，只能掉頭逃跑。

然而，可怕的章邯就像影子一樣尾隨著自己，周文跑到曹陽，章邯就追到曹陽；周文跑到澠池，章邯就追到澠池。周文絕望了，心一橫自刎了。

我們再來看劉邦這邊。在成功拉張良入夥後，兩人一起去見景駒，想從他這裡借兵打回老家去。景駒也不是個小氣的人，很快就給了他一支隊伍。就在劉邦帶人準備告辭時，一個壞消息傳了過來：「章邯來了！」

章邯的部將司馬夷血洗相縣後，一路殺到了碭縣，威脅到了景駒。情況緊急，景駒趕緊跟劉邦說：「哥們兒有難了，幫幫忙啊！」

劉邦收到消息後，很快就回覆了景駒：「放心，交給我！」

拿人家手短，吃人家嘴軟，這忙劉邦不得不幫。

劉邦帶著小弟趕到蕭縣，與司馬夷打了一架，結果沒有打倒對方，反而被一路趕到了留縣。劉邦心中越想越委屈，重整旗鼓，再次出兵碭縣。這一次，劉邦吸取了上次的教訓，圍著碭縣攻了三天三夜，充分發揮輕傷不下火線，重傷不進醫院的精神，終於拿下了碭縣。

第三章　沛縣起義

　　帶著收編的秦軍隊伍，劉邦豪情滿懷，向豐邑出發。現在，他要向雍齒復仇！

　　在得知劉邦找了幫手後，雍齒不敢大意，安排城內的兩千士兵每日加強防守。

　　這一次打回老家，劉邦帶了九千人，而城內的雍齒只有不到兩千人。按理說，劉邦拿下豐邑應該不在話下，但是偏偏無論劉邦怎麼攻，就是攻不進豐邑這座「防禦塔」。

　　豐邑城下，劉邦心如火焚。他的這些小弟有一部分還是借來的，如果在豐邑城下消耗太多，拿什麼向景駒交代？

　　此時的劉邦就像一個賭徒，雖然兩次在豐邑折了本，但是他依然不肯放棄。豐邑一戰，劉邦又一次被打成了「光桿司令」，只得向鄰近的地區求援。

第四章
立志圖秦

第四章　立志圖秦

項羽的崛起

當劉邦在豐邑城下罵髒話時，另一個年輕人也不甘寂寞，站了出來，決定要向秦帝國這個龐然大物發出挑戰。

這個人，就是項羽。

在秦末漢初的歷史舞臺上，項羽一出場就吸引了所有人的目光。雖然歷史留給他的出場時間只有五年，但是這絲毫不影響在未來的五年裡，他占據了中華歷史舞臺的中央，扮演著顯赫的男主角，享受著最好的燈光和機位，擁有最多的特寫和對白。

與中年大叔劉邦不同，項羽的起點就比劉邦高出很多，《資治通鑑》中是這麼說的：「籍長八尺餘，力能扛鼎，才氣過人。」簡單來說就是，項羽不僅出身高貴，長得帥，腿還很長。更關鍵的是，項羽天生神力，如果去參加奧運會，一定能拿個舉重冠軍回來。

跟今天正值叛逆期的青少年一樣，年少時的項羽對很多事只有三分鐘熱度，缺乏專注度。司馬遷在《史記》中記載了這麼一件事：

項羽年少時，項梁想教他讀書，結果項羽對那些枯燥的文字根本不感興趣，只讀了三天書就煩了；項梁又教他劍術，結果項羽只學了點皮毛，又不想學了。

項梁很生氣，對項羽說道：「你這孩子，這也不學，那也不學，到底想怎樣？」

項羽卻說道：「讀書識字，只能記個名字，而學劍只能對付一個敵人，不過癮。」

「那你想學什麼？」

項羽的崛起

項羽把頭一揚，說道：「我要學萬人敵！」

項梁心中悚然一驚，他不得不重新認識眼前這個淘氣的姪兒。

「既然你想學萬人敵，我滿足你，教你學兵法韜略！」於是項梁拿了一堆《左傳》、《孫子兵法》、《吳起兵法》幫項羽惡補軍事知識。

結果，項羽只學了三天兵書，實在頭痛書中那些枯燥呆板的文字，又一次放棄了，項梁氣得半死。這一次，連項梁都雙手一攤，表示無能為力了。

項羽真的是半瓶子醋嗎？我看未必。項羽的格鬥武力值滿格，要論單挑，幾乎沒有對手；他雖然沒讀過幾頁兵書，但是他的軍事才能相當突出，曾多次以少勝多，吊打各路諸侯，創造了戰爭史上的奇蹟。

紙上得來終覺淺，絕知此事要躬行。書本上的東西寫得再好看，也是死的，唯有實踐，才能不斷提升自己的段位。

楚國滅亡後，項氏家族被通緝，項梁帶著姪兒項羽四處奔波，踏上了逃亡之路。有一次，項梁捲進了一樁罪案中，被逮捕了。眼看著這次要完了，項梁在心裡將自己的人脈重新盤點了一下，最後找出一個人。他託蘄縣的獄警曹咎寫一封說情的信，送到櫟陽獄警司馬欣處，為自己求情。

這時候就看出項梁平時人脈的重要性了，猜想是曹咎跟司馬欣關係很好，因為這封信，項梁無罪釋放。

這之後，項梁又犯了錯，為了躲避風頭，帶著項羽逃到了吳地。聽聞大名鼎鼎的項梁來了，吳縣當地的豪傑們紛紛圍了過來 —— 不是要抓他去領賞，而是要與他結交。客居吳縣的項梁，隱然成了當地民間社會的領袖，地方上有頭有臉的人物，就連政府官員也對他另眼相看。每次地方上有大的徭役徵發和喪葬祭祀等公共事務，項梁都被推選來主持活動。

項梁雖然是個朝廷通緝犯，但是他善於交朋友，黑白兩道都願意給他

第四章　立志圖秦

面子，因此他在江東既是強龍又是地頭蛇，總之一句話，有什麼麻煩事，找他就對了！

雖然項梁在江東混得不錯，但是他沒有忘記自己的使命，他雖然明面上與官府的人往來密切，但是私底下一直在透過各種管道招兵買馬，尋找造反的機會。

機會很快就來了。

這一年，秦始皇去世，小兒子胡亥繼位，在咸陽大開殺戒，帝國的棟梁被殺戮殆盡，陳勝帶頭大聲喊，結果驚醒了鐵屋子裡昏睡的人們，大家紛紛拿起鋤頭造反。陳勝部將武臣自封趙王，韓廣自立為燕王，周市攻略魏國故地後立魏咎為魏王，原先被嬴政長期打壓潛伏的六國後人們也蠢蠢欲動。

天下人已經看出來了，這大秦帝國怕是遲早要完！

不過，還沒等項梁出手，有一個人先按捺不住了。

吳縣當時屬會稽郡管轄，會稽郡的郡守殷通一看，各地的起義形勢一片大好，自己也得趁早做出選擇，否則，很快自己也會變成刀下亡魂。

可是，要想造反，光靠自己肯定是不行的，想來想去，他就想到了吳地的地頭蛇項梁，這傢伙豪俠任義，身邊有一群忠實的人。他還知道，楚國雖然早就已經灰飛煙滅了，但是身為楚國貴族的項梁一直不肯死心，常年遊走在法律邊緣，私底下一直在從事一些招兵買馬的違法犯罪活動，為將來某一天的造反事業做準備。論造反，項梁的經驗值絕對足夠！

說做就做，這一天，殷通找來項梁，跟他說道：「現在諸郡皆反，都說先下手為強，後下手遭殃，我也打算起兵反秦，只是苦於身邊沒有幫手，想邀請你來幫忙。楚國有個在逃的通緝犯叫桓楚的，也是個人才，只是不知道這傢伙躲到哪裡去了。」

項羽的崛起

項梁聽完殷通的話，心中冷哼一聲，你殷通可是堂堂的會稽郡郡守，大秦帝國的政府高官，別人造反，那是因為受不了暴秦的壓迫，你造反是什麼意思啊？

當然，這些都是項梁的心理活動，表面上，他還是很客氣：「桓楚的確是個人才，很少有人知道他的行蹤，不過我姪兒項羽和桓楚關係不錯，他肯定知道桓楚的藏身之處，我讓項羽進來向你彙報一下。」

殷通一聽，那就把項羽叫進來吧！

項羽一進來就殺了殷通，從拔刀到收刀，整個行刺過程乾脆俐落，不超過三秒。

這下子，太守府內的安保人員紛紛亮出兵器，要拿下這殺人凶手。然而，他們似乎忘了，面前的這個人是武力值滿格的項羽，沒有人在他手下能過上三招。眾人一窩蜂圍了上去準備群毆，項羽一抹臉上的血，大吼一聲，如同切瓜砍菜一般，一刀一個。

在一片慘叫聲後，項羽腳下伏屍近百，血流成河，而他自己持刀而立，宛如一尊戰神！

礙事的都死了，剩下的就好辦了。

隨後，項梁找來了自己的小弟，號召大家起義反秦，派遣人員安撫地方，徵調地方精兵八千餘人，正式踏上了復楚的征程。為了這一天，他已經等待了太久！

回首往事，項梁的內心想法可以用下面這首詩來概括：

古劍腐鏽兮悲鳴招魂。

縱橫回首兮幾度年輪？

遙望天際兮黃沙翻滾。

憶中國殤兮鐵馬凌雲！

第四章　立志圖秦

　　楚雖三戶，亡秦必楚！

　　這八千精兵是項梁和項羽叔姪起兵的家底，也是他們最信任的部下。項梁知道，只要他需要，無論前途多麼凶險，這些人都會一直陪著他走下去。他沒有料到的是，這些人不但陪他走完了一生，還陪他的姪兒項羽走完了一生。當然，這都是後話。

　　在奪取了軍隊的最高指揮權後，項梁替自己封為會稽將軍，項羽為副將，帶著小弟到處搶地盤。

　　當項梁在會稽起兵的消息傳出後，一個叫召平的人眼前一亮。

　　他原本是陳勝的人，按照陳老大的指示，他的任務是到家鄉廣陵鬧革命，不料他水準太差，在家門口碰了一鼻子灰。這還不算，召平又得知了兩個不幸的消息：自己的大老闆陳勝已經死了，章邯的大軍已經在來的路上，馬上就到達戰場。

　　眼看形勢不對，召平立刻渡過長江，跑到項梁的根據地，假傳陳勝的人事任命：陳勝封你做上柱國，現在章邯來了，該你表現了！

　　此時的項梁還被蒙在鼓裡，不知道陳勝已死的消息，既然章邯來了，那我就見見他！

　　項梁帶著自己的隊伍渡江西進，運氣著實不錯，路上還遇到了兩個人：英布和蒲將軍。既然大家都是鬧革命的，而且項梁的實力更強一些，兩人合計，一起投靠了項梁。

　　與此同時，項梁聽說東陽縣有位叫陳嬰，也有帶頭鬧革命的念頭，於是派了一個小弟去見陳嬰，希望能和他聯手抗秦。

　　陳嬰的家族在東陽縣可是個大家族，他本人從小家教良好，注意修為，在縣內外頗有聲望，還在縣裡當了個小公務員，日子過得很好。

　　陳勝起義後，各地紛紛響應，東陽縣有夥天不怕地不怕的少年，殺了

東陽縣令，聚集了數千人準備反秦。問題在於，鬧革命，組織工作很重要，總得有個領袖帶領大家造反嘛，正所謂大海航行靠舵手，革命沒有帶頭人怎麼能行？大家就想到了陳嬰。

面對眾人的鼓動，陳嬰內心一開始是拒絕的：「讓我帶頭造反？開什麼玩笑？打仗是要死人的，搞不好大家一起玩完！不去不去！」

然而，大家似乎吃定了他，個個慷慨激昂，唾沫橫飛，總之一句話：「帶頭大哥非你莫屬！」

在眾人的馬屁聲中，陳嬰有點心動了，但是他又拿不定主意，決定跟自己的母親商量一下。

不料，陳母聽完，潑了一盆冷水：「你看看你，富二代官二代就不說了，我翻了你家的家譜，窮了十八代，從我嫁你們家，就沒聽過你家有什麼有出息的人，想當首領，你覺得可能嗎？」

陳嬰無言以對。

「人家江東項氏是大戶人家，論造反比你有經驗。不如這樣，你去跟隨他，將來萬一失敗了，主犯必究，脅從不問，你還能活下來。」

很顯然，陳嬰的母親是個現實主義者，她站在當前利益的基礎上，一句話，寧可少得點利益，也別輕易犯險，得不償失。

自己的母親都這麼說了，陳嬰便不敢出頭了。他巧妙地把話題轉移到了項梁身上：「既然都是鬧革命，何必非要跟隨我呢？項梁是個堅定的革命者，跟隨他，一定比我有前途！」

就這樣，陳嬰帶著兩萬人馬投奔了項梁，極大地壯大了項梁的起義隊伍。

第四章 立志圖秦

帶頭大哥很重要

　　手裡有了兵，項梁的底氣也更足了，他左右看看，決定拿景駒練練手。為什麼是景駒？很簡單，因為秦嘉扶持景駒當上楚王了，這是項梁所不能容忍的。「我身為楚國貴族，為恢復楚國四處奔波，你景駒何德何能，敢自封楚王？」

　　出發前，項梁為大夥兒打氣：「陳王最先起義，仗打得不順利，不知道如今在什麼地方。現在秦嘉背叛了陳王而立景駒為楚王，這是大逆不道！」

　　跟項梁比，秦嘉只能算小打小鬧，一個回合下來，秦嘉就送了人頭，景駒獨自逃往魏國。打敗秦嘉之後，秦嘉手下的人馬也就歸順了項梁。

　　景駒自身難保，這也意味著劉邦的靠山沒了。就在劉邦一籌莫展之際，張良又為他指出了一條路：「眼下反秦起義的隊伍中，只有項梁處於優勢，不如我們跟他拉點贊助，借點兵力。」

　　問題在於，項梁那兒能借到兵嗎？

　　劉邦帶著忐忑不安的心情上了路，他的運氣著實不錯，此時的項梁兵強馬壯，正在到處搶地盤。本著「一方有難，八方支援」的精神，項梁還是很樂意幫忙的，二話不說就撥給了他五千兵力，讓他隨便用。「當然，不能白借，親兄弟明算帳，我們先得把條件談好，你得當我的小弟！」

　　劉邦表示沒問題，在成功拉到贊助後，他帶著這五千兵力趕往老家。這一次，幸運女神終於眷顧了劉邦，幫了他一把。豐邑城破後，劉邦著急上火去找雍齒報仇，結果這傢伙留了一手，早在城破前就捲鋪蓋跑路了。

　　站在豐邑的城頭，劉邦想起了這接連三次的攻城戰，越想越氣憤，動了屠城的念頭。這念頭剛一冒出來，就被張良和蕭何滅了：「主公，你可是我們的帶頭大哥，將來要做大事的，怎麼這麼沉不住氣？再說了，豐邑

也算是你的老家，大夥兒受雍齒脅迫，才不得不跟你對著幹，你要是屠城，將來還怎麼贏取民心？」

劉邦平時雖然衝動，但是他知道自己的缺點，所以樂於聽取別人的意見，只要你說得對，他都願意立即採納。經過張良和蕭何這麼一提醒，劉邦也意識到自己的想法太衝動，於是打消了這個念頭。

我們再來看項梁這邊。

當章邯從咸陽出發，吊打各路諸侯時，項梁由於偏居江東，暫時遠離前線，還在四處打野戰更新搶裝備。當然，這種快活日子並沒有持續多久，因為章邯的推進速度實在太快，大夥兒都不是對手，紛紛把目光投向了項梁，等著他出來與章邯對戰。

項梁反應很快，知道章邯已經在來的路上了，他派出了朱雞石、餘樊君去對戰章邯。

這兩個蝦兵蟹將哪裡是章邯的對手？一場仗下來，餘樊君戰死，朱雞石吃了敗仗，灰頭土臉逃回胡陵。項梁很生氣，打了敗仗還敢回來？一刀下去，送朱雞石去見了閻王。

也就是在這個時候，項梁得知了陳勝已死的確切消息。對於起義軍而言，陳勝是一面旗幟，但是如今，這面旗幟倒了，大夥兒各自為戰，如何才能將這一盤散沙般的起義軍統一起來？換句話說，選誰來當起義軍的帶頭大哥？這是項梁面臨的首要問題。

項梁思考無果，決定在薛縣召集各路起義軍的大家開個會，會議主題只有一個：共商滅秦大計。

項梁首先發言：「眼下反秦已成燎原之勢，革命形勢不是小好，是一片大好。在這裡，我們首先要感謝陳老大，沒有他帶頭，大夥兒還沒醒過來呢！但是眼下陳老大已經過世了，起義軍群龍無首，急需選出新一任的帶頭大哥，帶領兄弟們將革命事業推向高潮。大家覺得選誰合適呀？」

第四章　立志圖秦

大夥兒互相看了看，說道：「這還用選嗎？連陳勝那樣的人都稱王了，項將軍您堂堂楚國名將項燕的公子，豈不是更有資格稱王？我們幾個決定跟隨您了！」

眼見大夥兒都很熱情，項梁倒有些不好意思了：「這個，帶頭大哥的事，大夥兒再議一議嘛！」

就在項梁半推半就，準備接受帶頭大哥的稱號時，一個蒼老的聲音響起：「我不同意！」

大夥兒循聲望去，是一個拄著枴杖的七十多歲的老頭。

「老頭，你是誰呀？」

老頭自報家門：「鄙人范增。」

范增是居鄛人，這一年已經七十多歲了，但是人老心不老，一天到晚宅在家裡，淨思索些權謀奇計的東西。老范頭聽說起義軍老大陳勝已經死了，火速找到項梁，剛好趕上了這次會議。面對眾人質疑的目光，范增慷慨陳詞：

「陳勝有今天的結果，完全是咎由自取。當初秦滅六國，楚國最無辜，楚懷王被秦扣留至死，是楚國人心裡永遠的痛，所以才會有『楚雖三戶，亡秦必楚』一說。但是陳勝起義後，不立楚懷王的後人，卻搶著自己稱王，寒了天下人的心，當然成不了事。現在項將軍您在江東起兵，楚國人爭相來投，是因為您的父輩都是楚國大將，他們堅信您一定會擁立楚國國君的後代的，可不要讓他們失望！」

在這段話中，范增提出了一個問題，一個事關項梁今後發展策略的大問題：「陳勝為什麼敗？項梁如何勝？」

陳勝打出了故楚的旗號，卻迫不及待自立為楚王。試想，潛伏在各地的楚國大哥們，包括項氏家族，能真心擁戴一個無賴當楚王嗎？

所以,陳勝的張楚政權是因為不能有效凝聚楚地的反秦力量,才最終歸於失敗的。

項梁渡江而西,他勢必要匯入江西蜂起的反秦義軍中去。但是這些楚地的反秦義軍來源、背景非常複雜,自立山頭,互不統屬,人家憑什麼認你當大哥?就憑你是楚國貴族?不好意思,我家祖上當年也是貴族!

鬧革命,只靠一小撮人是成不了事的,唯有團結一切可以團結的力量,充分調動廣大群眾的力量,才有可能改天換地。如果不能有效地整合這些反秦力量,其結果很可能因為勢單力孤,而被秦軍各個擊破。

項氏家族雖然在江東頗有名氣,但是畢竟只是貴族,不是王族。秦王朝一統天下十四年,極力打壓六國後人,但是這些人並沒有被消滅乾淨,只是像蛤蟆一樣選擇了冬眠。如今天下動盪,這些六國的王室後人才扒開泥土,又開始活絡起來。

現在項梁要想避免重蹈覆轍的話,手裡必須豎起一面令人信服的旗幟來。

具體如何操作?

其實很簡單,可以參考荀彧後來建議曹操:「奉主上以從民望,秉至公以服雄傑,扶宏義以致英俊。」

簡單來說就是,重新擁立一位楚國的王室成員,挾之以令諸侯,安內而後攘外。

在達成一致意見後,項梁派人四處搜尋楚國王室後人。別說,還真的找到一個,此人叫熊心,也叫羋心,是原楚懷王的孫子。楚國輸了後,羋心流落江湖,最後落到跟朱元璋一樣的境地,靠著幫地主家放牛混口飯吃。

為了喚起楚國人參加革命的熱情,項梁從民間找到羋心,對外繼續稱楚懷王,領導大夥兒鬧革命打江山。

第四章 立志圖秦

看到這裡，你一定會有個疑問，他爺爺不是楚懷王嗎？怎麼孫子也自稱楚懷王？這不是亂了秩序嗎？

你沒看錯，芈心確實繼承了爺爺的頭銜，目的無非是激發大家對楚懷王的同情心，進而激發大夥兒的愛國情緒。

為什麼這麼說？因為楚懷王死得太悲慘了。

想當年，唯有楚國能與秦國抗衡，因而有「得天下者，非秦必楚，非楚必秦」的說法。秦國想收拾齊國，但是楚國和齊國簽了友好合作互助條約，為了破壞兩國的關係，秦國派宰相張儀到楚國，跟楚懷王芈槐說：「只要你跟齊國斷交，我們秦國願意把商於地區的六百里地割讓給貴國，我們兩國王族世世結親，永遠是兄弟！」

楚懷王一聽，樂壞了，心想：「再說我們關係也不錯，我妹妹芈八子也是嫁到了秦國。」於是準備答應張儀的條件，和齊國斷交，派了手下跟著張儀回秦國拿地。

張儀會平白無故送地盤給楚國嗎？當然不會，他一回到秦國，就假裝從車上摔了下來，不好意思，腿斷了，我得養傷，誰也不見。這一晃，三個月過去了。

楚懷王還在自責，張儀是不是覺得我們和齊國絕交得還不夠徹底？

想到這裡，楚懷王又派了一個人，去齊國當面罵齊王田辟疆。老田火了，立刻和秦國好上了。

這時張儀的傷突然好了，出來跟楚國使節說：「你們還待在這裡幹嘛？還不去拿土地？喏，這就是那六里地。」

楚懷王一聽，氣壞了：「敢騙我？」立刻發兵，結果吃了敗仗。

又過了很多年，這次上位的秦王是楚懷王的外甥，嬴稷。

嬴稷發信給舅舅楚懷王：「不然，我們到武關見個面，和好吧。畢竟

都是親戚嘛,以後還得來往不是?我們聊聊,再簽一個友好互助條約,怎麼樣?」

楚懷王很開心跑去赴會,結果一到武關就被抓了,被押到咸陽。

嬴稷告訴楚懷王:「放你回去可以,不過你得割地。」楚懷王這次終於硬氣了一回,堅決不肯,最後鬱鬱而終,死在了咸陽。

劉邦和項羽組團打仗

因為這件事,楚國人對楚懷王還是很有感情的,這次又立他的孫子為楚懷王,明擺著要提醒楚國人民:「想當年楚懷王捨生取義,堅決不向秦國屈服,死得多悲慘啊,現如今他的孫子繼承遺志,扛起了反秦的大旗,你們還在等什麼?快上車吧!」

眼看著放牛娃都被找回來當老大了,張良在一邊坐不住了,跑去找項梁:「我也有一個夢想!」

項梁遞給他一個話筒:「勇敢地說出來!」

張良激動地說:「項大哥,你都立了一個楚國的後人了,不差再立一個。韓國的各位公子中,橫陽君韓成一向以賢能著稱,我希望您能把他立為王,這樣又能多一個幫手嘛!」

項梁點了點頭:「准了!」

有人要問了,張良不是跟隨了劉邦嗎?怎麼心裡還想著另一個人呢?

確實,張良在遇到劉邦前,自己拉起了一支隊伍,但是革命事業一直不太順,直到遇到劉邦後,跟他入了夥。雖然劉邦對他一直客客氣氣,對他很欣賞,但是張良內心深處一直牽掛著韓成。

第四章　立志圖秦

劉邦確實是一位優秀的帶頭大哥，做事有魄力，待自己很好，但是沒辦法，誰讓自己生在韓國呢？這麼多年來，自己一直想復興韓國，所以只能對劉邦說聲抱歉了。

在扶持放牛娃羋心做了老大後，項梁藉著楚懷王的名聲，四處搶地盤，就像一塊磁鐵一樣，吸收著楚地的抗秦力量，擴大自己的實力。而此時，章邯這個救火隊員也在忙著四處滅火，雙方不可避免地要對戰了。

當然，對項梁這個起義軍大哥，章邯並沒有貿然動手，他決定先拿魏國開第一刀。

魏國的老大叫魏咎，得知章邯正在來收拾自己的路上，內心很慌，他知道自己絕對打不過章邯這支正規軍，趕緊派出周市向楚國和齊國發出了求救訊號。

接到魏國發來的求救訊號，項梁沒有片刻猶豫，立刻派出了自己最信任的項他帶著部隊緊急救援。齊王田儋也很厲害，親自帶著大軍前來支援。畢竟，眼下大家都是一根繩上的蚱蜢，如果魏國完蛋了，章邯的下一個目標就會是自己，唇亡齒寒的道理大家還是懂的。

項他和田儋的輸出很厲害，但是章邯實在是太強了，就在齊楚聯軍剛剛抵達臨濟城下，氣都還沒喘勻時，章邯已經帶著小弟殺過來了。一場大戰，田儋和周市戰死，項他在項家軍的保護下，勉強撿了一條命。

魏咎站在城樓上，前一刻還意氣風發呢，下一秒援軍都被打殘了，這座孤城還能守多久？既然注定守不住，為了全城百姓的安危，他決定投降。在和章邯談妥條件後，魏咎開啟了城門，自己卻選擇了自焚而死。

投降，是為了保護全城百姓的安危；赴死，是魏咎自己內心的選擇。他是魏國王室之後，絕不能向敵人低頭。

齊王田儋戰死後，弟弟田榮退守東阿，被章邯團團圍住。眼看田榮快

劉邦和項羽組團打仗

要堅持不住時，項梁忽然出現在了章邯身後。

一個是政府軍的救火隊長，一個是反政府軍的頭號猛將，這兩大高手的對決勢必會引發很多人的關注。

一場仗打下來，章邯打輸了，跑到了濮陽，項梁成功拿到了一血。

田榮回到齊國後，發現齊人立了以前齊王建的弟弟田假為齊王，很生氣，一怒之下趕走了田假，改立田儋兒子田市為齊王。田假逃到楚國後，正好項梁想再接再厲，跟章邯對戰，於是向田榮發來組隊邀請。

田榮說：「我可以跟你一起打秦國，前提是你得把田假做掉。」項梁說：「這哪行？我們出來混，靠的就是個義字，你不來算了，我自己來。」

項梁在擊退章邯後，也為劉邦安排了一個任務，讓他和項羽一起去攻打城陽。

這是劉邦第一次見到項羽。

這一年，劉邦四十八歲，項羽二十四歲。

那時的劉邦只是個小團夥的頭目，年過半百，還寄人籬下，寸土未有，就連他身後的這群小弟也有一多半是項梁施捨的，要多失敗有多失敗。

再看項羽，年輕的胸膛中激盪著熱血，他身上有一股貴族氣質，讓劉邦自慚形穢。他彷彿是一個天生的英雄，無論站在哪裡，他都是眾人的焦點。

可是，那又如何？

人生沒有最晚的開始，一切都還來得及。劉邦知道自己要什麼，更知道自己應該怎麼做。

這是劉邦第一次和項羽組團打仗。有了項羽這個大肉英雄在前邊衝鋒陷陣，劉邦心裡不用提多爽了，偶爾在項羽旁邊輔助，清理兵線什麼的，很快就拿下了城陽。當城陽的大門緩緩開啟後，項羽卻下了一個出人意料

第四章　立志圖秦

的命令：「屠城！」

劉邦大驚，連忙勸項羽：「眼下革命尚未成功，急需籠絡民心，如果屠城，極容易失去民心，百姓的口水都會淹死的。」

在項羽的心中，這些羸弱的小民只是一群螻蟻，只要自己動手指，隨時都可以捏死他們。然而劉邦卻深知，這都是一個個鮮活的生命，他們有活下去的權利，沒有任何人有權利剝奪他人的生命。

然而，項羽哪裡能聽得進去？他一揮手，打斷了劉邦的話：「城陽是我打下來的，你有什麼資格教訓我？我就是要讓天下人知道，敢跟我項羽作對，這就是下場！」

眨眼間，城內人頭滾滾，血流成河。

拿下城陽後，劉邦和項羽接到項梁的指示，馬不停蹄地趕到濮陽城外，與項梁會合，再戰章邯。雙方大戰一場，章邯再次被打敗。

兩次作戰都以失敗告終，自從出關以來，章邯還沒遇到過這麼大的挫折，心中不用提多鬱悶了。他索性躲在濮陽城內，做了兩手準備：先是在城外挖了一條護城河，然後告訴各路秦軍群：「哥們兒被困住了，你們趕緊想辦法！」

項梁倒是不慌不忙，帶著隊伍猛攻定陶。劉邦和項羽也沒閒著，兩人接到的任務是，拿下雍丘！

雍丘的守將不是別人，正是李斯的長子李由。此時此刻，李由正陷入深深的憂慮中，不僅為自己，也為咸陽城內的父親擔憂。

趙高的算計

李斯在咸陽城的日子越來越不好過了。

在趙高的糊弄下，胡亥一直沉浸在天下無賊的迷夢中，聽不進大臣們的任何意見。很多次，李斯都想找個機會，好好勸一勸這不成器的胡亥。可惜，胡亥是個好歹不分、油鹽不進的昏君，根本聽不進去，反而質問李斯：「當皇帝不就是為了享受嗎？你既然身為第一高參，就替我想個辦法，怎樣才能吃著火鍋唱著歌，順便治好天下？」

既要享受權利，又不想承擔責任，世上哪有這樣的好事？

但是沒辦法，胡亥是他的老闆，眼下老闆跟趙高關係很好，如果老闆對自己的工作不滿意了，那猜想自己也就快玩完了。

想來想去，李斯決定發揮他的專長：寫信。

想當年，秦國大規模驅逐外來人員，李斯憑藉著一篇〈諫逐客書〉，強調外來戶的重要性，直接得到大秦皇帝的賞識，獲得面試機會一舉成功進入朝堂。而如今，他將再一次發揮特長，贏回胡亥的心。

這一次，李斯寫了一篇〈論督責書〉，如果翻譯成今天的文章標題，就是〈論如何成為一個合格的領導者〉。內容很長，核心思想就一句話：身為老闆，一定要將權力緊緊握在自己手裡，裝作高深莫測的樣子，對下面的人狠一點，給他們點壓力，這樣才能有效管理一個公司。

胡亥看到這篇文章，很開心：「不愧是我大秦第一高參，寫出來的文章，水準就是高！」

李斯再一次贏回了胡亥的心，一旁的趙高不高興了，又開始糊弄起了胡亥：「陛下，您要想保持天子的尊貴，讓百官臣服，應該裝出一副高冷的樣子，讓群臣摸不透您的心思。但是您現在畢竟年輕啊，說話做事不經

第四章　立志圖秦

意間總會有瑕疵，這樣很容易在大臣面前暴露弱點，這樣不好。」

胡亥被他搞得一愣一愣的：「那，那我該怎麼辦啊？」

「其實也簡單，您啊，不如就在宮裡處理國家大事，老奴和其他人在一邊輔佐，這樣您神龍不見首尾，群臣自會信服。」

這回好了，胡亥連朝都不上了，每天只是窩在宮裡尋歡作樂，朝中大權漸漸地都掌握在趙高的手裡。大臣們每天上班，基本上見不到老闆。

胡亥當了鴕鳥，外面的起義軍鬧得越來越厲害了，眼看著外面的形勢越發嚴峻，趙高找到李斯，對他說：「現在天下到處都是反賊，國家危在旦夕，皇帝卻只知道聲色犬馬，置天下大事於不顧，徵調民工修建阿房宮。我幾次想向皇帝進諫，可自知人微言輕，有話不敢說，陛下也聽不進去。您作為丞相，怎麼也不說句話啊？」

李斯嘆道：「你不知道，陛下現在一門心思只顧著玩，我都好久沒見他了。我倒是想勸他，沒這機會啊！」

趙高說：「這個簡單，下次陛下一有空，我就跟你說，你趕緊過來彙報工作。」

問題在於，趙高真有這麼好心嗎？顯然不是，他早就想除掉李斯了，這次不過是給他挖了一個大坑，等著他往裡面跳呢！

這之後，每當胡亥在後花園玩得正高興的時候，趙高就通知李斯：「老大剛忙完，心情正好，你趕緊過來！」

李斯收到通知，就往甘泉宮跑。進去一看，傻眼了。

一次兩次還好，三次四次下來，胡亥終於受不了了：「我說丞相，我閒的時候你不來，偏偏忙的時候過來攪局，你是不是成心不讓我好過呀？」

不用問，這肯定是趙高挖的坑！

既然已經撕破臉皮了，那就沒有必要再客氣了，趙高一口氣，為李斯

擬了三條罪名,每一條都足以致命!

一、李斯參與過沙丘之謀,自認為在擁立胡亥中功勞很大,但是後來總抱怨自己不受重用,有割地封王的野心。

二、李斯的兒子李由在三川郡當領導人,而吳廣起義經過三川郡時,李由卻選擇了暫時性失明,要說沒有李斯的授意,誰會相信?

三、李斯身為丞相,權力甚至比皇帝還大,但是他似乎還不滿足,懷有異心。

乍一看,這三條罪都只是猜測,但是這話從趙高嘴裡說出來,傳到胡亥耳朵裡時,性質就變了。「好你個李斯,我對你那麼好,你竟然背地裡算計我?」胡亥本想把李斯找來當面對質,但是又怕證據不足,於是派了人到三川郡祕密調查李由。

與此同時,李斯也透過種種管道得知了這個消息,他知道,必須得想辦法自保了。

可是,如何才能自保?這需要技術。找胡亥當面對質,有趙高在,胡亥能聽進去嗎?

左思右想,李斯決定還是從自己最擅長的寫信做起,向胡亥揭發趙高的罪行。

胡亥看完信,一臉不信:「趙高可是我最親愛的老師呀,他怎麼會是那種人呢?一定是你搞錯了!」

為了保護自己敬愛的趙老師,胡亥同學還把這封信轉給了趙高。趙高一看,立刻戲精附體,趴在地上哭了:「陛下啊,既然丞相不信任老奴,老奴唯有求死了!丞相不放心的只有老奴一人,老奴死後,丞相就可以做田常做的那些事了。」

一聽田常,胡亥立刻說:「好傢伙,原來你是想學田常廢了我!什麼

第四章　立志圖秦

都不用問了，將李斯抓起來，交給趙老師審吧！」

李斯就這樣稀里糊塗下了獄。

李斯一定想不到，有一天他會陷入和同學韓非一樣的境遇。

想當年，韓非被李斯誣陷，被嬴政下了獄。韓非說話口吃，但是寫的文章就像是一把匕首，在獄中，韓非幾次想寫文章表明心跡，都被李斯阻攔，最終死在獄中。

世事輪轉，這一次輪到了李斯，他被趙高陷害，進了監獄，和韓非一樣，陷入了叫天天不應、叫地地不靈的境地。

有一種病叫「章邯恐懼症」

當李斯在獄中吃牢飯時，兒子李由也陷入了劉邦和項羽的包圍，內心備受煎熬。對李由而言，父親在朝中屢受胡亥和趙高的猜忌，地位已然不保，如果自己在雍丘搞砸了，勢必會留下把柄給朝中那些小人。更何況，上一次吳廣來攻滎陽，自己不是對手，被困在城裡，眼睜睜看著反政府軍繞過滎陽，一路推進到了首都附近，自己差點被眾人的口水淹沒。如果這一次再失敗，那可真就玩完了。

然而，李由的運氣實在太差了，因為這一次，他的對手是項羽。

面對項羽軍團凌厲的攻勢，李由很快就敗下陣來，最終戰死在雍丘城下。

項梁實現了三連殺，聲威大震，面對眾人的吹捧，他開始有點得意了：「所謂的政府軍，原來也不過如此！」

這是一個極其危險的訊號。

有一種病叫「章邯恐懼症」

一旁的副手宋義看情況不對，趕緊提醒項梁：「老大，我們雖然打贏了幾場仗，但是戰場形勢瞬息萬變，何況我們兵力有限，士卒疲憊，章邯雖然吃了點虧，但是他的主力損傷不多，兵力還在不斷增加，這時候你可不能飄啊！」

不得不說，宋義身為局外人，對局勢還是看得很清楚的，項梁雖然完成了對章邯的三連殺，逼得章邯做了縮頭烏龜，但是項梁手上的兵力不過六七萬，連續作戰又得不到休整，還要分出一部分給項羽和劉邦，清理外圍兵線，能打仗的士兵其實並不多。

再看章邯這邊。章邯出山時，帶著七十萬驪山刑徒，手上又有帝國的王牌軍隊——中尉軍，雖然碰了幾次釘子，但是主力部隊並沒有受到太大損傷，更何況還有周邊源源不斷的政府軍補充到隊伍中，因此實力不容小覷。

然而，項梁太自負了，自起兵以來，他從一個勝利走向另一個勝利，目空一切，不把任何人放在眼裡。區區章邯，何足道哉？面對宋義的善意提醒，項梁很不耐煩，派他到齊國出了趟差，眼不見心不煩。

宋義心裡很委屈：「不聽我的勸，你啊，就作吧！」

委屈的宋義踏上了遠方的路。在路上，他遇到了齊國的使者高陵君，兩人開始閒聊。

宋義：「老高啊，你可長點心吧，我掐指一算，項梁要吃敗仗了，你要是慢慢走，或許還能逃過一劫，要是走得快了，可就凶多吉少了。」

高陵君糊塗了：「你怎麼就知道項梁馬上要打敗仗了呀？」不過，懷疑歸懷疑，既然宋義說得這麼信誓旦旦，姑且就信他一回。

在濮陽城的日子裡，章邯並沒有閒著。

秋雨連綿，從七月到九月，雨勢不停。項梁一看，雨下得這麼大，肯定沒辦法打仗了！

第四章　立志圖秦

就在這時，城內的章邯終於集齊了援軍，夜襲楚軍大營，楚軍被打得措手不及，項梁被殺。

這一戰，章邯完成了一次漂亮的逆襲，大敗楚軍，一雪前恥。楚軍受到了重創，項氏家族的領袖項梁戰死，導致楚地的反秦勢力被大幅削弱，從而直接影響到了整個反秦鬥爭的格局。

得知項梁戰死，姪兒項羽放聲大哭，哭得撕心裂肺，天地為之動容。項羽很早就沒了父親，和叔叔兩人流落江湖，相依為命，在他心中，叔父項梁就是自己最大的依靠，他的勇武、果敢、自信，一直都是項羽學習的榜樣。項梁的離世，給了項羽重重一擊，戰場上的殺戮與血腥，讓他的心一點點冰冷。

但是這又有什麼辦法呢？革命就是如此殘酷，你沒有回頭路可走，擦乾眼淚，繼續前進吧！

得知章邯完成了對項梁的反殺，各路諸侯都被嚇跑了，劉邦拉著沉浸在悲傷中的項羽趕緊東撤，連楚懷王都坐不住了，從盱眙一溜煙跑到了彭城。

項梁下線後，六國之中最有威脅的就屬處於河北的趙國。反秦主戰場順勢北移，趙國成了章邯的下一個目標。

章邯揚鞭向北方一指：「邯鄲，我來了！」

出身於文官的章邯，在名將如雲的大秦帝國，猶如一顆耀眼的流星劃過黑暗的天空。在陳勝發難於野，諸侯並起，幾十萬大軍突破秦朝的東大門──函谷關時，他毅然承擔起大秦最後的命運，重鑄大秦軍魂。他靠臨時組織的驪山囚徒，一敗周文數十萬大軍，再破齊楚聯軍，三殺楚軍統帥項梁於定陶，可謂是戰績累累。因為有了他，秦朝才有了迴光返照的可能。

有一種病叫「章邯恐懼症」

　　章邯的推進速度很快，在擊敗項梁後，秦兵趁勢渡過黃河，與繼承了蒙恬北境長城軍團的王離合兵一處，兩隊人馬不費吹灰之力，就拿下了趙國的首都邯鄲。趙王歇和丞相張耳果斷選擇了跑路，一路溜進了鉅鹿城。

　　章邯和王離也不客氣，將鉅鹿城圍成了鐵桶。

　　當然，將小小的鉅鹿城捏在手裡，絕不是章邯的唯一目的。只要他想，來一輪衝鋒就足以將鉅鹿城踏平。他的目的，是想要以鉅鹿城為誘餌，吸引各路諸侯軍隊前來救援。

　　為此，章邯和王離做了分工，王離帶著自己的長城兵團負責圍城，章邯則把軍隊駐紮在鉅鹿南邊的棘原，像一隻獵豹一樣，靜靜潛伏，等待獵物的到來。

　　趙國不甘心就這樣失敗，瘋狂連線向場外親友團求助：「哥們兒快掛了，看在反秦大業的份上，拉兄弟一把！」

　　楚國、齊國、燕國也擔心，如果趙國死翹翹了，下一個必定要輪到自己了，於公於私，大夥兒都應該幫忙。可是，怎麼個幫法，這就得好好思索一番了。畢竟，章邯的實力太恐怖了，連項梁這樣厲害的人都死了，自己這點兵力怎麼夠？因此，各路諸侯帶著自己的小弟在戰場周邊安營紮寨。

　　眼看著各路諸侯在城外湊起了熱鬧，城內的張耳著急了。而此時，陳餘集結了數萬人馬前來救援，駐紮在城北，一直在觀望。城裡糧食本來就不多，著急上火的張耳派了兩個小弟張黶、陳澤冒死出城，指責陳餘：「我們的交情這麼好，現在趙王與我危在旦夕，你竟擁兵數萬不肯相救！為何不殺入秦軍，與我一同並肩作戰？說不定有一兩成勝算呢！」

　　面對朋友的指責，陳餘倒是很冷靜，局勢很明顯，章邯和王離圍而不攻，擺明了就是想釣魚，以他這幾萬烏合之眾，去了就是送人頭，替對方

第四章　立志圖秦

增加經驗值。他耐心為張耳的兩位小弟解釋：「我現在出兵，就像肉包子打狗，有什麼用？之所以不去送死，是想將來為你們報仇。」

兩個小弟說：「沒時間胡扯了，你現在只有一條路，帶著你的人趕緊去救人，兌現承諾，報仇的事用不著你來考慮！」

被兩個小嘍囉頂撞，陳餘面子上掛不住了：「既然你們不相信我，那好，我滿足你倆的願望！」隨後派出五千人馬，讓這兩人帶著衝進去救人，結果被秦軍包圍，一個都沒跑出來。

陳餘心想：「說了不要去，去了就是送死，這下你滿意了？」不管張耳怎樣聯繫，陳餘一概不理。當然，這也怪不得陳餘，就連張耳的兒子張敖從代地收集了一萬多人馬，也只能駐紮在鉅鹿城附近觀望，不敢來救他父親。

鉅鹿之戰，項羽一戰封神

所有人都被章邯打出了恐懼症，有沒有哪個人願意迎難而上，與章邯對戰呢？

有！這個人就是項羽。

別人怕章邯，可唯獨項羽不怕。國仇、家恨一齊湧來，項羽沒有後退的餘地，他已經摩拳擦掌，等不及要與章邯一戰了。

不過很遺憾，此時這場歷史大戲還輪不到他上場，因為有一個人要為自己加戲。

誰？楚懷王羋心。

眾所周知，羋心是項梁扶持起來的，沒有項梁，羋心只能繼續苦哈哈

鉅鹿之戰，項羽一戰封神

地為地主老財家放牛。當芈心被選為帶頭大哥後，他本以為是天上掉餡餅，自己的人生終於有了出頭之日，結果卻悲哀地發現，所謂的楚懷王只是個榮譽稱號，實際權力依然掌握在項梁這些人手中，自己只是個擺設。

這種情況顯然不是芈心所渴望的，如果說以前他的理想是不要餓肚子，現在他的理想已經升格為有實權的老大！

項梁意外死亡，楚懷王內心會竊喜嗎？倒也不至於，畢竟項梁是楚國的精神領袖，他的死亡嚴重挫傷了楚軍的士氣。對於楚懷王而言，他的位子就是項梁給的，即便項梁想擁兵自重，我又能奈你何呢？眼下項梁已死，楚懷王至少是鬆了口氣，他終於有機會當一個名副其實的帶頭大哥，直接掌握楚國軍隊。

在楚懷王成為莊家後，首要任務就是重新洗牌，建構屬於自己的領導團隊。此時此刻，一個難題擺在眼前：楚懷王沒有自己的心腹將領，該選誰來協助自己呢？

就在楚懷王糾結的時候，在楚國出差的高陵君再一次登場了。他告訴楚懷王：「我可以推薦一個人選。」

楚懷王：「誰？」

高陵君：「宋義。」

楚懷王：「給我一個理由。」

高陵君：「我這次出差來的路上碰到了宋義，他告訴我，項梁過於自負，肯定要倒楣，結果沒幾天就應驗了，由此可見，這宋義可真是個人才啊！」

楚懷王一聽，心想：「這麼說來，此人還是個不可多得的良將，那就是他了。」

楚懷王隨後召見了宋義，親自面試他。一番長談，楚懷王對宋義非常

第四章　立志圖秦

滿意，任命他為上將軍，項羽為副手，范增為末將，由宋義統領楚軍北上救趙。

楚懷王安排宋義做項羽的頂頭上司，等於為一匹烈馬套上了馬銜。

項羽氣到不行：「整個楚國都是我們項氏家族拉扯出來的，沒有我叔叔，你芈心現在還在為地主家放牛，現在我叔叔死了，你就想把我們項家排擠出去，自己來當執行董事？告訴你，不可能的事！」

這一切，劉邦都看在眼裡。對於楚懷王玩弄的權術，劉邦內心不以為然。他理解楚懷王想成為莊主的迫切心理，但是他更了解，這個世界歸根到底是以實力說話的，眼前的這些楚軍大多都是項梁從江東帶出來的，甚至可以說是項氏家族的私人軍隊，這些人不可能背叛項羽。楚懷王在軍隊中沒有根基，貿然洗牌，極容易為自己埋下危機！

當局者迷，旁觀者清。劉邦雖然早就看明白了這一切，但是他卻不敢對楚懷王有怨言，因為楚懷王雖然奪了項羽的兵權，但是對自己還算不錯，被封為武安侯，統領兵馬屯守碭縣，負責彭城西部外圍防務。

這段時間以來，項羽一直沉浸在悲憤中，叔父的死，再加上楚懷王的一系列洗牌，自己被踢出了牌局。此時此刻，他的心中只有一個念頭：復仇！

只要能殺了章邯，他不在乎所謂的權力！

懷著復仇的心理，項羽跟隨宋義踏上了北上之路。然而沒走多遠，宋義這邊又耍花招了，大軍剛到安陽，宋義就不走了，每天吃飯睡覺，眼睜睜看著趙國君臣在火上烤，就是不提救援的事。

項羽很著急，一刻也坐不住。他幾次三番去催宋義，說：「秦軍都火燒屁股了，我們得趕緊救人呀！」

宋義卻擺擺手：「你急什麼？秦軍就像一頭公牛，而趙國和我楚國就

像蜇牠的牛虻和蝨子。牛虻是趴在牛背上的，蝨子藏在牛的皮膚之下。就算秦軍一巴掌拍過來，也是先把牛虻拍死，拍不到蝨子。我有一個計畫，眼下秦軍和趙軍還沒決出個勝負，這個時候貿然衝上去，只能白白送人頭，倒不如先看看情況，等雙方打得差不多了，我們再下山摘桃，豈不是更好？」

很明顯，宋義是一個官場老油條。

對於宋義這套自以為高明的算計，項羽卻一眼就看出了這裡面的問題。鷸蚌相爭，漁翁得利，一個重要的前提就是，雙方的實力要對等，這樣才能鬥個兩敗俱傷。但是眼下的問題是，章邯軍團和王離軍團聯手後，兵力至少有四十萬，而鉅鹿城內的趙軍只有幾萬人，雙方的實力完全不在一個等級上，理論上並不存在楚國「漁翁得利」的可能性。此外，如果我們翻開地圖，不難發現，安陽離鉅鹿直線距離近三百公里，中間還有條黃河，怎麼趕都來不及，在時間和距離上都無法實現「漁翁」見縫插針的及時性。

宋義卻自我感覺良好，還不忘拉仇恨：「帶隊砍人我不行，玩腦子你不行，你就不要跟我爭啦！」

項羽差點兒噴出一口老血！

猜想是宋義還想氣氣項羽，緊接著又下了一道命令：「猛如虎，狠如羊，貪如狼，強不可使者，皆斬之！」

到了這份上，傻子都能看得出來，這道命令是下給誰看的。

主帥這麼窩囊，怎麼可能帶出一支威武之師？

項羽的狂暴技能正在默默集聚。

不僅如此，宋義派他的兒子到齊國去當官，還為他舉行了盛大的歡送宴會。大帳外，士兵們缺衣少食，在寒冷中忍飢挨餓；大帳內，宋義和兒

第四章　立志圖秦

子有酒有肉，過著溫暖如春的生活。

大夥兒不高興了：「你宋義天天喝酒吃肉，不管國家社稷和兄弟們的死活，這樣的老大要你何用？」

眼看著大夥兒的怨氣集聚得差不多了，項羽找準機會，在為宋義彙報工作時手起刀落，砍了宋義的腦袋，然後說服大家：「宋義與齊國勾結密謀作亂，我是得了楚懷王的密令，實施鋤奸行動，有不服的可以舉手！」

當然，說這番話的時候，項羽的身後站著八千江東子弟。

沒有人舉手，全票通過。

開完會，項羽派桓楚去告訴楚懷王：「宋義想勾結齊國造反，我已經替你殺了他，不用謝！」

看著眼前的桓楚，楚懷王終於意識到，在強大的實力面前，自己那點小伎倆真是微不足道，被人家輕輕一捏就捏碎了。

事已至此，楚懷王只得「大方」地宣布：「項羽幹得漂亮，那就任命他為上將軍，帶小弟們去收拾章邯。」

在這場決定天下命運走向的大戰開始前，我們先來分析一下雙方的兵力對比。

秦軍方面，章邯的驪山軍團從關中出發時，有七十萬人，如果算上途中的戰損，兵力肯定已經沒這麼多；王離的長城軍團原本有三十萬，但是這麼多人不可能全部帶出來，還得留下一部分防守，史書中說秦軍合計兵力約四十萬，也算合理。

楚軍方面，項梁從江東起兵時，人數只有幾萬，加上後來投奔的英布、蒲將軍、陳嬰等地方大哥，兵力一度達到六七萬人，但是定陶一戰，項梁戰死，楚軍損失慘重，此時項羽的手上只有五萬人馬。

乍一看，項羽的兵力遠遠少於章邯，然而，事實真的是這樣嗎？

鉅鹿之戰，項羽一戰封神

當然不是！

別忘了，戰場周邊還有一群人呢！我們來數一數：

趙國的陳餘，手上有數萬人；張耳的兒子張敖，手上有萬餘人；齊國的田安親自帶隊協助項羽；齊將田都寧可背叛齊王田榮，也要前來助項羽一臂之力；魏國的魏豹也在一旁觀戰。

此時的劉邦軍團剛剛接受西征的任務，得知項羽要北上打一場硬仗，也派了代表參戰。

這些諸侯聯軍雖然互不統屬，但是總數加起來也有數十萬，如果聯合起來圍毆章邯也足夠了。

此時的項羽帶的是一支遠征軍，並沒有足夠的威望讓群眾認他做大哥，因此這場戰役終究還是得靠自己。

我們再來看一下河對岸的秦軍。王離的長城軍團負責圍困鉅鹿城，章邯的驪山軍團在鉅鹿南面的棘原駐紮。兵馬未動，糧草先行，這是秦將章邯作戰的基本原則。為了保證長城軍團的糧草補給，章邯沿水路修了一條甬道，為王離供應軍糧。雙方互為犄角之勢，無論誰先受到攻擊，另一方都可以及時救援。

北部是王離的長城軍團，南部是章邯的驪山軍團，雙方的配合可謂完美無缺。

對於項羽而言，這是自叔父項梁死後，自己第一次真正指揮一場戰役，所有人的目光都在盯著他。從個人方面講，項羽私自除掉宋義，奪取軍隊的最高指揮權，已經讓楚懷王很不高興了，如果這一戰輸了，不但自己面子上很難看，還會被楚懷王藉機收回兵權，甚至受到軍法處置；從大局方面講，這是大秦帝國與六國生死存亡的關鍵戰役，如果不能遏制章邯的進攻勢頭，大夥兒全都要玩完。

第四章　立志圖秦

如何才能打破這種僵局？看著眼前的沙盤，項羽陷入了沉思。

忽然，項羽的目光落在了連線雙方的甬道上。

如果從中間的甬道入手呢？

打蛇打七寸，而甬道，就是秦軍的七寸！

想到這裡，項羽立即找來英布和蒲將軍，下了第一道命令：由他們率兩萬人，開展試探性進攻。

英布和蒲將軍沒讓項羽失望，很快就取得了初步勝利。項羽舒了一口氣，緊接著，下了第二道命令：「全員緊急渡河，扔掉一切不必要的物資，砸碎鍋碗瓢盆，燒毀船隻，每人只帶三天的乾糧，跟秦軍拼了！」

底下的人都疑惑了，不給自己留後路，這是個什麼打法？可是再一看項羽那決絕的神色，大家都閉上了嘴。

都已經逼到這個份上了，那就痛痛快快打一場吧！

緊接著，戰場周邊的群眾見證了極為震撼的一幕。

楚軍個個就像打了雞血一般，嗷嗷叫著衝向數倍於己的秦軍，前面的人倒下了，後面的人繼續往前衝。秦軍大驚失色，他們縱橫天下，經歷過無數惡戰，見過不要命的，可是沒見過這麼不要命的。楚軍與對面的秦軍交戰九次，打得秦軍開始懷疑人生。

周圍的人一看，楚軍打仗這麼猛，王離遲早要完，還愣著做什麼？一起上啊！於是，大夥兒重新披掛上陣，一窩蜂衝向秦軍大營。

王離的軍團剛從戰場上退下來，來不及包紮傷口，就遇到了諸侯聯軍：「還打什麼呀，趕緊跑路吧！」

這一戰，秦軍損失慘重，幾乎全軍覆沒，主將王離被俘，蘇角被殺，涉間自焚。

戰爭結束了嗎？並沒有，因為章邯還有二十萬軍隊駐紮在棘原。他並

鉅鹿之戰，項羽一戰封神

沒有急於找項羽決戰，而是在等待時機。

對於項羽而言，章邯是不共戴天的仇人，此刻諸侯聯軍剛剛打了一場勝仗，士氣正盛，大夥兒都想著一鼓作氣，拿下章邯。就在項羽準備發兵之時，范增再一次出場：「且慢！」

「眼下諸侯聯軍剛剛打完一場硬仗，急需休整，章邯的秦軍就算再菜，也有二十萬，不可硬拚！」

「那怎麼辦？」

「老夫得到消息，胡亥對章邯的工作很不滿，已經派人找他談話了。此時此刻，章邯的壓力比我們大，如今之計，只有一個字：等！」

范增所料不差，此時的章邯正承受著巨大的政治和軍事壓力，軍事壓力來自對面氣勢正盛的項羽，政治壓力則來源於身後的咸陽宮。

得知前線戰事不利，大老闆胡亥對章邯的工作很不滿，派了調查組到軍中，詳細了解情況，施加壓力給他。

章邯嚇壞了，趕緊派了小弟司馬欣到首都咸陽去彙報工作。不料，司馬欣在咸陽宮前足足等了三天，就是見不到胡亥。他知道這肯定是趙高在背後搞的鬼，心想：「趙高一肚子壞水，不讓我見大老闆，是不是準備陷害我啊？不行，我有預感，這地方不能再待了，我得趕緊跑路！」

不得不說，司馬欣的第六感就是靈敏，他前腳剛走，趙高後腳就派了殺手追殺他。幸虧司馬欣機靈，選了一條小路，不然可就死在咸陽了。

司馬欣一路跑回前線，氣喘吁吁地告訴章邯：「老大，還打什麼啊？帝國完蛋了，現在是趙高專權，作威作福，朝政裡再也沒有一個明理的人。我們統軍在外，如果打贏了，趙高嫉妒我們的戰功，我們非死不可；如果我們打輸了，被追究責任，更是非死不可。總之我們已經沒有了生路，將軍你掂量著辦吧！」

第四章　立志圖秦

章邯:「不會吧?我在前線賣命,趙高不至於這個時候從背後插我一刀吧?」

司馬欣很鬱悶:「要不是我反應快,早被殺手一刀殺了。」

趙高為什麼要殺司馬欣?

不為什麼,鉅鹿戰敗,趙高需要追究責任,需要替罪羔羊而已。而章邯自然而然就成了那個羔羊。

就在章邯猶豫的時候,陳餘送了項羽一波助攻,他暗中幫助項羽,勸章邯投降:

「白起為秦將,向南攻拔鄢、郢,向北坑殺馬服,攻城略地,不可勝數,而最後竟然賜死。蒙恬為秦將,北逐匈奴,開闢榆中幾千里的地域,最終竟然斬於陽周。為什麼呢?功勞太多,秦不能按功行封,反而羅織罪名,用律法制裁他們。

如今將軍為秦將三年了,所損失的士卒以十萬計,而諸侯軍同時並起,越來越多。趙高一向諂諛,為時已久,眼下形勢危急,也怕秦二世殺他,所以打算用律法治罪將軍,藉以推卸罪責,另外派人替代將軍,以此來擺脫禍患。將軍在外時日已久,朝廷中很多人與你有隔閡,有功也是被殺,無功也是被殺。況且天要亡秦,無論是愚笨的人還是聰明的人全都知道。如今將軍在內不能直言規諫,在外為即將滅亡的秦朝將領,孑然孤立而想長期存在,豈不可哀!

將軍何不倒戈與各路諸侯聯合,簽訂和約,共同攻秦,割地為王,南向而坐,稱孤道寡?這同自己伏砧受戮,妻子被殺,哪個比較好一些?」

章邯看到信件,想想眼前的處境,不禁悲從中來,他忽然失去了堅持下去的意義。

文官出身的他,曾在危難關頭挺身而出,毅然肩負起了挽救大秦帝國

鉅鹿之戰，項羽一戰封神

命運的重任。他渴望與那些先輩一樣，創造屬於自己的輝煌。為了身後的大秦，他願意拋頭顱、灑熱血，直至付出自己的生命。可是眼下，這個信念轟然倒塌了！

在身邊人的勸說下，章邯不得不跟項羽祕密接頭。此時此刻，項羽占據了主動權，他見章邯還在猶豫，便偷襲他，斷絕了章邯待價而沽的念想。

經過一番痛苦的抉擇，章邯最終選擇了投降項羽，不為他自己，只為身後這二十萬兄弟能活下去。

項羽迎來了自己人生最高光的時刻。他坐在大帳內，手握劍柄，傲然環視眾人。底下的各路諸侯大哥們一個個低著頭，像犯了錯的小學生一樣，小心翼翼地上前，跟項羽彙報工作。當然，內容主要是使勁拍項羽的馬屁，讓項羽好一陣舒服，不由得露出得意的笑容。一時間，帳內外充滿了快活的空氣。

第四章　立志圖秦

第五章
滅秦之路

第五章　滅秦之路

西征，可靠嗎？

那麼此時此刻，劉邦在做什麼呢？

答案是，他正走在西征的路上。

為了講清楚劉邦在這段時間的活動路線，我們有必要將時間線拉回到八個月前。

當時的楚懷王剛剛坐上莊主的位子，他面臨著一個難題：北上救趙。

北上救趙，刻不容緩。唇亡齒寒的道理大家都懂，眼下趙國被章邯和王離包圍，一旦趙國被煮熟了，其餘諸侯大哥離下鍋也不遠了。因此，在正面與章邯對戰的同時，楚懷王萌生了一個想法：他想派出一隊人馬，西入攻秦，直插秦帝國的心臟——咸陽！

西征是一條奇謀，可是派誰去呢？

當楚懷王釋出任務時，底下的大哥們一個個裝起了啞巴。大夥兒都知道，這可不是個好差事，首都咸陽是那麼容易打下來的嗎？攻秦是單獨行動，是孤軍作戰，隨時可能被秦軍吃掉，你以為沿途的秦軍都是吃乾飯的呀？

眼見大夥兒不吭聲了，楚懷王只好丟擲一個誘餌：「先入關中者為王！」

這下子，大夥兒紛紛交頭接耳，項羽第一個站了出來：「我願往！」

看著眼前年輕氣盛的項羽，楚懷王卻擺了擺手，都知道項羽軍事才能突出，但是他的冷血和殘暴也是有目共睹的，一言不合就屠城，讓這傢伙去西征，不知道沿途禍害多少老百姓呢！

這時候，劉邦舉手發言了：「懷王，我願意領兵西征！」

楚懷王一看：「不錯，還是很有責任心的嘛！」劉邦年紀比較大，平常

西征，可靠嗎？

一向以「長者」自居，打仗時沒聽說過有什麼惡行，平常口碑也不錯，頗有仁義之心，就是他了！

當然，這是史書上記載的說法，事情的真相會是這樣嗎？劉邦為什麼會成為西征的優先人選？僅僅是因為他的人設比項羽好嗎？

我不相信。

其實，仔細分析當時楚懷王面臨的困境，我們不難發現，選劉邦西征是楚懷王必然的選擇。

項梁過世後，楚國的主要軍事力量還剩項羽、呂臣與劉邦統領的三支軍隊。項羽是故楚國的貴族，呂臣是陳勝的親信，這兩人分別駐軍彭城兩側，東西拱衛楚懷王。楚懷王還不放心，甚至派了個頂頭上司宋義，直接將軍隊收歸己有。

此時的劉邦駐紮在碭縣，他跟楚懷王其實沒多少交情，在楚懷王眼裡，這就是一支雜牌軍。楚懷王看劉邦的這支軍隊，心想：「西征之路困難重重，不派你要派誰？」

既然如此，劉邦為何還願意站出來接受任務？

仔細分析，其實也不難理解。對劉邦來說，入關雖然是個艱鉅的挑戰，但是同時也意味著難得的機遇，一個能夠讓他自立門戶的機遇。

四十歲到五十歲這段時間，正值壯年，是一個男人闖一番事業的好時候，別人都在帶著自己的小弟征戰天下，劉邦卻只能寄人籬下，窩在一個小縣城，暗自傷嗟。

他傷感的不是房子車子，而是不能在人生最好的歲月裡建功立業，這才是一個英雄的悲傷。

楚懷王雖然與眾將領做了約定：誰先攻破函谷關占領秦地，誰就做關中王。但是明眼人都知道，這只是一張空頭支票，一張類似周平王賜予秦

第五章　滅秦之路

襄公岐、豐之地的空頭支票，能不能按時兌現還不知道呢。

如果進一步分析，我們還會發現，所謂的西征不過是個願景，楚懷王自己都沒抱太大希望。

為什麼這麼說？

很簡單，當時項梁剛剛戰死，楚軍剛剛經歷了一場大敗，秦軍正是得意的時候，從當時的情況考慮，任何一個領導者都不會想到滅秦，周文的幾十萬軍隊在關中被打得落花流水，誰還敢叫囂打到咸陽城？他們的最大願望就是遏制秦軍的攻勢，保住自己的地盤。救趙為實，攻秦為虛，劉邦的攻秦，不管從哪一方面講，都可以減輕楚軍北上救趙的壓力。

有人會說，秦軍主力不是都被章邯帶到北方趙國去了嗎？關中空虛，機會還是很大的嘛！

要是這麼想，那可就錯了，關中可是秦國的大本營，且不說有函谷關天險，沿途乃至咸陽城的守軍一定少不了。更何況，胡亥就算再不正常，也不可能把帝國的主力部隊全部交給一個新手章邯。

然而，那又如何？即便大家都不看好靠拳頭打進函谷關去，即便西征之路艱難重重，劉邦也願意一試。

因為，西征，是自立門戶的絕好機會。

在接受了西征的任務後，劉邦立即開始了準備工作，他沒有一路向西，而是選擇了一路向北。

楚軍主力都已北上救趙，劉邦深知，僅憑自己這點兵力，別說打到首都咸陽了，連函谷關都過不了。因此，他並沒有急於西進，而是利用王命在身的政治優勢，一路北上，到處收攏被秦軍打散的陳勝、項梁的小弟們，壯大自己的力量。很快，劉邦就回到了當初項羽屠城的地方：城陽。

拿下城陽沒多久，劉邦又掉頭，南下成武、慄縣，繞了好大一圈，又

西征，可靠嗎？

一招神龍擺尾，出現在了北方的昌邑。

在這裡，劉邦遇到了當地的一個黑社會大哥：彭越。

彭越原本是漁民，在鉅野湖中打魚為生，順帶做些攔路搶劫的生意。因不滿秦朝的暴政，帶著一夥人上了「水泊梁山」，成為一方好漢。

陳勝帶頭造反後，一群人紛紛按捺不住，鼓動彭越當帶頭大哥，帶領兄弟們鬧革命：「大哥，聽說陳勝和吳廣拉起了一支隊伍鬧革命，照我看，大秦遲早要完，我們也拉起隊伍打仗吧！」

這個時候，彭越說了一句很有水準的話：「兩龍相鬥，且待之。」

過了一年多，反秦起義如火如荼，小弟們聚集了一百多人，前去追隨彭越：「大哥，帶領我們吧！」

彭越：「不！」

大夥兒說：「大哥，你就別再推辭了，我們就認定你了，趕緊帶領大夥兒發家致富吧！」

彭越想了半天，對大夥兒說道：「要我帶隊也不是不可以，但是我有個要求，我們明天約個時間準時集合，誰要是遲到，別怪我不客氣！」

大夥兒嚷嚷道：「保證沒問題！」

第二天太陽出來的時候，大部分人都準時趕到集合地點，但是遲到的仍有十多人，最晚的一個居然到了中午才來。這時，彭越說話了：「我老了，但是你們執意要我當帶頭大哥。我約定好時間，可還是有很多人遲到，你們人多，法不責眾，這樣吧，我就把最後一個到場的砍了。」

大家都以為他在開玩笑：「大哥，何必當真呢，下不為例吧！」

彭越不說話，拉出最後到的那個倒楣蛋，一刀下去，砍掉了腦袋，然後開始釋出軍令。

彭越不懷疑這夥人的造反精神和戰鬥力，但是他們缺乏的是紀律觀

第五章　滅秦之路

念。彭越殺人立威，就是要讓大家知道，軍隊與強盜的本質區別，是紀律。

眾盜皆驚，害怕彭越，彭越這才帶領大家攻城略地，收編散兵，成為一支獨立的武裝力量。

彭越對劉邦早有耳聞，畢竟二人都是草莽出身，有著相同的人生經歷。在攻打昌邑時，彭越甘願替劉邦充當急先鋒，兩人連續攻城數日，但是由於昌邑守軍當了縮頭烏龜，就是不出城，劉邦在城下攻了半天，最終也沒能拿下昌邑城。

劉邦的目標是咸陽城，既然昌邑拿不下，索性繞過昌邑，繼續向西出發。

彭越原本想著跟隨劉邦，但是看到劉邦連昌邑城都拿不下，心中頓時洩了氣，放棄投奔劉邦，帶著自己的小弟依然在鉅野湖中當好漢，稱雄一方。而此時，許多魏國逃散的士兵看到彭越的力量強大，紛紛投奔了彭越。有了這些人的加入，彭越的隊伍再一次壯大了不少。

劉邦的下一站是慄縣。在這裡，他碰到了魏國的將領柴武、皇欣、武蒲三人，魏王魏咎被章邯消滅後，這三人成了孤魂野鬼，帶著四千小弟到處轉。

劉邦對柴武說道：「柴將軍，如今魏國已亡，秦軍正在對各國大開殺戒，以你區區四千小弟，如何對付得了秦軍？既然將軍也有反秦之志，何不跟我一起西進滅秦？」

柴武有些猶豫：「如今各國都難以自保，楚軍一定能勝出嗎？」

劉邦：「如今魏國已亡，趙國正在被秦軍圍困，楚軍兵分兩路，一路由項羽帶領前去解救趙國，一路由我西進咸陽，天下之勢，亡秦必楚！」

被劉邦這麼一說，柴武不再猶豫，索性投靠了劉邦。

有了柴武等人的投奔，劉邦現在似乎是兵強馬壯了，他一想起上次在

昌邑城下的狼狽樣就有氣。「不行，這口氣一定要出！」

劉邦不顧眾人的反對，率軍再度北上攻打昌邑，結果還是碰了一鼻子灰。

這一戰，終於讓劉邦死心了，他決定捨棄昌邑，繼續西行。

如果有一張秦末地圖，大家就可以發現，劉邦的行進路線似乎並沒有什麼方向，東一榔頭西一棒子，一會向南，一會向北，就像一匹狼，哪裡有肉去哪裡。找到肉咬幾口，咬不動就去下一個地方咬。比起項羽直接與章邯在鉅鹿決戰，劉邦的西路軍更像一夥流寇。

劉邦兵力雖然薄弱，但是他的戰術思想很明確，打得贏就打，打不贏就跑，以戰養戰，透過戰鬥擴大自己的力量，不爭一時一地。

當然，這一切的前提是，劉邦有一個優秀的團隊，這裡面有蕭何、曹參、夏侯嬰、盧綰、樊噲。

酈食其的求職之路

劉邦原本是無賴出身，天生不喜歡儒生的那一套。不過，在經過陳留縣時，劉邦遇到了一個儒生，改變了他的看法。

這儒生叫酈食其，魏國人，這一年已經六十多歲了。老頭喜好讀書，知識淵博，脾氣卻很古怪，為人放蕩不羈，向來不把任何人放在眼裡。到老了還一事無成，家裡窮得叮噹響，可他卻天天出去找酒喝，喝醉了倒頭就睡，人送綽號「高陽酒徒」。

有朋友看他混得太差，實在看不下去，替他謀了一份差事，到城門口當個守門人，總算能混口飯吃。

這位老先生在秦末的歷史舞臺上出場時間不多，但是戲份很重，在這

第五章 滅秦之路

有限的時間裡，充分發揮了一名老戲骨的演藝功力，在歷史上重重書寫了一筆。

沒過幾年，天下大亂，陳勝、吳廣率先起義，天下豪雄並起，先後有十多個人從自家門口路過。有人就問酈食其：「你不是常說自己是要做大事的嗎？眼下機會來了，怎麼不跟著他們呀？」

酈食其搖了搖頭：「這些人都是一些庸碌之輩，且心胸狹隘容不下別人，跟著他們，沒前途。」

什麼叫做狂？這就叫做狂。良禽擇佳木而棲，良才擇賢主而事。面對大爭之世，酈食其只因為沒有遇到自己瞧得上眼的人，便拒絕投靠任何勢力。

大夥兒都笑了：「你呀，就吹牛吧！」

酈食其也不辯解，心中卻在苦笑：「你們都不懂我。」

酈食其此時不過是一無名小輩，卻如此狂妄，他憑的是什麼？

如果你去問他，他會驕傲地告訴你：「因為我是酈食其。」

這一年，劉邦帶著隊伍西進，酈食其老早就聽聞過劉邦的事蹟，得知隊伍途經陳留，決定投靠到他的麾下。再不出門找工作，可就真沒機會了。

可是畢竟酈食其此時只是個小人物，他又該如何見到劉邦呢？

酈食其找到了一個在劉邦手下做事的同鄉，告訴他：「以前也有不少造反的人經過我家門口，但是這些人素質太差，我一個都看不上。這個剛來的沛公不一樣，我聽說他為人傲慢，但是心胸大度，雖然沒見過，但是我已經知道，他就是我一直在找的老闆，能不能幫忙引薦一下？你就對他說，我家隔壁有個酈老頭，六十幾歲，身長八尺，大家都叫他『狂生』，他自己卻不認帳，說是胸有奇才，只賣與識家。」

老鄉面露為難神色：「老哥，你不知道，沛公最討厭儒生，遇有儒生

酈食其的求職之路

來見,沛公趁了酒興,常要解下人家的儒冠往裡面撒尿,平常也常罵儒生迂腐,你都一把年紀了,何必自取其辱?」

酈食其卻拍了拍胸脯,信心十足:「你只管引見,我料沛公不會拒我於門外。」

在老鄉的引薦下,酈食其終於獲得了一次面試的機會。一進去,酈食其正準備拿出履歷,卻看見劉邦大剌剌地坐在那兒,讓兩名女子為他洗腳,絲毫沒有起身歡迎的意思。

酈食其往那一站,也不向劉邦行禮,就開始為這位洗腳男上課:「哎,我說,你是想幫秦朝打天下諸侯啊,還是想率領諸侯滅掉秦朝啊?」

劉邦一看,忍不住破口大罵:「你這個書呆子,天下百姓長期受秦禍害,所以諸侯才相繼起兵反秦,這是人人就能看明白的道理,你怎麼會說我想幫助秦國打諸侯?」

酈食其繼續說:「那我就不懂了,你既然知道天下百姓的日子苦,想召集諸侯們來推翻秦朝,那一定要聚義兵、誅無道,哪能以這種傲慢的姿態接待長者?」

劉邦一聽,心想:「此人不一般,還洗什麼腳啊,趕緊迎接貴客吧!」劉邦揮退兩女,轉入後室,換了身衣服,將酈食其恭恭敬敬請到上座。

「敢問先生何以教我?」

酈食其卻道:「我餓了,早飯都沒吃呢。」

劉邦趕緊命人擺了一桌酒席,兩人邊吃邊聊。不得不說,酈食其很有說評書的天賦,加上他本身博學多才,這一路聊下來,口若懸河,滔滔不絕,從春秋到戰國,由合縱到連橫,詳加評點六國成敗,說得劉邦連連稱讚:「人才,真是人才啊!」

趁著喝茶的間隙,劉邦問了他一個問題:「請問酈老師,在下曾與楚

第五章　滅秦之路

懷王有約，我與項羽誰先入關中誰就是關中王，而今項羽帶走了楚國主力部隊，我只能遊走各地，收攏一些曾經的張楚舊部以及各地義軍來壯大自己的力量，但是如此一來耗時耗力，手上兵力不滿萬人，靠這點人攻占咸陽更是異想天開，不知您有沒有什麼好主意？」

酈食其微微頷首，道：「沛公手下小弟太少，不滿一萬，卻要直入強秦，這不是羊入虎口嘛！我有一個計畫，陳留乃天下要衝，四通八達，城中糧草極多，可供軍需。我跟陳留縣長有點交情，我可以去說服他。如若成功，則一切好辦；若不成，我可作為內應，助您拿下陳留！到時候您再招集人馬，進破關中，這才是上策。」

劉邦聞言大喜，有如此好事，也免去自己勞心費力攻占陳留。「酈老師，我等你的好消息哦！」

趁著酒意，酈食其孤身一人進了陳留縣，準備糊弄縣長帶頭鬧革命。然而，酈食其或許是高估了自己的口才，任憑他舌燦蓮花，縣長大人只有一個動作：搖頭。

「想拉我下水，沒門！」

酈食其狠狠而歸，只得執行另一個計畫，買通城門口的衛兵，放劉邦入城。在二人的默契配合之下，陳留果然被一舉攻破。

首戰告捷，劉邦對酈食其的工作很滿意，賞了他一個廣野君的稱號。得知酈食其投奔了劉邦，弟弟酈商也給了劉邦一份驚喜，率領四千人投奔劉邦。作為回饋，劉邦大手一揮，給了酈商一個裨將之職。

有了陳留縣的軍需物資，劉邦終於可以鳥槍換炮，這對日後西進滅秦發揮了至關重要的作用。

在酈食其的指點幫助下，劉邦的西進之路可謂是順風順水，一路高歌猛進，南下攻破潁陽。在這裡，劉邦遇到了他的一個老朋友：張良。

張良的計謀

看到這裡，有人要問了，不是說張良早就跟隨劉邦了嗎？怎麼又跑到潁陽了？

前文說過，項梁扶立放羊娃羋心為名義上的帶頭大哥後，張良第一時間找到項梁，希望能給韓王成一個名號，讓他帶著韓國的小弟們鬧革命，呼應楚軍。項梁大手一揮：「准了！」

這之後，張良匆匆與劉邦告別，他要回到家鄉，幫助韓王恢復他心心念念的韓國。劉邦西進時，遇到了在韓地打游擊戰的韓王成和張良。

張良追隨著自己的老大韓王成，在潁川一帶致力於恢復韓國故地，圍繞城池爭奪，與秦軍的戰事屢有反覆。他鄉遇故知，劉邦自然是十分欣喜，他開始挖牆腳：「韓國已經復國，你的夢想也已實現，可是，秦王朝不滅，韓國依然是寢食難安！」

劉邦的這套說辭讓張良無法拒絕，為了完成反秦大業，張良決定跟劉邦入關，獨留韓王成繼續打游擊。

有了張良的輔助，劉邦如虎添翼。不久，劉邦的西路軍到了陽翟。劉邦原本想著快速拿下陽翟，不料陽翟是塊硬骨頭，城沒攻下，劉邦的隊伍反倒折損不少。劉邦大怒，發動全部兵力日夜急攻，強攻入城，並實行了屠城報復，放火燒毀官府，這才出了口胸中的惡氣。

此時，秦國的主力大軍還在北地趙國與項羽對峙，正在河內打游擊戰的趙國將領司馬卬眼看老家被圍無能為力，心中盤算開了：楚懷王說先入關者為王，自己何不也去試試？

此時的劉邦剛到洛陽，碰到了釘子，過不去了。得知司馬卬有意渡過黃河，南下入關，劉邦急了：「你這個臭不要臉，玩呢？關中是我的，你

第五章　滅秦之路

也敢來搶功？」他撂下洛陽，帶著人趕到黃河邊上，封鎖了西進必經的黃河渡口，並燒毀了所有的渡船。

「你不是能耐嗎？有本事飛過來呀！」

劉邦在入關中的路上畫了一條紅線，這條線以內都是劉邦的勢力範圍，倘若司馬卬敢越雷池一步，那就要掂量掂量自己的分量。

在阻斷了司馬卬的西進之路後，劉邦繼續著他攻取關中的計畫。眼看洛陽城久攻不下，劉邦很著急，在張良的建議下，索性放棄了洛陽，重新選一條路入關。

從哪兒走呢？

張良伸手在地圖上一指：「宛城！」

劉邦二話不說，帶著隊伍就往宛城趕。本以為拿下宛城不在話下，沒想到宛城也是塊硬骨頭，啃了半天也沒啃下來。

劉邦著急得都快上火了，聽聞項羽在鉅鹿打敗了王離，正在跟章邯對峙呢，如果被項羽趕上了，那關中地區的歸屬權就跟自己沒關係了。他決定繞過被包圍的宛城，繼續向西進突破瓶頸中地區的南大門——武關。

只要過了武關，咸陽便觸手可及了。

就在劉邦準備放棄宛城時，張良再一次出場了，他告訴劉邦：

「宛城往西可經武關直達關中，往北可經魯關直達洛陽，往南經武當山和桐柏山的南襄隘道，可達襄樊平原，向東南可達江淮流域，自西周到秦王朝，都是重要的軍事要道。你就是再著急，也不能繞過宛城啊，你要是不拿下宛城就進攻武關，極有可能出現腹背受敵的境況，到時候你可就成夾心餅乾了！」

劉邦一聽，如夢初醒：「對啊，萬一我走了，宛城的守軍從背後偷襲我，我可不慘了嗎？」

張良的計謀

見劉邦反應過來了，張良又給他一個小提示：「更換旗幟！」

劉邦問：「怎麼說？」

張良告訴他：「很簡單，製造錯覺！」

劉邦恍然大悟，趕緊下令：「全體都有，向後轉，目標宛城！」

宛城內，神經緊繃了好幾天的將士們好不容易放鬆下來，難得開懷聚飲，結果第二天早上一醒來，發現城外又來了一支軍隊。

這下子，城裡的守軍絕望了，宛城的老大內心也崩潰了，這剛走一組，又來一組，這樣僵持下去，最先玩完的肯定是自己。與其坐以待斃，不如自掛東南枝算了，拔出劍就要自殺。

關鍵時刻，一個叫陳恢的人攔住了他，說：「未到最後關頭，絕不輕言犧牲，這事還沒到最後一步呢，我去跟劉邦談談。」

老大問他：「我們都已經被包圍了，你能有什麼辦法？」

陳恢微微一笑：「山人自有妙計！」

當天晚上，陳恢偷偷溜下城牆，去見劉邦：「我聽聞楚懷王有個承諾，先入關中者為王，而如今，您停下來圍攻宛城，我認為大大的不妥。」

劉邦：「那你的意思是？」

陳恢：「宛城以及南陽郡諸縣，共有數十城池攻守聯防，南陽軍民以為戰也死，降也死，如果您全力強攻，大夥兒一定會拚死抵抗，戰事必將拖延很久。您如果繞道西去，宛城守軍必定會緊跟尾隨。到時候，前有守軍，後有追兵，西進恐怕就難了。我有個主意，不如寬待南陽軍民，封賞南陽郡守，讓他繼續駐守南陽，然後整編宛城秦軍，帶著他們一起西入關中。如此一來，南陽境內諸縣軍民聽聞您來了，必定會爭相投奔，到時候您的關中之路必將暢通無阻了！」

和平拿下宛城，這當然是最理想的解決方案。作為一名政治家，劉邦

第五章　滅秦之路

深知人設的重要性，西征之路艱難重重，一路上有數不清的城池關口，要想順利通關，難度相當大。只有展現自己仁義和愛民的一面，才能讓周邊的百姓放下戒備心理，敞開懷抱歡迎自己。也唯有如此，才能減少西征路上的阻力。

雙方都很滿意，一拍即合，宛城縣內的老大開啟城門，迎接劉邦入城。劉邦也遵守承諾，入城後秋毫不犯，接受官印，收編軍隊，留給民眾不錯的印象。在那個動輒人頭滾滾、血流成河的戰爭年代，劉邦的做法與項羽形成了鮮明的對比。

先羅列一個基本事實，項羽從起兵開始，到兵敗垓下，每到一處，動輒殺人盈野，屠城殺降更是家常便飯。《史記‧項羽本紀》中，項羽共做了六次大屠殺。

第一次是襄城屠城，坑殺全城平民，城中的秦軍和百姓，無論男女老少，一個活口不留。

第二次是城陽屠城，項羽占領城陽後，對城內的百姓進行了血腥報復，殺光了幫助秦軍抵抗的全城平民。

第三次是新安屠城，項羽玩陰謀，坑殺秦朝的降卒二十萬人於新安。西元759年，詩人杜甫途經新安，還寫下了「項氏何殘忍，秦兵此處坑。愁雲終古在，鬼爍至今明」的詩。

第四次是咸陽屠城，項羽進入關中後，打擊報復關中百姓，殺戮關中平民無計，把秦都咸陽變成了一座鬼城。

第五次是破齊屠城，坑殺田榮降卒，大肆燒殺搶掠，逼反了復辟後的齊國。

第六次是外黃屠城，項羽與彭越激戰了幾天，最終彭越大敗，棄城而逃。得知外黃城的百姓曾幫助彭越守城，項羽一怒之下，下令將城內十五

張良的計謀

歲以上的男子活埋，幸虧外黃縣令十三歲的兒子站了出來，阻止了項羽的這場屠殺。

上述殺戮，都是戰勝之後的屠城和殺降，這樣的行徑簡直令人髮指！

宛城和平收編的消息，一時之間傳遍了大大小小的城邑，不少人紛紛來拜劉邦的碼頭，自願當他的小弟。劉邦到了丹水縣，守城的戚鰓、王陵帶著官員和小弟們出城投降；劉邦到了湖陽，守城的梅鋗立即開城投降。劉邦所過之處，從不擄掠，深得民心，不僅兵力迅速壯大，糧草也得到了補充。

很快，劉邦的大軍到了關中的南大門——武關城外。

武關位於陝西、河南、湖北三省接合部附近，屬「秦頭楚尾」，與函谷關、蕭關、大散關合稱為「秦之四塞」。關城並不是一個山口或狹窄的山谷，而是處在一塊相對寬闊的川道上。墨綠色的武關河呈牛耳狀從東、西、南三面將武關環抱。早在春秋時期，武關便已成為晉國的關隘，不過那時的名字叫「少習」，戰國時，少習被秦國占領，後更名為武關。

就在劉邦剛喘了口氣的工夫，一個不幸的消息傳來，章邯不得已投降了項羽。主力部隊都投降了，秦王朝瓦解之勢已定，項羽許諾封章邯為雍王。一切收拾妥當，項羽再一瞧：「劉邦這老小子跑得挺快嘛！我在前線打仗，你倒撿了個大便宜，不行，絕不能讓你搶先入關！」

得知項羽打贏了章邯，劉邦急了，楚懷王曾答應過，誰先進入關中滅了秦朝，誰就是關中王。眼下自己距離成功就差一步，絕不能輸給項羽！

劉邦迫切進入關中的心情是可以理解的，可是問題在於，武關可不是豆腐渣工程，攻了半天，就是沒拿下來。

就在劉邦撓頭的時候，張良再一次出場了，他告訴劉邦：「眼下我們需要與時間賽跑，不能在武關城下浪費時間，你需要盟友替你持續輸出。」

第五章　滅秦之路

劉邦問道：「盟友都被項羽嚇死了，都跟隨項羽了，哪還有什麼盟友？」

張良微微一笑，伸手朝西一指：「你的盟友就在咸陽城內！」

劉邦問道：「難道是死太監趙高？」

張良點了點頭。

這天晚上，一位使者從劉邦的大營出發，行色匆匆地往秦都咸陽而去。

他叫寧昌，是劉邦的特派員，他此行的任務是與趙高祕密接觸，商議對大秦這家上市公司破產清算，兩人共同瓜分財產。

最後的審判

趁著寧昌還在路上，我們來看一下朝堂之內又耍了什麼花招。

前面說過，李斯被趙高陷害，成了一名死刑犯，跟馮去疾與馮劫關在了一起。馮去疾與馮劫畢竟是朝中有身分的大哥，如今卻被獄吏折磨，二人覺得尊嚴受到了嚴重侮辱。自古將相不受辱，兩人怎能被這樣的宵小之輩所欺侮？最終雙雙自刎。

陷入九死一生境地的李斯沒有選擇自殺，他相信自己的辯才，當年他就是以辯才說服秦王嬴政的，這一次，他依然相信自己可以說服秦二世胡亥。

李斯有絕對的自信，只要給自己一支筆，一定能獲得起死回生的機會。

是的，他從來不懷疑這一點，他已經成功過很多次了。

藉著昏暗的燭光，李斯顫顫巍巍拿起了筆，開始寫字：

「掐指一算，我當丞相，已經三十多年了。

> 最後的審判

　　遙想當年，先王在的時候，地盤小，人也少。我當了『秦漂』以後，聚精會神做建設、一心一意謀發展，終於橫掃六大門派，讓秦國一統天下，這是我的第一條罪。

　　擴張地盤，北逐匈奴，南定百越，讓周邊的小弟們見識到秦國的強大，是我的第二條罪。

　　尊重大臣，提高他們的爵位，用以鞏固他們同秦王的親密關係，這是我的第三條罪。

　　建立社稷，修建宗廟，以顯示主上的賢明，這是我的第四條罪。

　　統一度量衡和文字，頒布天下，樹立秦朝的威名，這是我的第五條罪。

　　修築馳道，興建遊觀之所，以顯示主上志滿意得，這是我的第六條罪。

　　減輕刑罰，減少稅收，以滿足主上贏得民眾的心願，使萬民百姓都擁戴皇帝，至死都不忘記皇帝的恩德，這是我的第七條罪。

　　像我這樣的人，早就該死了，皇帝希望我竭盡所能，所以才苟活到今天，希望陛下明察。」

　　寫完這封信，李斯放下了筆，交給獄卒，然後靜靜地等待。

　　不得不說，這封信寫得非常巧妙，他採用了正話反說的方式，一一列舉自己做過的事。然而，傻子都能看出來，這哪裡是過錯？分明是自己的功勞嘛！

　　然而李斯還是太天真了，此時的趙高一手遮天，他的一舉一動都逃不脫趙高的眼睛。他的這封信第一時間交到了趙高的手上，趙高看完，丟到一邊，輕蔑道地：「囚犯怎能上書！」

　　既然你還不死心，那我就斷絕你所有的念想！

　　這一天，監獄裡來了一個人，自稱是皇帝的特派員，專門負責審理李斯一案，問李斯：「你有何冤屈？」

第五章　滅秦之路

李斯猶如一個溺水的人，好不容易抓住一棵救命稻草，一口氣將他自己如何被陷害，如何入獄，如何遭受折磨的經歷全部講了一遍。特派員一邊聽，一邊寫，完了還跟他說了一句：「放心，你的冤屈我已了解了，等陛下替你恢復名譽吧！」

出了門，一轉身，特派員就將筆錄交給了趙高。趙高看完，將筆錄在李斯面前晃了晃。

接下來，又是一頓毒打。

一連幾日，李斯都遇到了自稱是特派員的人來向自己了解情況，而自己就像個關在籠子裡的老鼠，被外面的貓各種戲弄。連續幾日的提審和毒打，李斯心中已然明白：這是趙高故意設的圈套，目的就是讓自己屈服。

李斯絕望了。

這一天，又有一個自稱是特派員的人來見李斯，問他：「李斯，你可有什麼話想對陛下講？」

李斯苦澀地搖了搖頭：「臣有罪，罪不容恕。」

他不知道的是，這位才是真正的特派員。

消息傳到胡亥的耳朵裡，胡亥終於舒了一口氣：「這老傢伙果然沒安好心！如果沒有趙老師，我幾乎被他出賣了！」

對李斯的判決很快就下來了，夷三族，五刑，罪名是通敵叛國，這個莫須有的罪名自然是趙高給他的。

什麼是五刑？在這裡我為大家解釋一下：先在罪犯臉部刺字，然後割掉罪犯鼻子，砍斷左右腿，再將犯人腰斬，最後將其剁成肉醬。

胡亥看著判決書，覺得五刑有點太殘忍了，還是改為腰斬吧！

臨刑前，李斯看著身邊哭泣的次子李瞻，強笑道：「兒啊，還記得當年我們牽黃犬到老家上蔡東門外獵兔的情景嗎？可惜我們都回不去了！」

最後的審判

　　這是李斯留在歷史舞臺上的最後一句話。言畢，父子二人相擁痛哭。

　　此時此刻，遠在咸陽宮內，胡亥正沉浸在溫柔富貴鄉中，看著新來的美女跳著歡快的舞蹈，樂得不能自拔。

　　在生命的最後關頭，李斯幡然醒悟，所謂的榮華富貴、權位名利，都是過眼雲煙，在這一刻顯得多麼無足輕重，而他卻為此賠上了所有：身前，他不能保全家族和性命；身後，他不能保全名譽和道德。

　　所有的結局，都是一種償還。

　　李斯死後的第三天，趙高就迫不及待地出任中丞相，封安武侯，獨攬朝政。他把二世皇帝胡亥隔離在深宮，整日沉溺於聲色犬馬之中，大小事務皆由他決斷。

　　胡亥把自己的全部信任交給了趙高。他們之間的關係，上朝是君臣，下朝是師生，私下裡是親友，情義上宛若父子。他把趙高視為始皇帝死後的唯一依靠，幾乎賦予了兒子對父親的信賴。而就在這種絕對而又不可動搖的信賴中，胡亥變得盲目，變得像個傻子，不但失去了政治上的判斷力，甚至失去了常識上的判斷力。

　　此時的趙高已經成了大秦帝國的實際掌控者，執掌生死大權，享受著一人之下、萬人之上的無上殊榮，沒有人跟他搶權，也沒有人敢跟他作對。

　　幸福來得太突然，也來得太過順利了。當他看著匍匐在自己腳下的大臣時，他覺得有些難以置信，這種絕對權力讓趙高的內心深處湧起一股深深的恐懼和不安。每天看著庭下的文武群臣們那一張張或諂媚或冷漠或漠然的臉，趙高的內心就感到一陣心虛。

　　他們真的是服自己嗎？

　　如果不是，如何才能使他們敬畏自己？服從自己？

第五章　滅秦之路

很快，趙高就想到了一個方法，他在秦宮中導演了一場奇特的民意測驗。

這天上班時，趙高命人牽來了一頭鹿，準備獻給二世皇帝。

「陛下，這就是要送給您的千里馬。」

難得上一次班的胡亥這次倒也不糊塗，笑著對趙高說道：「丞相，這哪裡是一匹千里馬，明明是一頭鹿呀！」

趙高搖搖頭，對胡亥說道：「請陛下看清楚了，這的的確確是一匹千里馬啊！陛下如果不信我的話，可以問問眾位大臣。」言罷望著朝堂上的大臣們。

趙高用如此一出看似荒謬的鬧劇，來逼每一個人站隊。

胡亥又看了看那頭鹿，感覺自己的頭有些暈，揉了揉眼睛，這不還是一頭鹿嘛！難道自己真的看錯了？於是詢問眾臣，問他們看到的是鹿還是馬？

這樣一來，朝堂之上可就熱鬧了，有的人默不作聲，有的人睜眼瞎說，一口咬定是馬，以迎合趙高。

當然，也有一些人說了實話。

任何時候，總會有說實話的人。朝堂之上眾人各執一詞，混亂不已。

趙高靜靜地站在一旁，望著朝堂之上文武群臣們的口若懸河，將他們的表現一一記在心底，嘴角浮現出一絲冷笑。他的目的已經達到了。

胡亥看著朝堂上亂哄哄的眾臣，心中煩亂，揮手退朝，回到深宮之中開始懷疑自己的判斷力了。

事情當然沒這麼簡單，下了班後，趙高找藉口把那些指證是鹿的大臣全都關進了大獄，該撤職的撤職，而那些說是馬的官員該升官的升官，趙高一顆懸著的心終於定了下來。整個大秦帝國的文武群臣們都臣服於自己，再也沒有什麼阻力了。

這事發生後，胡亥回到宮中，以為自己精神錯亂，竟然分不清馬和鹿，整日疑神疑鬼。他讓太卜為自己卜一卦，卻不知太卜已經被趙高收買了，他對胡亥說，由於陛下在春秋季節祭祀天地、尊奉宗廟鬼神的時候，未能嚴格遵守齋戒禁忌，所以神靈惑亂，以致今天鹿馬不分，現在必須嚴格認真地去行齋戒之禮。

胡亥一聽，得罪神仙可不是小事，趕緊到上林苑裡重新齋戒。但是胡亥本性貪玩，受不得約束，一開始還能堅持，後來又開始自我放逐了。

有一次，一個路人無意間進入上林苑中，胡亥挽弓搭箭將行人射死。趙高得知此事後，就讓他的女婿閻樂去告訴胡亥：「不知道是誰殺了一個人，卻把屍體移到上林苑中來了。」

胡亥聽了有些心虛，趙高又假作關心地勸胡亥道：「天子無緣無故射殺一個無辜的人，這是上天所不允的。這樣，鬼神就不會接受祭供，上天將會降下災禍。現在您只有遠離皇宮，才能避免災殃。」

胡亥一聽，那還等什麼啊，趕緊搬家吧，於是又搬到瞭望夷宮。

當關東各地的起義烽火燃起的時候，趙高封鎖了這個消息，每逢胡亥問起的時候總是虛報瞞報，一味以「關東盜賊成不了什麼氣候」來掩飾。然而，隨著起義軍規模的不斷擴大，王離被擄、章邯降楚、劉邦入關這三件事接二連三地傳到朝中，趙高又開始心虛了。他心裡很清楚，紙是包不住火的，如果消息傳到胡亥的耳中，那還了得？胡亥雖然單純好騙，但是他並不傻，一旦讓他知道自己對他的種種欺騙隱瞞，恐怕自己老命休矣！

左思右想，趙高索性稱病不朝，靜觀朝局。

有一次，胡亥做了一個夢，他夢見一隻白虎咬他的左驂馬，他揮劍把白虎殺死，但是心中卻悶悶不樂，高興不起來。他頗覺奇怪，便詢問占夢的人。占夢人說：「是涇水神在作祟。」胡亥於是就在望夷宮齋戒，祭祀涇

第五章　滅秦之路

水神，將四匹白馬沉入河中。

只是這一次，連鬼神都不能保護他了。

隨著起義規模的不斷發展擴大，風聲終於傳到了胡亥的耳中。而對趙高如此欺君罔上的行為，胡亥卻只是派了個使者去問責趙高。饒是如此，趙高還是被嚇得不輕。為了搶占先機，不受制於人，趙高決定鋌而走險，殺掉胡亥！

趙高悄悄找來他的女婿咸陽縣令閻樂、弟弟趙成，三人密謀商議道：「皇上不聽規勸，而今情勢緊急，便想嫁禍於我。我打算更換天子，改立子嬰為皇帝。子嬰為人仁愛儉樸，在百姓心中頗有威望。」

這二人都是趙高同黨的人，自然是對趙高言聽計從。很快，他們就商量出了一條計策。

趙高的計畫是，命郎中令作為內應，詐稱有大盜，令閻樂調兵遣將去追捕。同時，為了讓閻樂死心塌地為自己賣命，不敢有二心，趙高將閻樂的母親「請」到了趙高府中安置，然後派閻樂帶兵闖宮！

子夜時分，一位黑衣男子率領官兵出現在望夷宮殿門前。殿門外的守衛見領頭的正是咸陽縣令閻樂，正待詢問，不料卻被來人不由分說綁了起來，責問道：「剛剛有個賊人進去了，為什麼不進行阻攔？」

守衛莫名其妙，宮牆周圍的守衛非常嚴密，連蒼蠅都飛不進去，怎麼會有賊人溜入宮中？

閻樂不願跟他廢話，手中鋼刀一揮，守衛人頭落地，隨即帶著兵丁殺氣騰騰地直接闖進宮去，邊走邊射殺裡面的郎官和宦官。郎官、宦官驚恐萬狀，有的逃跑，有的抵抗，反抗者即被殺死，死傷幾十人。

郎中令和閻樂直接往寢宮走去，緊隨其後的衛士箭射胡亥的篷帳、帷帳。胡亥又驚又怕，召喚侍候左右的衛士，但是近侍衛士都嚇跑了，不敢

上前，身旁只有一名近侍服侍著，不敢離去。

　　胡亥望著殺入寢宮的閻樂，轉過頭對近侍說道：「趙高做的這些事你們早就知道，是不是？」

　　近侍低頭不語。

　　胡亥怒不可遏，吼道：「你為什麼不早告訴我？」

　　近侍撲通一聲跪倒，慟哭道：「奴才不敢說，所以才能保全性命；倘若奴才早說了，已經被殺掉了，哪裡還能活到今日！」

　　這時，閻樂已經大踏步走到胡亥面前，手提鋼刀，渾身是血，獰笑道：「陛下驕橫放縱，濫殺無辜，天下人都背叛了您，現在說什麼都晚了！」

　　畢生視趙老師為偶像的胡亥徹底崩潰了，在一群殺手面前，他大聲哭喊：「我十分想見趙老師！」

　　閻樂道：「丞相說了，不見！」

　　「能不能讓我當一個郡王？」

　　「不！」

　　「做個普通的萬戶侯？」

　　「不！」

　　「當一個低賤的平民也行啊！」胡亥哭得稀里嘩啦。

　　「不！」

　　胡亥眼見沒有活路，哭泣半晌，咬咬牙，抓起身邊的一把刀就向脖子抹去，結束了他可憐又可恨的一生。

　　大秦帝國的二世皇帝胡亥就這樣在望夷宮被逼自殺。這位無能而又殘忍的可憐蟲，死到臨頭，還在同無恥的閻樂討價還價。

第五章 滅秦之路

　　閻樂望著浴血倒地的二世皇帝，雙眼灼灼閃著光，這可是君臨天下九五之尊的熱血啊！狂喜、吃驚、恐懼、不安一齊湧上心頭，閻樂霎時間竟定在了那裡。

　　回過神來，閻樂擦乾刀鋒上的血跡，向趙高報告了胡亥已死的消息。趙高欣喜若狂，匆匆趕到現場，摘下了胡亥身上的玉璽佩上，轉身望向大殿之上的那把龍椅。

　　欲望像深谷一樣，永遠也不能填滿。喪心病狂的趙高終於走出了弑君這一步，他的欲壑，豈是中丞相這個位子可以填補的。他有著更大的野心，他要準備登基做皇帝！

　　趙高拿著玉璽，一步一步朝大殿盡頭走去，文武百官皆默然無言，無一人跟隨，用無聲的沉默反抗著趙高的意志。趙高固執地走向象徵至高無上權力的龍座，他拼盡一切想要改變的命運，就在眼前！

　　他幾乎就要成功了！

　　可是就在一瞬間，趙高忽然覺得天崩地裂，整個宮殿似乎都要化為灰燼。恍惚之間，竟不能再前進半步。

　　直到在這時，他才明白，自己惡事做盡，雙手沾滿忠良的鮮血，罪惡滔天，不可饒恕。

　　也就在這時，從前線傳來一個消息：劉邦拒絕了與趙高的合作，命令手下弟兄們加把勁，繼續攻打武關！

　　群臣弗與，天弗與！

　　沒有人願意跟隨他了。

帝國死亡倒數計時

　　趙高知道天意不可違，只得長嘆一聲，收起做皇帝的野心，準備重新扶持一個集團董事長：秦從前本是個王國，始皇帝統一了天下，因此稱帝。現在六國重又各自獨立，秦朝的地盤越來越小，仍然以一個空名稱帝，不合適，應還像過去那樣稱王才合適。

　　問題在於，誰才是那個合適的王呢？

　　對於這個問題，趙高顯然沒有做好準備，他在宗室子弟中掃了一圈，最後選出一個人：子嬰。

　　子嬰是誰？

　　事實上，關於子嬰的身世，司馬遷似乎也不清楚，一會兒說是胡亥的姪子，一會兒說是秦始皇的弟弟，一會兒又說是胡亥的哥哥。

1. 《秦始皇本紀》中記載，立二世之兄子公子嬰為秦王，以此來看，子嬰是二世的姪子，秦始皇的孫子。
2. 《李斯列傳》中寫道：高自知天弗與，群臣弗許，乃召始皇弟，授之璽，子嬰即位。
3. 《六國年表》中寫道：高立二世兄子嬰，意思就是子嬰是胡亥的哥哥。

　　那麼，哪種觀點更妥當呢？

　　如果仔細分析胡亥的族譜，我們可以發現，這幾種說法都不成立。事實上，子嬰是誰已經不重要了，秦國這艘大船已經開始沉沒，無論船長是誰，都不過是個陪葬品罷了。

　　子嬰在趙高和群臣的迎立下登基，為秦王，隨後用百姓的禮儀將秦二世埋葬在杜縣南面的宜春苑中。

第五章　滅秦之路

在趙高的安排下，子嬰先是沐浴齋戒，然後到宗廟祭拜祖先，接受秦王印璽。

天下已小得不能稱帝，改稱王。

子嬰跟胡亥不同，他知道自己必然會是下一個胡亥，若不想成為趙高的棋子，就必須提前做準備。

子嬰想殺趙高，可沒那麼容易。這麼多年，死在趙高手上的人不計其數，蒙恬、蒙毅、李斯、馮去疾，哪一個不是鼎鼎大名的高手？現在連二世都被他殺了，誰還敢和趙高鬥？

但是子嬰相信，辦法總比困難多。

經過嚴密的策劃和組織，一場專門針對趙高的陰謀開始了。

這一天，子嬰找來了自己的兩個兒子：「丞相趙高在望夷宮殺死秦二世，害怕群臣討伐他，就假裝以大義為名立我為王。我聽說趙高和關東諸侯有約定，由他除掉秦國宗室，然後在關中稱王。現在讓我齋戒，參拜祖廟，就是想趁我在祖廟的時候殺死我。我就推託說有病去不了，趙高一定親自來請，等他來的時候我們一起殺掉他。」

兩個兒子點頭：「聽老爸的！」

五天過去了，子嬰始終稱病不見。

趙高多次派人催促子嬰前往，子嬰始終都是一句話：「我病了，去不了。」

早不病，晚不病，這個時候生病，擺明了就是不給自己面子。

趙高沒辦法，心想：「行，你架子大，我親自來請，夠意思了吧？」

一見面，趙高就說道：「國家大事，你怎麼著也得露個面吧？」

話未說完，趙高赫然發現，自己的胸口多了一柄劍……

精明的趙高算計了一輩子，他算計了蒙氏兄弟，算計了扶蘇，算計了李斯，甚至算計了嬴政的江山，沒想到最終會栽在子嬰手中。他本以為，自己扶立了子嬰，對方必然會對自己感恩戴德，沒承想，卻落得這麼個結局！

子嬰下手很快，在除掉趙高後，誅其三族，在咸陽示眾。

趙高用陰謀、機詐、權術和恐怖替自己鋪了一條通向權力巔峰之路，這條路同時也通向地獄深淵。

機關算盡太聰明，反誤了卿卿性命，這就是趙高的墓誌銘。

李贄在讀到這段歷史時，也稱讚子嬰說：「子嬰此時何等孤弱，乃刺殺高如腐鼠，此何等識，何等才，何等膽，真賢主也。但是此時的秦朝已是日薄西山，難以挽救了。」

二世死了，趙高死了，子嬰光榮上崗。

子嬰登基了，他還不想放棄，他想為了祖宗基業再拼一把，但是歷史留給他的時間已然不多了，因為秦王朝病入膏肓無可救藥的慘狀已回天乏術。

劉邦大軍突破了武關，直逼首都咸陽。子嬰召集了咸陽城中所有能打仗的士兵，選派將領率兵到嶢關前線阻擊劉邦軍隊。劉邦正準備一鼓作氣拿下嶢關，張良再一次阻止了他：「秦軍還很強大，對付他們要學會智取，不能一味地硬碰硬。」

「如何才能智取？」

張良說：「我有辦法！據我所知，這個嶢關守將是個屠夫的兒子，商人一般都好利，我們可以先用金銀財寶去誘惑他，讓他放鬆警惕。」

派誰去呢？劉邦的目光落到了酈食其身上。酈食其也不推辭，帶著珠寶去遊說。嶢關守將見錢眼開，果然表示願意獻關投降，還說願意輔助

第五章　滅秦之路

劉邦。

在成功麻痺了嶢關守將後，張良又告訴劉邦：「嶢關乃秦之門戶，地理位置十分重要，老大願意投降，不代表他手下的小弟們也願意投降。如果士卒不從，到時候引發兵變，後果將不堪設想。再說屠夫之子，見利忘義，降後再叛，是個大麻煩，所以要趁其鬆懈，一舉拿下。」

劉邦依計而行，果斷出兵，一舉拿下了嶢關。

嶢關守將很鬱悶，說好了和平談判的，人與人之間最基本的信任呢？好不容易從城裡逃出來，一口氣跑到了藍田。劉邦緊追不捨，在藍田和秦朝正規軍又打了一場惡戰，再一次擊敗了秦軍。

至此，劉邦入關途中該打的硬仗都打完了，八百里秦川再無阻隔，咸陽城已遙遙在望。

劉邦並沒有急忙入城，而是在抵達灞上後，派人送一封信給子嬰，內容只有三個字：「投降吧！」

子嬰欲哭無淚，他只當了四十六天的秦王，很多事情還沒來得及做，就已經結束了。

蕭瑟秋風中，子嬰乘著白馬素車，頸戴鎖鏈，捧著印璽和符節，在軹道亭旁向劉邦投降。

如果說滅秦是一場馬拉松，那麼劉邦就是第一個衝過終點的人，換句話說：他奪冠了。

大秦，完了。

秦原是周朝的一個諸侯國，相傳其始祖大費曾輔助大禹治水有功，所以才被帝舜賜了嬴姓。大費的後人非子曾在渭水之地為周孝王養馬，也就是「弼馬溫」的工作。非子技術不錯，精心牧養，繁殖甚多，周孝王大喜，把秦谷一帶分封給他，這就是「秦」的起源。

帝國死亡倒數計時

西元前 770 年，秦襄公護送周平王東遷有功，被封為諸侯，秦始建國。此後在漫漫六百年的歲月中，秦襄公的子孫們透過不斷打拚，實現了公國、王國、帝國的三級跳，大秦在大西北總算是站穩了腳跟，奠定了霸主的基業。

西元前 356 年，秦孝公任用商鞅為左庶長，相當於分管經濟的副總理，拉開了秦國變法大幕。在商鞅的帶動下，秦國走上了以戰養戰之路。

西元前 260 年，秦在長平大破趙國軍隊，長平之戰後，六國再無力抵禦秦國的攻勢。從西元前 230 年到西元前 221 年，嬴政陸續滅掉了六國，建立起中華歷史上第一個統一的中央集權制國家──秦朝。

然而，就是這個以神話般的速度吞併六國的強國，在完成開天闢地的統一大業後，卻只存在了短短十五年就灰飛煙滅，在歷史上留下了一個巨大的黑色驚嘆號。其興也勃焉，其亡也忽焉！究竟原因何在？

歸根結柢，問題還是出在制度上。

秦國自商鞅變法以來，以耕戰立國，以法律治國。軍人最受社會推崇，這與希臘古典時代斯巴達何其相似？

商鞅變法，說白了就是要把秦國民眾通通變成兩種人，一種是農民，一種是戰士；一頭只會耕地的牛，一匹只會拚命殺敵的狼；一個在後勤，為戰爭服務，一個上前線，用爵位和財物之類的小恩惠讓他們服從。抓農業，等於打仗有了保障；抓軍事，是為打仗做好準備。

可以說，秦國本身就是靠打仗拉起來的，只有戰爭才能讓這個國家機器繼續運轉下去。然而，統一之後的大秦帝國卻沒能完成從軍國主義向和平體制演變，天下一統固然是嬴政的理想，可是問題在於，統一後沒有要打仗了，你讓那些指著軍功爵制發財致富的弟兄們怎麼辦？

為了說明這一點，我們來看個例子。

第五章　滅秦之路

1975 年，湖北雲夢睡虎地出土了一份秦國家書。兩個在淮陽打仗的弟弟，寫了封信給在老家安陸侍奉母親的哥哥。信裡說：「我們在前線打戰，出來的時間太長，穿的還是冬衣，夏天來了，天氣太熱，也不知道王翦這人要和楚軍打到什麼時候，如果穿不上涼快點的夏衣，會影響做事效率，希望母親和大哥趕快送來新衣服。如果在老家買布便宜，就在老家買，衣服做好後再寄來；如果家裡的布太貴，就把錢寄過來，我們在淮陽買布，自己做衣服。

在外打仗開銷比較大，零用錢也都花完了，還借了同袍的，如果再不還，猜想就要死翹翹了，急急急！」

在這封家書裡，兩個弟弟請哥哥確認，他們為家裡賺的爵位有沒有得到落實，正是由於家裡有人當兵去了，家屬才會有慰問金，這是全家主要收入來源。

由此不難看出，軍隊執行綁架了整個國家以及全體國民的命運走向，秦國上下對此已經形成了路徑依賴。上至達官貴族，下到平民百姓，都在這其中獲益頗豐。對於秦國人來說，幾代人的奮鬥，總算是殺出了一條血路。

如何才能建立一個大統一的中央集權國家？分兩個步驟：第一，用武力軍事征服；第二，用文官政治征服。而很多帝國在經歷了血與火的拚殺後，卻倒在了從軍事征服到政治征服的轉捩點上。

大秦統一中國之後，應該安撫天下，立刻進行轉型更新，但是根深蒂固的思考方式讓其還在這條不歸路上狂飆，依然用野蠻式的發展路徑治理天下，比如秦始皇的焚書坑儒、修萬里長城、建阿房宮、修陵墓，結果只能導致天下大亂。

但是，我們不會忘記，秦王朝是中華歷史上第一個郡縣制中央統一政權，廢除了實行多年的分封制，對於形成大一統的中央政權具有重要意

義。秦始皇在統一度量衡、文字等方面也做出了開創性貢獻，秦朝的政治、文化制度為中華封建社會兩千年來一直沿用著，所謂百代皆秦制也。

隨著大秦帝國沉重的大門緩緩關閉，一個時代結束了！

第五章　滅秦之路

第六章
王的盛宴

第六章　王的盛宴

勝利面前要保持清醒

　　另一個時代正悄然開啟。

　　暮色蒼茫，村莊、樹木、房屋都沉浸在蒼茫如黛的暮色裡，淡定而安詳。一隊大軍簇擁著劉邦緩緩進入咸陽城。

　　咸陽城的道路寬又平，兩旁全是圍觀的百姓。劉邦望著前方不遠處巍峨高聳的秦王宮殿，心中不由得一陣激動，他想起了自己第一次來咸陽時的情景。

　　那時的他只是一個小小的亭長，帶領鄉親們來咸陽服役，正好碰上始皇帝出巡，便混在圍觀的百姓中，仰觀了千古一帝秦始皇的威儀。看著始皇帝冠蓋如雲的排場，劉邦激動了，那一刻，潛藏在劉邦胸中的雄心壯志被點燃了，他脫口而出：「大丈夫當如此也！」

　　那時的他，一定不敢相信，自己有一天居然會成為這偌大的咸陽城的主人，這是何等的威嚴與榮耀？

　　劉邦看了眼純淨的天空，回望身後數十萬士兵，一股豪邁之情油然而生！無上的權力與至尊的地位，一個男人該有的，劉邦都擁有了！

　　與劉邦同樣處在亢奮狀態的，還有他身後的這群小弟。大家都是窮苦出身，何時見過咸陽城這般繁華的街道？巨大的喜悅感衝擊著每一個人的心弦，讓他們歡欣鼓舞。

　　當晚，劉邦住在了甘泉宮，由宮女侍奉著在溫泉裡舒舒服服地泡了個澡，洗去了戎馬生涯中的疲乏，然後迫不及待地去觀看咸陽城中的宮室建築群。秦始皇很喜歡六國華麗精美的宮殿，每當滅掉一個國家，他都要讓人將宮殿畫下來，然後在咸陽按照1：1的比例仿造。那綿延百里的宮室建築群，無論在建築風格還是造型上都迥然不同，各具特色，讓劉邦流連

勝利面前要保持清醒

忘返。

劉邦的隊伍也駐紮在城中。老大剛走，小弟們哪裡還忍得住，個個如同打了雞血一般，忙著搶錢、搶糧、搶女人，參加革命為了什麼？不就是為了有朝一日打入咸陽城，鹹魚翻身嘛！偌大的一個秦宮登時亂成一團。

劉邦的小弟們都忙著去搶劫了，好在隊伍裡還有幾個明理的人。

第一個明理的人是蕭何。

望著這一片混亂的情景，蕭何輕輕嘆了口氣，然後帶了幾名貼身隨從去丞相府裡打劫。當然，他搶的東西有點特殊，都是一些地圖、檔案、文書等資料，並把它們分門別類收藏起來。

蕭何不愧是辦公室祕書出身，他深知檔案資料的重要性。這些檔案都是了解天下山川要塞、戶口多少及財力物力分布的重要資料，而且沒有備份，全天下獨此一份，可比財寶金貴多了。

事實證明，蕭何收藏的這些秦朝檔案對日後西漢政權的建立和鞏固，發揮了巨大的作用，這也足見蕭何的深謀遠慮。

主簿出身的蕭大人，眼光之長遠，視角之獨到，可以說是當世第一人。

財富是暫時的，只有知識才能永恆，讀書人的眼光就是不一樣。有這樣的人鼎力輔佐，何愁得不到天下？

作為西漢開國第一功臣，單憑這一點，蕭何就當之無愧。

此時的劉邦已經被咸陽宮中的繁華勝景深深吸引，他當即決定晚上就在皇宮下榻。

劉邦雖然接管了咸陽城，但是這並不代表天下已經太平，他們可以肆意妄為。項羽剛剛在鉅鹿大戰中擊敗章邯和王離兩大兵團，氣勢正盛，大軍正從鉅鹿馬不停蹄地趕來，僅憑劉邦這點兵力，哪有資本跟傲視天下的項羽火

149

第六章　王的盛宴

拚？各國諸侯聯軍虎視眈眈，他們也在時時關注著咸陽城內的形勢，豈能任由劉邦獨霸咸陽城，肆意搶奪金銀財寶和數以千計的宮女妃嬪？

這時候，第二個明理的人出現了。

別看樊噲是個粗人，性子直，在大是大非的問題上卻很清醒，眼看著劉邦在宮中自甘墮落，樊噲也沒那麼多顧忌，跑到皇宮對著劉邦就是一頓嚷嚷：「老大，你是想擁有天下，還是只想當個土財主啊？」

劉邦很鬱悶：「怎麼這樣說話呢？就憑你一個殺狗專業戶，有什麼資格說我？再說了，我不過是進來住幾天，至於嗎？」

樊噲繼續說道：「你難道忘了？秦朝就是被這些東西禍害的，你怎麼還沉溺於這些玩意？聽我的，趕緊離開咸陽城，把軍隊拉到灞上，一刻也不要在這裡待！」

劉邦此時正被身邊的兩位女子迷得神魂顛倒，正在興頭上，哪裡還肯把到手的一切再送出去？說什麼也不肯答應。

樊噲說不動劉邦，這時候，第三個明理的人出場了！

說起來，張良原本不是劉邦陣營的人。張良一心想要恢復韓國，所以他心中唯一的老闆是韓王成，跟在劉邦身邊只是為了幫他一把。項梁找來羋心當起義軍的精神領袖後，張良隨韓王成回到韓國，在韓地打起了游擊戰，不過過程並不順利。

劉邦奉命西進時，又一次遇到了張良。這一次，他充分發揮一名優秀獵頭的本領，將張良挖到了自己的團隊中。即便如此，張良也是身在漢營心在韓。劉邦深知張良有大才，一心要留為己用，所以他對張良表現出特別的親近和尊重。

事實上，不論是在稱帝前還是稱帝後，劉邦一直沒有改掉他的流氓脾氣，不論是對功高如蕭何、韓信，還是從小玩到大的樊噲，劉邦對這些屬

下都不太怎麼尊重。一個典型的例子就是，劉邦對待他們一直都是直呼其名，卻對貴族出身的張良親切稱其為「子房」。

由此看來，劉邦雖然一身痞氣，卻也不糊塗。在內心深處，他對於身邊的人都有自己的判斷。

而張良確實也沒讓劉邦失望過，每一次出手都為劉邦解了燃眉之急。留城初次見面，張良侃侃而談，讓劉邦刮目相看；當劉邦面對著兵強馬壯的嶢關守將乾著急的時候，又是張良獻了疑兵之計，一舉攻破了嶢關，最終搶先入關，完成了滅秦大業。

而現在，張良將再一次挺身而出，讓劉邦認清現實。

張良大步邁入殿堂，開門見山：「沛公，我們先弄清楚一個問題，以前我們老是說暴秦暴秦，這個秦國怎麼個暴法？就是像你現在這個樣子，沉迷於溫柔鄉，不管天下人死活。秦朝因為不行仁政，所以你才有機會來到這裡。而為天下人剷除殘民之賊，應如同喪服在身，把撫慰人民作為根本。你現在剛剛進入咸陽，應該做個榜樣，讓百姓知道我們與以往的政權不同，倘若我們現在就開始享樂，豈不是等同於助紂為虐？樊噲的話希望你好好想想吧！」

讀書人就是不一樣，有理有據，說的話既不難聽也不好聽，經張良這麼一提醒，劉邦的酒立時醒了大半：「是啊，怎麼能現在就放鬆警惕呢？甘泉宮不待了，還是回軍營吧！」

第二日，劉邦下令封存秦朝宮殿府庫的一切財產，將搶劫的財物全部送還，要大夥兒收拾東西，準備回到灞上。

放下是為了更好地拿起，失去是為了更多地獲得。「等著吧！總有一天，我會堂堂正正大大方方地接管這座城！」

隨著秦王朝的覆滅，關中地區的統治秩序也陷入了混亂。秦朝的法律

第六章　王的盛宴

條例不僅嚴酷而且條目繁多，百姓不堪其擾。蕭何認為，如今之計，必須立即廢除秦朝的繁苛律令，頒布幾條新的管理條例，穩定關中地區的民心。

標準呢？越簡單越好。

恢復理智的劉邦立即發出通知，召集關中父老和地方上的豪傑們開個會。在會上，劉邦說道：「大夥兒被秦朝的嚴刑苛法害慘了，我出發前，楚懷王跟大夥兒約定，誰先入關中，誰就是關中王。照這麼看，我就是關中王了。為了穩定關中地區的統治秩序，下面我提三點要求。」

底下的人趕緊做筆記，回去後深入學習領會。

劉邦清了清嗓子，說了三句話：

「第一、殺人償命。

第二、傷人和偷盜者要抵罪。

第三、其他法律一律廢除。」

沒了？沒了。

這就是歷史上著名的約法三章。

乍一看，這三條內容也太簡單了吧？把一套複雜的法律簡化成這三句話，這不亂成一團了嗎？

其實，這三點正是劉邦深思熟慮的結果。當時秦朝剛剛滅亡，民心不穩，這三點通俗易懂又好記，百姓們好理解，官員好執行，很快就在百姓中傳播開來。

為了安撫民眾，緊接著，劉邦又道：「我之所以到這裡來，是為你們解除壓迫的，而不是來欺負你們的，你們不必害怕。為了不影響大家的日常生活，我準備將隊伍拉回灞上，等各路諸侯到齊後再召開會議，商討後續問題。」

那時候又沒有電視、廣播、收音機，為了將劉邦說的話傳達到每一

處，劉邦組織了一支宣傳隊，和秦朝的官吏一起走街串巷，張榜安民，向百姓講道理。關中百姓一看，劉邦的隊伍一不偷二不搶，爭相拿著牛、羊、酒來慰問。劉邦又一本正經演起了戲：「鄉親們的心意我劉邦心領了，但是禮物我不能收，還請大家都帶回去吧，我不想讓大夥兒破費。」

劉邦這招以退為進玩得不錯，百姓們果然又被感動了，唯恐劉邦不在秦地稱王。

從這一刻開始，劉邦從一個侵略者變成了解放者，他失去了秦王宮的香車美人，卻得到了天下人心。

就在劉邦忙著收攬民心之時，剛剛在鉅鹿之戰中大敗秦軍的項羽正馬不停蹄地向咸陽趕來。

信不信我打你呀？

鉅鹿一戰，項羽以少勝多，一戰成名，也讓他有了傲視天下群雄的資本，戰神之稱也由此而生！

這一戰後，項羽的威望驟然達到了頂點，一下子變成了諸侯心中無可動搖的英雄，不僅奠定了項羽在諸侯中的領導地位，而且也極大地增強了他的軍事實力。

然而，當他得知劉邦搶先進入咸陽，入主關中之後，項羽怒了！雖然楚懷王當初曾與他們約定先入關中者為王，但是所有人都知道，如果沒有項羽在鉅鹿拖住並擊垮秦王朝的兩大主力兵團，劉邦如何能有機會搶先入關？而今自己在這邊九死一生奮力苦戰，卻讓劉邦搶先摘了革命果實，項羽如何能不怒？

第六章　王的盛宴

在項羽的內心深處，作為勝利者的那種驕傲和自尊心，也讓他不能對劉邦的這種取巧行為無動於衷，他不能容許任何人挑戰他的權威。「劉邦，等著受死吧！」

然而，就在項羽下令火速向關中推進時，途中卻出問題了。

項羽手下的小弟由兩部分組成，一部分為六國諸侯聯軍，另一部分為投降的秦軍。

這兩支軍隊打了那麼久，見面一言不合就拔刀。在此之前，諸侯軍中有不少人在關中被訓練過，秦地的官兵一向以主人自居，訓練期間，被打罵是家常便飯，欺負六國小弟的事時有發生。

俗話說得好，三十年河東，三十年河西。一朝翻身做主人，自然要報仇，待到章邯率秦軍投降後，六國小弟便憑藉勝勢，把秦軍官兵當作奴隸和俘虜來使喚，心中還在暗自得意：「你們當年不是很厲害嗎？風水輪流轉，沒想到你們也有今天的下場吧？」

君子報仇，十年不晚，當年你們怎麼對待我們的，現在我要十倍百倍地還回來。

秦兵們被欺負得很慘，自然也感到委屈。有不安分的就在營中到處串聯：「我們就不該相信章邯，這麼輕易就投降了。如果項羽能夠順利入關還好說，要是函谷關攻不下來，我們被他們挾回關東，父母妻兒又留在秦地，運氣好的妻離子散，點兒背不定就家破人亡，這可怎麼辦？」

一股躁動不安的情緒在秦軍官兵中迅速蔓延。

章邯、司馬欣和董翳在向項羽投降後，一直被限制人身自由，不讓接觸秦軍，對於秦軍中的這種不安情緒，三人一無所知。

各路諸侯軍的大哥們聽到了這些議論，隨即報告項羽。項羽召集英布、蒲將軍商量：「目前軍中秦朝的官兵還很多，他們老大雖然投降了，

但是小弟們心中並不服氣。如果到了函谷關不聽從調遣，關鍵時刻搞砸了會很麻煩。必須得想辦法解決此事！」

秦軍兵卒對自己的前途感到憂慮，有這樣的想法也在情理之中。而在一般情況下，這種不穩定的情緒只要召開一次員工座談會，加以適當的籠絡，完全可以輕而易舉地化解。

然而，項羽可不這麼想。

項羽的想法很簡單，這些秦軍雖然暫時投降了，但是對自己並不是誠心歸服，二十萬秦軍，一旦譁變，後果不堪設想！

為了自己的反秦大業，也為了免去後顧之憂，項羽採取了最簡單也最粗暴的解決辦法——殺！

一個月黑風高的夜晚，四下裡靜寂無聲，項羽將二十萬秦軍帶到新安城南面，繳了械，全部趕入事先挖好的一個萬人坑裡，然後悉數活埋。無數的泥土揚起，灑落到他們身上，一點一點將他們吞沒。

這是人類戰爭史上的一次災難。

項羽這種簡單粗暴的做法，不僅削弱了自己的力量，而且只能使三秦之民更加怨恨楚軍。可憐的秦軍將士們，直到臨死前，還以為自己有機會能回到熟悉的故鄉⋯⋯

最大的隱患除掉了，項羽終於鬆了一口氣。

自春秋戰國以來，各個諸侯國玩著大魚吃小魚，小魚吃蝦米的遊戲，戰亂頻繁，也湧現出了一批優秀的將星。雖說戰爭本就是你死我活的事，「浮屍百萬，流血漂櫓」的場景也是常有的事，但是活埋已放下武器，失去戰鬥力的俘虜和戰場上殺敵還是不一樣的。白起與項羽，都是名垂青史的名將，卻都落了個悲慘的下場，而他們的共同點就是：殺降。

西元前260年，長平之戰剛剛結束，白起迎來了他軍事生涯的巔峰時

第六章　王的盛宴

刻，同時也面臨著一個難題：此戰發生於最有實力統一中華的秦趙兩國，是戰國歷史上規模最大的包圍殲滅戰。在這場前後耗時三年的空前大戰中，白起設伏兵包圍趙括軍隊，截斷趙軍糧道，趙軍被圍困四十六天，糧草斷絕，拚死突圍，趙括被射死，白起收趙降兵四十餘萬，創造了前所未有的軍事奇蹟。

然而，這四十萬降卒的善後卻是一個極為棘手的問題。

趙國軍隊的這次投降，完全是迫於飢餓和統帥趙括的陣亡，屬於無奈之舉。白起思之再三，最終下定決心將其全部殺了。

白起死後六十年，又有一個人重複了同樣的錯誤，他的名字是項羽。

回過頭來，再看看劉邦這邊的情況。

劉邦身上有一個優點，他很清楚自己的短處，所以在做一些決策時，樂於聽取別人的意見。但是身為老闆，下屬的意見必須斟酌採納，劉邦馬上就嘗到了苦果。

究竟是怎麼回事？

在撤回灞上之後，有人向劉邦出了個主意：「關中是塊寶地，富甲天下，地形易守難攻。章邯投降項羽後，被項羽封為雍王，如若讓他們入關，那麼你就得挪窩了。以我之見，你得趕緊派人守住函谷關，阻止諸侯聯軍進入，徵調關中的士卒來增強自己的實力，這樣才能擋住諸侯聯軍西進的腳步。」

這個主意很狗血，也很愚蠢，但是劉邦卻聽進去了：「就照你說的辦！」

為何劉邦會犯這種低級錯誤？

很簡單，因為他得意了。

劉邦入了關中後，自我感覺非常良好，當天晚上就想睡龍床，幸虧被張良點醒了。頭腦清醒後的劉邦撤出了咸陽城，安撫關中百姓，很快得到

民眾的擁戴。看著周圍的笑臉和掌聲，劉邦開始得意了。

他以為憑藉著民眾對自己的信任，就可以關起門來當個「關中王」。殊不知，這樣做反而會激怒項羽及諸侯聯軍，將自己置於危險的境地。

當項羽帶著四十萬大軍馬不停蹄地趕到函谷關前時，迎接他的不是歡呼和掌聲，而是冰冷緊閉的城門和城頭高高飄揚的「漢」字紅色大旗。

冷冽的寒風如刀一般割在臉上，項羽怒了！他對英布下了命令：「火速拿下函谷關！」

英布是項梁手下的頭號戰將，在項羽的屢次征戰中，英布的部隊常常是楚軍的先鋒，戰功卓著。鉅鹿一戰，英布接受項羽的指令，率先渡過漳河，發起攻擊，為項羽立下了第一功。此次攻打函谷關的重任自然又落在了英布肩上。

函谷關是天險，易守難攻。英布沒有選擇正面進攻，而是讓部下偵察地形，抄小路進軍，從側面擊敗守軍，一舉拿下了函谷關。

劉邦最大的危機來了！

得知項羽輕而易舉攻破了天險函谷關，馬上就要到達咸陽城，劉邦集團上上下下全嚇壞了。「還等什麼呀，趕緊跑路吧！」

這不，劉邦集團一個叫曹無傷的小弟沉不住氣了，他跑去為項羽添了一把火：「劉邦想要在關中稱王，任秦王子嬰為相，將奇珍異寶全都據為己有，太氣人了！」

曹無傷透露了劉邦想要稱王於關中的野心，眾將士議論紛紛，項羽也是半信半疑，這時范增再添了一把柴，他告訴項羽：「劉邦本來一個老流氓，貪財好色，入了關中後竟然秋毫無犯，還與百姓約法三章，他志不在此啊，老夫觀察過他，有隱約的龍虎之氣，這可是天子的徵兆，不得不除！」

范增此時已經是項羽的亞父，項羽身邊第一智囊，作為叔父項梁的託

第六章　王的盛宴

孤大臣，范增的話很有分量。

劉邦能克制自己的貪欲，說明他有更大的野心。

項羽的情緒果然被調動起來了：「劉邦可惡，欺人太甚！」隨即下命令：「讓炊事班的戰士們準備大餐，好好犒勞一下弟兄們，吃飽喝足，明日一早踏平劉邦的軍營！」

而此時的劉邦絲毫也沒有感覺到，危險即將降臨到他的頭上。

此時此刻，項羽駐軍新豐鴻門，兵力四十萬，對外號稱百萬大軍；劉邦駐軍灞上，兵力十萬，對外號稱二十萬。一方是磨刀霍霍，殺氣騰騰，志在必得；一方則是高枕無憂，毫無戒備，坐以待斃。

如果沒有那個叫做項伯的人顧及朋友之義，忽發善心，猜想此後歷史就將被改寫了。

讓我們屏住呼吸，回到鴻門宴的前一天晚上，看看究竟發生了什麼。

項羽有個叔父叫項伯，跟張良有些交情。想當年，項伯出來混江湖時，不小心殺了人，就在項伯面臨逮捕判刑的危急關頭，張良挺身而出，動用各種關係救了他一命。

滴水之恩，當湧泉相報；救命之恩，當以命相報。張良目前就在劉邦的公司上班，項羽要率四十萬大軍蕩平劉邦的軍營，張良如何能夠安然脫困？朋友有難，做兄弟的不能撒手不管！

想到這裡，項伯頓覺熱血上湧，他連夜騎馬跑到劉邦軍中，私下會見了張良，把真相一股腦兒全告訴了他：「項羽明天就要打過來了，趕緊跟我跑路吧！」

面對好朋友的善意提醒，張良卻說：「不！劉邦是我的伯樂，我不能拋棄他。」

一轉身，張良就把這個消息告訴了劉邦。劉邦一聽，頓時冷汗就下來

了，急切地問張良：「子房，這可如何是好啊？」

張良思忖片刻，問劉邦：「是誰向您提出派兵守關這個主意？」

劉邦：「是個路人甲，他告訴我，守住函谷關，不要讓諸侯軍進來，我就可以占據整個秦地稱王了，所以我才信了他的話。」

張良：「你估量一下，自己的兵力敵得過項羽嗎？」

劉邦沉默不語，這不明擺著嗎？他忽然想起一事，問張良：「你怎麼會跟項伯有交情？」

張良微微一笑，答道：「我與項伯早有交往，項伯殺了人，我為他免了死罪，如今情況危急，幸好他來告訴我。」

劉邦想了想，問道：「你們兩人誰的年齡大？」

張良：「他比我大。」

劉邦一聽，面露喜色，對張良說道：「子房啊，麻煩你去把項伯請來吧，我有話要跟他說。」

張良回去叫項伯。項伯很尷尬，很糾結，劉邦跟他什麼關係都沒有啊，他是來救張良的，可是抵不上張良央求，那就見一面吧。

一見項伯，劉邦那是要多恭敬有多恭敬，要多熱情有多熱情，要多真誠有多真誠：「項大哥啊，以後我們就是親兄弟了。我現在有一兒一女，不知道您有幾個孩子，不如我們結個親家。聽說項王已經到了關中，我跟他之間可能有點誤會，您可千萬要幫忙解釋一下。我封了函谷關，那是為了替項王看家啊，是防止別人進來搗亂的。咸陽城、皇宮，這不都幫項王留著了嗎？我可是什麼也沒動啊，移交清單都準備好了，就等項王進城接收了，我對項王那都是一百個忠心啊，可千萬不能聽別人亂講話。」

劉邦的這番話說得漂亮，項伯被哄得心花怒放，哪裡還有其他想法，他滿口答應：「親家放心，我會跟項羽說的，只是，光我說也不管用，你

第六章 王的盛宴

明天一大早最好親自來面見項羽，再解釋一下。」

劉邦連連點頭，表示絕不誤事。

俗話說得好，吃人嘴軟拿人手短，酒至半酣的項伯又乘夜離開，回到軍營中，把劉邦的話一五一十全部報告給項羽，接著又為劉邦辯解道：「如果不是劉邦先攻破關中，你入關怎麼會這麼順利？人家立了這麼大的功，我們卻要揍人家，要置之於死地，這樣不行啊。要我看，不如對劉邦善待安撫，讓他為我所用。」

項羽做事一向沒主見，聽叔叔都這麼說了，只好答應取消次日的軍事行動。

雖然送走了項伯，但是劉邦深知，危機並沒有就此解除，明天的赴宴才是兩個男人的終極對決！

一個是戰無不勝、所向披靡的將門虎子，一個是深謀遠慮、知人善用的市井英雄。

楚漢爭霸，誰主天下？

中華歷史將往何處去？

所有這一切，都聚焦在兩千多年前新豐鴻門的那場宴會上。

命懸一線的飯局

第二天一大早，雞都還沒叫呢，劉邦早早地起床，帶著一百多名保鏢，到鴻門面見項羽。

一見面，劉邦就向項羽道歉：「我跟將軍合力攻秦，將軍在黃河以北作戰，我在黃河以南輔助。我也沒想到，自己走了狗屎運，竟然先入了

關，滅了秦朝，又在這裡見到了您。聽說您對我有點誤會，這一定是有小人挑撥離間，您可千萬別輕信啊！」

仔細回味，劉邦的這番話可謂是意味深長。

首先，劉邦強調了自己和項羽的同袍情，消除了項羽對自己的敵意，表明自己和項羽同為反秦起義的兩大主力軍，兩人屬於同盟關係。

其次，劉邦否認了自己搶先入關、想當關中之王的意圖，解釋自己是偶然間進入關中，把必然事件改成偶然事件，所以不存在所謂的「欲王關中」的流言。

既然劉邦沒有「欲王關中」的企圖，那麼項羽還如此整頓兵馬大動干戈，就有點下不來檯面了。不過沒關係，因為劉邦早就為項羽找好了臺階：「今有小人從中挑撥，破壞我與將軍您之間的團結，總之一句話：誤會，全都是誤會啊！」

劉邦把話說得不卑不亢，逢迎中又帶點委屈。話既然說到了這裡，項羽就不得不表態了，他對劉邦說道：「可不是嘛，這都是你手下的那個曹無傷說的，要不我也不會生這麼大氣。好了，都過去了，一塊進去喝酒吧。」

項羽輕飄飄的一句話，就出賣了曹無傷。

在項羽眼中，曹無傷不過是一個不忠不義的小人、牆頭草，這種人成事不足敗事有餘，完全沒有保護他的必要。

但是我卻從這句話裡看到了項羽的格局。

此時的項羽，擁兵四十萬，正是他人生最輝煌的時候。面對劉邦的乞求，完全可以付之一笑，畢竟彪悍的人生不需要解釋。可是，項羽卻總覺得面子上掛不住，竟然認真解釋了。

這一解釋，項羽就已經落了下風。

第六章　王的盛宴

　　大帳內，各人座次分明，項羽是主人，和項伯面朝東坐，亞父范增面朝南坐，劉邦是客人，面朝北坐，張良面朝西陪侍著。

　　帳內眾人各懷心思，我們不妨來一一特寫他們。

　　張良沒有喝酒，默默注視著項羽的一舉一動。

　　范增虛瞇著眼，眼中的精光卻直逼對面的劉邦。

　　劉邦明顯感覺到了范增身上散發出的那股強烈殺氣，不過他表現得很從容，屢屢舉杯向坐在西側的項羽敬酒，回憶著兩人並肩戰鬥的革命光輝歲月。

　　項羽的面容有些冷峻，一張凜凜生威的國字臉上，兩道濃眉下一雙虎目精光閃閃，氣勢凜冽，不怒而威。面對劉邦的殷勤致意，項羽有一搭沒一搭地回覆著劉邦的吹捧和讚揚，眉頭緊鎖，臉上陰晴不定。

　　范增一看項羽這架勢、那語氣、那眼神，心想：「沒有殺機啊，我之前的話都白說了？這可不行，必須要提醒項羽，殺掉劉邦！」

　　范增一直向項羽使眼色，看他沒反應，又舉起身上佩戴的玉玦向他示意，那意思是：「醒醒啊，趕緊動手吧！」

　　項羽什麼反應？他假裝視力不好，就是不吭聲。

　　范增心中一股怒意升騰上來，心中暗想：「劉邦一定不能活著離開這裡！既然項王如此優柔寡斷，心存婦人之仁要放過劉邦，那就讓我來做壞人吧！」

　　想到這裡，范增起身出去，叫來項莊：「項王為人心腸太軟，被劉邦糊弄了，你進去向劉邦敬個酒，然後就說為大家舞劍助興，乘機把劉邦殺死。這次要是讓劉邦跑了，將來你們都得被他殺了！」

　　項莊是項羽的堂弟，作為項羽麾下的武將一直追隨項羽南征北戰。范增找來項莊出頭，自然也是有他的一番考慮的，不論項莊在宴會上如何行

事，項羽也不會拿這個堂弟怎麼樣。

項莊聽完范增的建議後，沒有任何猶豫，手握劍柄掀開大帳，大步入內，敬了一圈酒，然後對項羽說道：「項王和沛公飲酒，軍營中沒有什麼可以娛樂的，就讓我來舞劍為諸位助興吧。」

項羽拊掌說道：「好！」

項莊拔出腰間寶劍起舞。劍甫出鞘，頓時一股劍光四溢，一把劍舞得如落雪梨花，只見劍光不見其人。就在眾人看得出神之際，項莊的劍倏然刺出，劍鋒所指，正是劉邦！

劉邦心中大驚，忙將身子往後一仰。「鏗！」一柄劍從旁掠出，接下了這一劍，將項莊震退數步。項莊抬頭一看，項伯不知何時立在他面前，手中橫著一柄劍。

項伯轉向項羽，微微笑道：「一個人舞劍有什麼意思？我也為項王和沛公舞劍助助興！」

項羽點了點頭。

項伯望著項莊，舉起了手中之劍。項莊心中驚詫不已，他和項伯是叔姪關係，項伯跳出來做什麼？如果失手傷了他，自己這罪過可就大了，所以他暗自手下留情。

兩劍相接，又是「鏗」的一聲，雙方身形立刻分開。每當項莊想刺向劉邦時，項伯就用身體掩護劉邦。項莊找不到機會刺殺劉邦，也不敢刺傷他的叔父。大帳內，一陣鏗鏘的雙劍交擊聲震耳欲聾，劍影飛騰，人影飄搖。再看劉邦，饒是在如此凶險萬分的境地下，他卻對近在咫尺的劍光熟視無睹，自顧自地飲著酒。

面對此情此景，張良坐不住了。

他站起身來，向項羽一揖，走出大帳，找來樊噲。此時的樊噲萬分焦

第六章　王的盛宴

急,卻又束手無策,一見張良出來,急忙迎上去:「裡面什麼情況?」

張良:「十萬火急!項莊舞劍,明顯就是要刺殺沛公!」

樊噲一聽說道:「我進去跟他拼了!」

樊噲拿起盾牌就往大帳內闖。交叉持戟的衛士想攔住他,樊噲側過盾牌往前一撞,嘩啦一聲,衛士們全都被推倒在地。就在眾侍衛手忙腳亂之際,樊噲已經闖進了大帳,對項羽怒目而視。

項羽抬頭一看,只見一個如黑熊般一身粗肉、怒髮渾如鐵刷、猙獰的胖大漢子如金剛般矗立在大帳中,瞪著銅鈴般的眼睛看向自己,心中也是吃了一驚。他下意識地握住劍,挺直身子,喝問道:「來者何人?」

張良連忙上前告罪,解釋:「回項王,這是沛公的貼身保鏢樊噲。」

項羽聞言,仔細打量著眼前的樊噲,眉頭漸漸舒展開來,讚道:「真是位壯士!賜他一杯酒!」

手下人為樊噲拎上來一桶酒。樊噲能喝,咕咚咕咚一飲而盡。

來者豪爽,正應了項羽的脾性,他一揮手:「再給這位壯士一個豬肘子!」

手下的人扛來一個大豬腿,生的。樊噲也不在意,將盾牌往地下一扔,把豬肘子往肩上一扛,拔出劍來邊切邊吃。

項羽都看傻了:「壯士,還能再喝嗎?」

樊噲朗聲說道:「我連死都不怕,還怕喝酒?秦王有虎狼之心,殺人無數,唯恐殺不完;加刑給人,唯恐用不盡,結果導致眾叛親離。楚懷王跟大夥兒曾有個約定:先入關中者為王。如今我家主公擊敗秦軍進入咸陽,財物絲毫沒有動,封閉秦王宮室,把軍隊撤回到灞上,等待大王您的到來。之所以派遣將士把守函谷關,為的是防備其他小毛賊。沛公如此勞苦功高,不僅沒有得到應有的賞賜,您居然還聽信小人之言,對沛公動了殺心,您這是卸磨殺驢啊!」

命懸一線的飯局

樊噲的一番話說得慷慨激昂擲地有聲，項羽被噎住了，讓樊噲先坐，半天沒吭聲。

酒過三巡，菜過五味，劉邦看著范增眼中越來越濃的殺氣，擦擦嘴，準備開溜了。他以上廁所的名義出了大帳，順便對樊噲使了個眼色。

樊噲緊跟著劉邦出了大帳，劉邦對他說道：「我們沒打個招呼，就這樣閃人，不太好吧？」

樊噲：「主公就別磨蹭了，做大事不必顧及小禮節，講大節無須躲避小責備，如今人家好比是刀子砧板，而我們好比是魚肉，還打什麼招呼啊，趕緊溜之大吉吧！」

一行人沿小路離開鴻門，讓張良留下來向項羽告別。

等了半天的項羽最終沒等來劉邦，倒是張良帶著一對白璧和玉斗回來了。張良一拱手：「沛公不勝酒力，已經先回去了，臨走前讓我獻上白璧一雙給您，這有一雙玉斗，是送給亞父的。」

等送走了張良，范增再也忍不住，拿過玉斗，狠狠地砸在地上，指著項羽的鼻子就罵：「豎子不足與謀！將來能得天下的必定是劉邦，我們這些人都要被他滅了！」

一場宴會就這麼匆匆忙忙結束了。

回到軍中的劉邦只做了一件事：「立即誅殺曹無傷。」

可憐的曹無傷，還沒弄明白怎麼回事，就成了劉邦的刀下鬼。

這就是中華歷史上知名度最高的一場飯局，同時也是一場精采的智鬥群戲，一直以來都受到文學家和藝術家，乃至編劇導演們的青睞。

這是一場兩個男人之間的對決，也是一部張良、范增、樊噲、項莊、項伯等謀臣武將之間的精采對決，范增的老謀深算、張良的機智冷靜、樊噲的粗中帶細，都留給人深刻印象，也暗示了將來歷史發展的軌跡。

第六章　王的盛宴

有一個問題爭論已久：鴻門宴明明是個絕好的刺殺機會，為什麼項羽要放虎歸山？為什麼不殺了劉邦？為什麼對范增的暗示視而不見？前一天，項羽還怒氣沖沖，動員全軍做好備戰工作，第二天去收拾劉邦，結果劉邦來了，三兩句話就讓他放下了戒心，兩人大碗喝酒，大口吃肉，好得跟親兄弟似的。

每當讀到鴻門宴，我都有一種分裂感、彆扭感，讓人忍不住想使勁搖醒他。

後世有人認為，鴻門宴上，項羽不殺劉邦實乃婦人之仁，每每讀到這段歷史時都扼腕嘆息，那麼好的機會居然錯過了！甚至有人把鴻門宴作為劉項爭天下的一個轉捩點：如果鴻門宴上，項羽能夠果敢堅決一些，將劉邦這個將來的心腹大患剷除，怎麼會有後來的「不肯過江東」的悽慘結局？

拋開後人對鴻門宴的種種附會解讀，當我重新審視這場「千古一宴」時，卻發現了一個關鍵問題：

首先，項羽其實並沒有殺劉邦的心理準備。

有人會說，這不是胡扯嗎？項羽如果不想除掉劉邦，前一日為何還要做緊急動員？

這就要說到項羽的性格了。項羽雖然外表孔武有力，但是做事沒主見，往往容易被別人牽著鼻子走。

項羽抵達函谷關時，發現劉邦已經占據關中，立即就生氣了。在打下函谷關後，劉邦的小弟曹無傷跑來告密，范增又加了一把火，項羽立刻就怒了，發出號令：「明早讓士卒吃個飽飯，我們去攻打灞上的劉邦軍隊。」

然而，項羽的叔叔項伯連夜向劉邦通風報信，劉邦趁機拉攏，項伯回去後就安撫項羽。經項伯一通勸說之後，項羽轉瞬就跟什麼事也沒發生過

一樣,既無戰鬥的安排,也無不戰的通告,兒戲似的。第二天一早,劉邦親自到項羽帳中請罪,項羽感覺面子上有點掛不住,一張口就出賣了曹無傷:「都是你的左司馬曹無傷跑來跟我說的,不然,我哪會這麼做?」

遇到強敵時,他可以暴怒到屠城,但是聽見句好話軟語,他連一隻螞蟻都捨不得踩死,劉邦深知他這一點。其實不只是劉邦,整個劉邦集團都明白他的軟肋。譬如韓信,垓下之戰時,韓信讓將士們唱起了楚歌,項羽一聽到歌聲,沒有經過任何調查詢問,立即確認楚地已經被漢軍占領,心理防線徹底崩潰,只想著和美人慷慨悲歌道別。

說到底,還是項羽內心的城堡不夠堅實。表面上看,他力能扛鼎,神勇無敵,但是內心卻很脆弱,很容易被人擊垮。

從另一方面來看,一場鴻門宴,其實是兩個創業團隊之間的PK,勝負早已注定。

我們先來看項羽的創業團隊。

項羽的團隊有三個骨幹:項羽、范增、項伯,項羽雖然是名義上的老大,但是由於自身的性格缺陷,他既領導不了飛揚跋扈的謀士范增,也管不了那自以為是的叔父項伯。

項伯意志最不堅定,做事全憑自己的喜好,一心只顧自己,沒有大局觀,行事我行我素。鴻門宴前一夜,項伯為了救自己的恩人張良,沒跟項羽說一聲就獨自一人跑到劉邦陣營通風報信,隨後在劉邦的一通糊弄下轉變立場,與對手結成了親家。鴻門宴中,項伯竟然挺身而出,公然用身體護著劉邦,幫助劉邦逃過一劫,簡直就是赤裸裸的背叛!

范增年紀大,看問題的眼光最尖銳,不容易被表象矇蔽,可惜這老頭脾氣不好,仗著自己有點本事,對團隊老大項羽缺乏應有的尊重,動輒破口大罵。而項羽的自尊心一向很強,遇上這樣的下屬,心中的不滿可想而知。

第六章　王的盛宴

說完項羽，再來看劉邦。

劉邦的創業團隊中人才濟濟，文有蕭何、張良，武有樊噲、曹參、夏侯嬰，還有一批跟他從沛縣出來的小弟。在鴻門宴這場歷史大戲中，出場的只有樊噲和張良。我們不妨來看一下這二人的表現。

先說張良。我們都知道，張良不是劉邦豐沛集團的元老，他是半路加入的，直到鴻門宴時，他的主公依然是韓王成，劉邦只不過是他的合作夥伴而已。張良首先是韓王的人，其次才是劉邦的人。在劉邦面臨危機的時候，張良完全可以一走了之，去找他的主公，但是他並沒有這樣做。

相反，他想盡一切辦法，為劉邦開脫，為劉邦支招。最後還主動留下來，為劉邦跑路爭取時間。

再看樊噲。樊噲本是一名屠戶，因為劉邦的賞識，才有機會從軍，當了一個小頭目。在很多人的印象中，樊噲是一個四肢發達、頭腦簡單的莽夫，但是在鴻門宴上，樊噲卻是最出彩的一個。在劉邦面臨危險時，他一把推開營帳外的守衛士兵，闖進了這場「權力交鋒」的飯局，面對力能扛鼎的英雄項羽，樊噲更是毫不怯場，怒目而視，歷數劉邦的功勞和項羽的失誤，大碗喝酒、大塊吃肉，讓一向自視甚高的項羽也心生敬佩，不得不對他禮讓三分。

經歷了鴻門宴的一番較量，項羽團隊內部已分崩離析，項伯臨陣倒戈，老范頭還在苦苦支撐，鴻門宴這盤政治大戲儼然成了范增一個人的獨角戲。再看劉邦這一方，張良與樊噲施展各自的本事，互相配合，分工合作，完美上演了一場金蟬脫殼的大戲！

劉邦的勝利，是團隊的勝利；項羽的失敗，是團隊的失敗。

項羽真的火燒阿房宮了嗎？

劉邦安全地回到了自己的大本營。

項羽在經過短暫的休整後，帶領部隊接管了咸陽。在咸陽，項羽主要做了這麼幾件事：屠咸陽、燒宮室、殺子嬰、滅宗族。

對秦朝的仇恨和敵對情緒激起了項羽內心深處破壞的惡念，他在咸陽大開殺戒，把復仇的鋒芒指向了關中地區的無辜百姓，讓他們來承受他滔天的怒火！

仇秦是項羽人生價值取向的重要內容之一。

秦滅六國，楚人認為楚國最冤，楚懷王客死於秦，項燕在衛國戰爭中被殺，楚地一直流傳著「楚雖三戶，亡秦必楚」的口號。作為楚國貴族的後代，國破家亡的強烈感受，自然是創痛深巨、刻骨銘心。所以，項羽從小就種下了對秦人不共戴天的仇恨和強烈的復仇意識。國仇與家恨，如同兩道烙印深深銘刻在項羽的心中，又如同兩座大山壓在項羽的肩上，而這與當時席捲全國的反秦起義目標完全一致，因而成就了他早期的輝煌。

了解了項羽的這種心理狀態，我們就可以理解他在入關後的種種行為。他殘暴對待的均是與秦王朝有關的一切，他似乎要消除現實中所有與秦相連繫的一切痕跡。似乎唯有如此，才能撫平他內心的傷痛。

從劉邦的斧鉞之下好不容易撿得一條命的子嬰，終究也沒能擺脫亡國之君的宿命。

子嬰在除掉趙高的計畫中展現了卓越的能力，如果早兩年上臺，說不定還有機會力挽狂瀾，只可惜他生不逢時，只當了四十六天的國君就做了秦王朝覆滅的背鍋俠。他躲過了劉邦的殺意，卻沒有躲過項羽的屠刀。

隨著項羽的一聲令下，一顆顆頭顱滾落一地，一場場大火沖天而起，

第六章　王的盛宴

照亮了黑壓壓的夜空，也照亮了關中百姓一張張蒼白、驚恐、絕望的面容。這數年的征戰到了最後，竟不是天下人所期盼的太平，而是一場災難！

咸陽城的大火三個月都不滅，煙青雲黑，遮天蔽日，所有美輪美奐、舉國仰為神聖莊嚴的宮廷建築都付之一炬、化為灰燼。秦始皇仿照六國宮殿建造的龐大建築群不復見於人類的眼簾，它們都消滅於無形，咸陽城內充滿了黑暗、陰鬱和肅殺之氣。

跟劉邦進城後的虛偽相比，項羽簡直就是土匪進村的節奏！

提到火燒秦宮，我們有必要澄清一個流傳千年的誤傳，那就是，項羽火燒阿房宮原是杜牧大詩人杜撰，而真正的阿房宮根本就沒有建成。

上中學的時候，我們就學過唐代大詩人杜牧那篇有名的〈阿房宮賦〉，那華麗的辭藻和句子讓我們過目難忘，我們來看看杜牧筆下的阿房宮的宏偉氣勢：

「六王畢，四海一，蜀山兀，阿房出。覆壓三百餘里，隔離天日。驪山北構而西折，直走咸陽。二川溶溶，流入宮牆。五步一樓，十步一閣；廊腰縵回，簷牙高啄；各抱地勢，勾心鬥角。盤盤焉，囷囷焉，蜂房水渦，矗不知其幾千萬落。長橋臥波，未雲何龍？複道行空，不霽何虹？高低冥迷，不知西東。歌臺暖響，春光融融；舞殿冷袖，風雨淒淒。一日之內，一宮之間，而氣候不齊。

妃嬪媵嬙，王子皇孫，辭樓下殿，輦來於秦，朝歌夜弦，為秦宮人。明星熒熒，開妝鏡也；綠雲擾擾，梳曉鬟也；渭流漲膩，棄脂水也；煙斜霧橫，焚椒蘭也。雷霆乍驚，宮車過也；轆轆遠聽，杳不知其所之也。一肌一容，盡態極妍，縵立遠視，而望幸焉。有不得見者，三十六年。燕、趙之收藏，韓、魏之經營，齊、楚之精英，幾世幾年，剽掠其人，倚疊如山。一旦不能有，輸來其間。鼎鐺玉石，金塊珠礫，棄擲邐迤，秦人視之，亦不甚惜。

項羽真的火燒阿房宮了嗎？

嗟乎！一人之心，千萬人之心也。秦愛紛奢，人亦念其家。奈何取之盡錙銖，用之如泥沙？使負棟之柱，多於南畝之農夫；架梁之椽，多於機上之工女；釘頭磷磷，多於在庾之粟粒；瓦縫參差，多於周身之帛縷；直欄橫檻，多於九土之城郭；管弦嘔啞，多於市人之言語。使天下之人，不敢言而敢怒。獨夫之心，日益驕固。戍卒叫，函谷舉，楚人一炬，可憐焦土！」

然而，很可惜，這一切都是後人的想像。事情的真相是，項羽並沒有燒阿房宮，原因也很簡單，阿房宮連前殿都沒有建成。

這話不是我說的，而是考古發掘的結果。

在20世紀初對阿房宮的考古發掘中，考古工作者在阿房宮前殿遺址二十萬平方公尺的勘探面內只發現了幾處紅燒土遺跡，未見大面積的紅燒土、草木灰以及瓦當殘片，而這本來應該是建築物遭到大火的焚燒後留下的遺跡。

鴻門宴後的項羽聲威大震，那是他人生中最為風光的一段日子。在將首都咸陽燒殺擄掠一番，出了積壓在自己胸中多年的對暴秦的怨氣後，項羽有些徬徨和茫然。思之再三，他決定帶著從咸陽搜取來的金銀財寶和美貌女子東歸。

「我要回家，回老家徐州。」

作為一個土生土長的楚國人，項羽對家鄉有著非常深厚的感情，他想念家鄉的山山水水，此刻的項羽就像一個出門在外打拚多年的打工者，在外面賺到錢了，只想回家蓋房子娶媳婦。至於咸陽城，對於項羽沒有絲毫的吸引力。

秦地的百姓對項羽非常失望。

此時，有一個名叫韓生的讀書人勸項羽：「關中依恃山川河流為屏障，

第六章　王的盛宴

四面都有險要可守，土地肥沃，將軍何不在此地建都稱霸？」

項羽卻回絕了韓生的提議：「富貴不還鄉，就好比是穿著好衣服在夜間行走，誰能看得到？」

韓生大失所望，沒有想到心目中的大英雄竟然是這樣一個目光短淺的人，回去後大發牢騷：「人家說楚人像是猴子戴上人的帽子，遠遠看著像個人，走近了一看，不過是一隻猴子，果然如此！」

此時的項羽頭腦發熱，自認為天下無敵，在聽到這話後，登時怒火中燒：「敢罵我是猴子，我先把你變成猴子！下令將韓生殺了。」

做完這一切之後，項羽終於舒了口氣，他這才想起遠在彭城還有一個楚懷王羋心。不管怎麼說，楚懷王畢竟是自己項氏家族立的名義上的天下之主，自己做任何決定，都有必要跟這位楚懷王象徵性地請示一下。

想到這裡，項羽決定派人去彙報請示楚懷王：「下一步怎麼辦？」

或許是羋心對項羽殺宋義奪權兵變仍耿耿於懷，他並不買項羽的帳：「按既定方針辦。」

什麼是既定方針？先入關中者王。

楚懷王的意思再明確不過了，我們之前當著天下群雄諸侯的面前都約定好了的：「先入關中者為王」，既然是劉邦率先奪取關中，獲得秦地，那這關中王的名號只有送給劉邦了。

楚懷王擺明就是不給項羽面子。

項羽很生氣，逢人就說：「楚懷王是我們項家扶起來的，推翻暴秦，他可曾有一點點的功勞？他沒有！反秦大業之所以能有今天的局面，是因為我和你們披堅執銳，餐風露宿，在荒地裡激戰了三年之久。擊敗秦朝，平定天下，是我和你們大家的功勞呀！」

眾將領一致贊同，紛紛點頭稱是：「項大哥說得對呀！」

這年正月，項羽尊楚懷王為義帝，派人告訴他：「按照古制，帝王都居住在江河的上游地帶，所以你應該搬到湖南的郴縣，以匹配義帝的新頭銜。時候也不早了，你早點動身吧！」

排排坐，切蛋糕

接下來，項羽將面臨一個重大難題：按什麼樣的規則來重建未來天下的秩序？換句話說，天下這塊大蛋糕該如何切分？

我們都知道，在反秦鬥爭中，楚國為了替秦王朝樹敵，先後認可或扶植了其他五國的政權，分別為：趙國、燕國、魏國、齊國、韓國。在剛剛結束的反秦鬥爭中，除了魏王豹親自率軍隨從入關外，各國的諸侯們都只派了小弟參戰，這些人出力或多或少，功勞有大有小。而此時的天下就像一塊肥肉，不論有功無功，很多人都想來分一塊。

秦朝滅亡後，項羽成為天下實際主宰，很多人都在猜測，中國歷史將向何處去？

其實在當時的情況下，擺在項羽面前的只有兩個選擇：

A：回到戰國。

B：建立帝國。

乍一看，很多人都會下意識地選擇第二種解決方案，像秦帝國那樣，建立一個統一集權的專制國家，由自己黃袍加身做皇帝。

實際上，這種選擇在當時是不太現實的。

我們在讀這段歷史的時候，常常認為楚漢戰爭只是一場普通的爭霸賽，雙方懷著同樣的目的，都想殺掉對方，登基稱帝。

第六章　王的盛宴

但是其實，這是一種誤解。

要知道，在當時，皇帝制度是很偶然萌生的全新的政治事物。大一統的觀念是在漢武帝時期才形成的，在秦末的那場天下劇變中，大多數人並沒有想著去建立一個國家，而是廢除皇帝，由原先六國的各個諸侯及地方實力派管理自己的國家。雖然秦始皇第一個創立了皇帝制度，但是現實中秦王朝的空前暴虐和迅速失敗，無疑使皇帝這個別出心裁的新頭銜威風掃地，他所統治所代表的統一中央集權國家並不能帶給出身列國的豪傑和人民任何美好的吸引力。

因此，雖然陳勝是第一個帶頭起義的人，但是緊隨其後的反秦主力卻是齊、楚、燕、韓、趙、魏等六國宗室後裔。他們之所以起兵反秦，不過是心心念念想著自己復國的歷史使命。當皇帝？開玩笑呢，秦王朝二世而亡，這種制度有什麼好？

從項羽這一方來講，他本人也沒有足夠的實力與威望稱帝。

首先，要說項羽的嗜殺。

項羽在起兵之初，心中就有對秦人不共戴天的仇恨和強烈的復仇意識。在這種意識的支配下，項羽對待秦軍和秦人非常暴戾。《史記·項羽本紀》記載了項羽對平民與降卒的六次大屠殺，全部都是戰勝之後駭人聽聞的屠城與殺降。

楚懷王羋心曾對小弟們說過一句話：「項羽為人，剽悍猾賊！項羽嘗攻襄城，襄城無遺類，皆坑之！諸所過之處，無不殘滅！」因而堅決不贊同項羽進兵咸陽，而主張「寬大長者」劉邦進兵咸陽。試問，這樣一位暴戾與自負的殺人英雄，百姓會誠心歸附他嗎？鑒於項羽在入關後的種種作為，關中百姓早就對他大失所望了！

其次，項羽的實力並沒有表面看起來那麼強大。

> 排排坐，切蛋糕

項羽在鴻門宴後成為實際上的天下之主，支配了天下諸侯，但是關外的大片領地基本掌握在舊貴族勢力的手中，他們都有各自的部隊，項羽真正控制的地盤僅有關中而已。如果項羽想當皇帝，就必須用武力奪回各諸侯手中的土地，他雖然有四十萬軍隊，但卻是一支成分複雜的諸侯聯軍，雖然跟他入了關，其實大部分不是他的部屬。如果他想用這支部隊去搶地盤，極可能會激起反叛。

基於上述考慮，項羽思之再三，奇蹟般地找到了第三條路：稱霸王，成霸業！

要知道，霸主可不同於共主，共主相當於春秋時期的周王，擁有對天下的名義統治權，天下諸侯尊崇之，而霸主則相當於春秋五霸，齊桓、晉文、楚莊之流，依靠強大的軍事力量，獲得一時的對天下的控制權、決定權。

既然要當霸王，那接下來的一切就順理成章了。

為了重新洗牌，項羽把是否隨從他破敵入關作為衡量軍功的一個重要標準，開始分封天下各路諸侯。

要分封天下，首先得解決劉邦的問題，也就是該如何安置劉邦。

當初，楚懷王在派出兩路滅秦部隊之時，就曾與眾人約定：誰先進入關中，就封他做關中王。既然劉邦首先接管了秦都咸陽，按理說，這關中之王非劉邦莫屬。可是，在項羽這裡，這顯然是不可能的事。如果不是自己率兄弟們打贏了鉅鹿之戰，招降了章邯，消滅了秦軍主力，你小子哪有機會搶先入關？

作為領導者，項羽一點也沒有客氣的意思，他先封自己為西楚霸王，將都城定在了彭城。

自己的地盤妥了，項羽左右看看，該輪到劉邦了。

第六章　王的盛宴

對於劉邦，項羽在與謀臣范增計議後做出了一個決定：「你不是想當關中王嗎？巴蜀也是關中之地，你就去巴蜀稱王好了。」

乍一聽，巴蜀地區可是個好地方啊，不好意思，那說的是近現代。

在當時，巴蜀地區十分偏遠，人跡罕至，屬於鳥不拉屎的地方。為了防止劉邦不老實，從巴蜀地區偷偷跑出來，項羽把關中分為三塊，封章邯為雍王，管理咸陽以西的土地；司馬欣為塞王，管理咸陽以東至黃河；董翳為翟王，管理上郡地區。

這三人都是項羽的手下敗將，占據了關中地區，像三把大鎖，將劉邦牢牢鎖在了偏遠的巴蜀。

「劉邦，以後你就在巴蜀老老實實的吧，沒事就不要出來瞎蹓躂了。」

劉邦內心一萬隻羊駝奔騰而過！

在安排完劉邦的封地後，項羽將原來的七國土地重新分配，除了留一塊給六國的王室後裔外，其餘的全都賞給了和他一起入關的功臣們，具體如下：

魏王豹，封為西魏王，管理河東郡。

申陽（曾經接應過楚王），河南王。

韓王成，韓王（繼承家業）。

司馬卬（趙將，有戰功），殷王。

趙王歇（繼承家業），代王。

張耳（跟隨入關，有功勞），常山王。

英布（老部下），九江王。

吳芮（老部下兼老部下的岳父），衡山王。

共敖（老部下兼楚國元老），臨江王。

韓廣（楚國元老），遼東王。

臧荼（跟隨入關），燕王。

田市（繼承家業），膠東王。

田都（跟隨入關），齊王。

田安（老部下），濟北王。

作為一位特別自戀和自負的勝利者，項羽要占據有利的地緣格局，以此作為未來項家天下的實力資本，以便控制他所設計的新天下。為此，他特意挑選了梁、楚之地最富庶的九個郡，建都彭城。

項羽看了看分封的名單，很滿意。可是有人不滿意，而且還不止一個！

第六章　王的盛宴

第七章
屈就漢王

第七章　屈就漢王

蕭何跑路了

當劉邦聽到自己被封到巴蜀之地後，心態頓時就變了。

要知道，自古蜀道艱難，秦朝一直是把那地方當作貶謫流放之地，巴蜀地區地勢崎嶇、交通閉塞，秦惠文王時期，司馬錯攻取巴國，始置巴、蜀及漢中郡。唐代大詩人李白面對蜀道的艱險，曾發出過這樣的感嘆：

「蜀道之難，難於上青天！蠶叢及魚鳧，開國何茫然！爾來四萬八千歲，不與秦塞通人煙。西當太白有鳥道，可以橫絕峨眉巔。地崩山摧壯士死，然後天梯石棧相鉤連。上有六龍回日之高標，下有衝波逆折之回川。黃鶴之飛尚不得過，猿猱欲度愁攀援。青泥何盤盤，百步九折縈岩巒。捫參歷井仰脅息，以手撫膺坐長嘆。」

一句話，蜀道太難走了。

劉邦很生氣，說什麼也不肯接受這個結果，提了菜刀就打算出去跟項羽單挑，手下的一幫兄弟樊噲、周勃等人也紛紛鼓動劉邦跟項羽打一架。好在蕭何的頭腦一直很清醒，他連忙拉住了劉邦：「到巴蜀稱王，是委屈了些，但是也比自找死路要好嘛！」

劉邦很鬱悶：「我怎麼就自找死路了？」

蕭何：「我們現在的實力遠不如項羽，倘若貿然進擊，肯定會吃敗仗，這難道不是自找死路嗎？《周書》中有這樣的話：天予不取，反受其咎。古語也稱天河為天漢，而今你被封為漢王，這正是以漢配天的美稱啊！況且古代的賢明君主如商湯、周武王，在形勢不利時，無不能夠暫時屈從於暴君夏桀、殷紂之下，而最終獲得萬民信賴，從而成就百年基業。我希望主公也能像先賢那樣，忍辱負重，先到漢中安撫百姓，招攬英才，治理好巴蜀之地，再回來收復關中，這樣統一天下就有望了。」

蕭何跑路了

經過蕭何這麼一說，劉邦的頭腦漸漸清醒，他這才決定忍一忍。其實劉邦也知道，此時與項羽決戰，猶如拿雞蛋去碰石頭，無異於送死。

這一日，張良來見劉邦，向他告辭。

雖然心中萬分不捨，但是劉邦還是很痛快，賞賜張良黃金百鎰、珍珠二斗，聊表自己的心意。

張良感念劉邦的知遇之恩，一轉身，就把這些東西送給了項伯，讓他在項羽面前說說好話，把漢中地區也送給劉邦。

這一年，劉邦受封漢王，雖然心裡老大不高興，但還是服從安排，帶著三萬人踏上了去往巴蜀的路。張良也很夠意思，一直送到了褒中，他見此處群山環抱，沿途都是懸崖峭壁，只有棧道凌空高架，別無他途，向劉邦提了個建議：「沛公何不燒斷所經過的棧道，向天下表示不再回來的決心，以此穩住項王的內心？」

劉邦一聽，頓時豁然開朗，燒毀入蜀的棧道，不但可以表明自己無東顧之意，消除項羽的猜忌，同時也可以防備他人的襲擊，真可謂是一舉兩得。

劉邦依計而行，行進途中，燒斷了所有經過的棧道。

張良不知道，自己跟隨劉邦入漢中這個舉動激怒了霸王項羽。

送走張良後，劉邦的內心十分失落，被發配到巴蜀這個蠻荒之地，他不知道自己的出路在哪兒，腳下的路該往哪兒走。面對上依絕壁、下臨深淵的棧道，劉邦有點迷茫了。

與劉邦同樣迷茫的，還有他的小弟們。

劉邦的部下大多是江蘇人，包括劉邦本人在內，家屬都留在老家。「大夥兒之所以追隨劉邦，不就是指望著將來有一天你發達了，弟兄們能跟著你升官發財、衣錦還鄉嗎？現在可倒好，跟著你劉邦，別說肉了，湯

第七章　屈就漢王

都沒喝著，弟兄們的前途在哪裡？」

一路上，很多人紛紛三五成群地結伴當了逃兵。眼看著隊伍人心渙散，劉邦也很著急，卻想不出什麼辦法。

這種不安的情緒在軍中迅速蔓延，逃跑的士兵越來越多。要知道，劉邦入漢中時只帶了三萬士兵，如果再這樣下去，到巴蜀時劉邦就成光桿司令了。

劉邦、蕭何等人都憂心忡忡，到了南鄭之後，一點人數，發現士兵逃亡比自己想像的還要嚴重，連將領也跑了一大半。

就在隊伍人心渙散之際，一個消息傳來：「蕭何跑了！」

劉邦一聽，頓覺天旋地轉，差點從椅子上摔下去。蕭何對於劉邦的重要性不言而喻，別人逃跑，劉邦可以無動於衷，唯獨蕭何不能！「做人得厚道，我們可是一起從沛縣出來的好哥們兒啊！這樣下去，巴蜀也不用去了，隊伍趁早解散算了！」

隔了幾天，又有人來報，蕭何回來了。

劉邦瞬間從地獄到了天堂，趕緊把蕭何叫進來罵了一頓。作為老搭檔，蕭何的不辭而別對他傷害太大，不罵不足以出這口氣。

蕭何也不吭聲，等劉邦罵完了，才慢悠悠解釋：「我沒逃跑，我是去追逃跑的人。」

劉邦更加生氣了：「之前跑了那麼多軍官你不追，誰這麼有面子，還勞煩你蕭大人親自去追啊？」

「韓信。」

「韓信？」

劉邦快速在腦子裡想過一遍，這個名字他有印象，之前夏侯嬰、蕭何都曾經推薦過，但是劉邦一直覺得這個人名不副實，所以也沒怎麼當回事。

劉邦質問蕭何：「這種人跑了就跑了，幹嘛要你親自去追？」

「因為這個人很厲害。」

「有多厲害？難道比你還厲害？」

「韓信此人，舉世無雙！主公若想一輩子待在巴蜀倒也罷了，若是想奪天下，非要重用韓信不可！」

「胯下之辱」的真相

韓信到底是何方神聖？

韓信是楚國人，家住淮陰縣。

韓信父母早喪，家中一貧如洗。年輕時的性格放縱而不拘禮節。既當不了官，又無經商謀生之道，由於運氣不好，常常依靠別人餬口度日，許多人都討厭他。韓信的母親死後，無錢辦喪事，然而他卻執意尋找又高又寬敞的墳地，要讓那墳地四周可安頓得下一萬家。

年輕時的韓信窮困潦倒，就跟今天畢業即失業的年輕人一樣，沒有工作，沒有飯吃，日子過得很艱難。此時此刻，韓信沒有遠大理想，他只想活下去。

母親在世時雖然日子也很辛苦，但是好歹還有人照料起居。母喪後，韓信發現自己生活都成了問題。沒有飯吃，不要緊，只要臉皮夠厚就行了。應該說，韓信的臉皮特別厚實，比城牆還厚三分。

終於有識才之人出現了，這也是韓信人生中的第一個知己。這個人是鄉里的亭長，覺得韓信有點小才，也許將來有機會發達，想結交一下。

就這樣，韓信便跟隨亭長了，不是混日子，而是混飯吃。

第七章　屈就漢王

韓信也不當自己是外人，自那以後天天去亭長家蹭飯吃，一連吃了好幾個月。亭長心裡苦啊，但是又愛面子沒有趕他。亭長的妻子不開心了：「我家又不是開飯館的，哪能經得起你天天白吃白喝！」

辦法總是有的。這一天，亭長的妻子早早做好了飯，在臥室裡就吃完飯了。到吃飯的時候，韓信準時趕來，卻發現沒人準備伙食，鍋裡一點都沒剩。亭長的妻子對他視而不見，亭長也在一旁默不作聲，自顧自地忙著，一副沒有看見韓信的樣子。

韓信很生氣，發誓再也不去亭長家了，把亭長一家拉入黑名單。白吃白喝得這麼囂張，韓信也是古今第一人了。

心比天高、命比紙薄的韓信淪落到四處寄食，面對旁人冷眼惡語，面對殘酷的現實，支撐他的除了夢想，恐怕就僅僅剩下那股骨子裡的傲氣了吧！

沒蹭到飯，不爭氣的肚子又開始咕咕叫了。韓信尋思著：「到哪兒去弄點吃的祭祭五臟廟呢？」韓信走出淮陰城，迎面看到一條寬闊的河。韓信腦中靈光一閃：「有河就有魚，對了，我去釣魚！」

釣魚界的祖師爺應該是姜子牙，外號姜太公。姜太公釣的不是魚，也不是寂寞，而是天下。相比之下，韓信的目的就單純很多，簡單粗暴，一字概括：吃。

可能是韓信釣魚的技術實在太差，他在河邊等了一天，一條魚也沒釣上，只餓得韓信頭暈眼花。

河邊有幾個老婆婆常在那裡洗衣服，其中一個看韓信太餓了，拿出自己的食物分給他一點。韓信飢不擇食，狼吞虎嚥地吃了起來。

老婆婆洗了幾天衣服，韓信在河邊就蹭了幾天飯。

一次，韓信吃完飯，向老婆婆鞠了個躬：「承大娘厚待，我韓信永生難忘，將來等我發達了，一定會報答您老人家的！」

「胯下之辱」的真相

老婆婆聽了，並不領他的情：「大丈夫連自己都養不活，我是可憐你才給你飯吃，難道是希望你報答嗎？」

說完，拿了洗好的衣服轉身離去。

韓信很羞愧，但是也因此更加敬重她。

韓信無所事事，他每天都會揹著一把泛著冷光的長劍，手捧一卷竹簡兵書，在大街上邊走邊看。他從東街走到西街，又從南街走到北街。這卷兵書在他身邊許多年，他已經能倒背如流了，但他還是覺得裡面奧妙無窮，常讀常新。

人人都看不起他，因為他又窮又驕傲，唯一能讓他挺起腰桿走路的就是他有把劍。

是的，韓信身上有一把劍。

在當時，只有貴族才能佩劍，劍是一種身分的象徵，一般不作為兵器。當時的冶煉技術不發達，鑄造一把劍成本可不低，韓信這樣的貧民是不會專門買把劍充門面的，所以這把劍最有可能是家傳之物。

換句話說，韓信的身分並不一般，很有可能是一個落魄貴族。

韓信的特立獨行有沒有讓你想起一個人？沒錯，就是魯迅筆下的孔乙己。

孔乙己是社會的邊緣人、失敗者。他上面是穿長衫坐著喝酒吃菜的知識分子，他下面是站著喝酒穿短衫的莊稼人。在那個愚昧而困頓的鄉下，孔乙己是那樣特立獨行，是站著吃酒而穿長衫的第一人。他不願當農民，好吃懶做，不願與農民為伍。

農民自然也因了他的態度而反感，瞧不起他：「你有什麼資格瞧不起我們農民？丁舉人我們不敢揍，但是揍你可是綽綽有餘。」

和孔乙己一樣，在外人眼中，韓信整天揹著一把劍，捧著一卷書，在大街上旁若無人地走來走去，這種對自我身分不恰當的認知，足以構成對

第七章　屈就漢王

於他們的侵犯。不就是你爺爺的爺爺厲害過嗎？不也早沒落了？最看不慣你這種樣子了。

淮陰的一屠戶看他不順眼，堵住了他：「你雖然長得高大，喜歡佩帶刀劍，其實是個膽小鬼。你要是不怕死，就拿劍刺我；如果怕死，就從我褲襠底下鑽過去。」

說著便叉開兩腿，作騎馬式，立在街上。

街上圍觀的百姓鬨然大笑，都等著看韓信的笑話。

這是一個尷尬的時刻。

「士可殺，不可辱。」這是幾千年來知識分子尊奉的人生信條。你可以殺了我，但是不能侮辱我的人格。

而現在，眼前這個蠻橫的屠戶就在挑戰韓信的底線。

有沒有覺得這一幕似曾相識？沒錯，《水滸傳》中的楊志也曾遇到過這樣的無賴，他的名字叫牛二。

楊志因丟了花石綱，被高俅趕了出來，盤纏用盡，只好賣祖傳寶刀。牛二酒後上前糾纏，無理取鬧，威脅楊志：「你好男子，剁我一刀！」

看看，連臺詞都幾乎一模一樣。

牛二要奪刀，楊志當然不給。結果大家都知道了：牛二被楊志一刀殺了。

此刻，面對同樣的無賴，韓信會怎麼做？

韓信也不生氣，定睛仔細看了那滿臉虯髯的屠戶半天，看得屠戶心裡都快發毛了，這才默默地趴下身子，從他褲襠下慢慢爬過去。

旁邊的人都看傻眼了，韓信竟然真的選擇了爬過去，「懦夫」、「無能」、「膽小鬼」……滿大街的人，都笑得很開心。

韓信默默地站起身，拍拍身上的土，淡然一笑，轉身離去。

千百年來，無數人在讀到這個故事時，紛紛稱讚韓信，說他能忍常人不能忍之事，才有了後來的成就。

然而，我卻從這個故事中讀出了另外一種味道：永遠不要與爛人爛事糾纏。

人走在路上，不可避免要撞上牆。因為有時候，牆是活的。可是別忘了，人也是活的，沒必要非得往牆上撞，因為你注定撞不過牆。

有人說，當你凝視深淵的時候，深淵其實也在凝視你。如果你在爛事上糾纏一輩子，那麼你也將一直生活在爛事裡。要知道，不是所有的魚，都生活在同一片海洋。

如果韓信當時和這個屠夫賭氣，殺了人，日後哪裡還有機會和西楚霸王爭雄呢？

韓信不想與這些爛人糾纏，他最大的夢想就是離開這裡，到更廣闊的舞臺上去。

夢想的舞臺在哪裡

對於平民百姓而言，活在亂世是不幸的，但是對於英雄而言，亂世才是他們揮灑熱血與夢想的舞臺，他們的韜略與夢想，在亂世裡才能得到最大程度的變現。

對於韓信而言，他即將迎來這樣一個亂世。

陳勝、吳廣起義後，項梁渡過淮河北上，韓信此時也帶著一腔抱負投奔了項梁，做了一個無足輕重的小官。項梁死後，韓信又歸屬項羽。他覺得發揮自己才能的時機到了，多次向項羽建言獻策，不料項羽都不予採納。事

第七章　屈就漢王

實上，項羽本人缺乏斷事和識人的靈氣，他看不到韓信身上的潛質，估量不到韓信的分量，只安排了一個站崗的角色。

在項羽那裡，韓信感覺沒有前途，自己的才能得不到施展，整天鬱鬱不得志。他已看出，項羽此人眼高於頂、志大才疏，注定成不了大事。而劉邦的創業團隊人才聘用很靈活，雖然團隊規模尚小，眼下的發展遇到了困難，但是發展潛力很大。

下定決心後，韓信從項羽集團辭職，正式加入了劉邦的創業團隊。

韓信跳槽成功，卻依然不受人重視。在劉邦軍營，韓信只做了管理倉庫的小官，依然默默無名。日子就這樣一天天過去，韓信幾乎都要絕望了。

有一次，韓信因獲罪要被斬首，十幾個人跪成一排，前面的人一個個被手起刀落斬殺了。要是一般的人，早已經嚇得不行了，但韓信不是，他還不想放棄！

韓信一抬頭，正好看到劉邦的哥兒們夏侯嬰從旁邊經過，立即大聲說道：「漢王不是要一統天下嗎？為何要殺掉壯士？」

還真別說，韓信這麼理直氣壯的一吼，真救了自己的性命。

夏侯嬰聽到了他的話，覺得此人說話不同凡響，他上前仔細打量了一下這個要被砍頭的小夥子，相貌確實與眾不同，從他的臉上看不出一絲面對死亡的恐懼，反倒是滿臉的不甘心。

那一瞬間，夏侯嬰腦海中閃過一個念頭：「這個人，不簡單！」

夏侯嬰叫停了行刑隊，將韓信帶到一旁，對他進行了初步的面試。兩人一聊，夏侯嬰發現此人對行軍布陣確實很有研究，確實是個人才，於是把他推薦給劉邦。

劉邦在聽完夏侯嬰對韓信的介紹後，並沒有太大的反應，只是輕輕地「哦」了一聲。在劉邦眼裡，每天等在門口求職的人太多了，這些人都只

夢想的舞臺在哪裡

有嘴上功夫,實際辦事能力還要打個問號。既然是夏侯嬰推薦的,那就幫他升個官,封他做個治粟都尉,去管理漢軍的糧餉吧!

韓信當然不甘心當個糧倉管理員,很快,他又認識了劉邦的得力助手——蕭何。作為劉邦團隊最優秀的 HR,蕭何的本職工作就是為公司發現人才、招攬人才。兩人聊了幾次,蕭何發現韓信對兵法韜略有非常獨到的見解,是個難得的軍事人才,便極力向劉邦推薦。

一連多次推薦,但是劉邦每次都是聽聽,並沒有重用的意思。

幾天過去,韓信依然還是個糧倉管理員的角色,這可不是他的理想,他想要當大將軍!此處不留爺,自有留爺處。

金鱗豈是池中之物,一遇風雲便化龍!

這種人,需要的只是一個機會。

夢想還有多遠?韓信不知道,他只知道,長劍上的鏽跡越來越多,僅有的一身單衣越來越破,這種永無止境的等待簡直就是在浪費生命。他知道,是時候離開了。

一個月明星稀的夜晚,韓信悄悄收拾好行裝,離開了漢營。

蕭何得知韓信出走後,急出了一身冷汗,來不及報告劉邦,他急忙騎了一匹快馬,連夜追出。別人不知道韓信的價值,蕭何可知道!韓信此人對兵法韜略有著極高的天賦,如果今天讓他走了,將來相逢在戰場上,對漢軍將是大大的不利!

元代有個雜劇,名為《蕭何月下追韓信》,裡面精采呈現了韓信懷才不遇、壯志未酬的內心世界:

「恨天涯流落客孤寒,嘆英雄半世虛幻。坐下馬空踏遍山水雄,背上劍枉射得鬥牛寒!恨塞於天地之間。雲遮斷玉砌雕欄,按不住浩然氣透霄漢!

第七章　屈就漢王

　　回首青山，拍拍離愁滿戰鞍；舉頭新雁，呀呀哀怨伴天寒。止望學龍投大海駕天關，劃地似軍騎羸馬連雲棧。且相逢，覷英雄如匹似閒，堪恨無端四海蒼生眼！

　　干功名千難萬難，求身仕兩次三番。前番離了楚國，今次又別炎漢，不覺的皓首蒼顏。就月朗回頭把劍看，忽然傷感默上心來，百忙裡搵不乾我英雄淚眼！」

　　蕭何騎著馬，長途跋涉，終於追上了韓信，兩人有了一番長談。在蕭何真誠的挽留之下，韓信同意了回歸漢營的請求。

　　兩天以後，蕭何帶著韓信，回到了漢王軍營，這才有了故事開頭那一幕。

　　生完氣的劉邦這才知道蕭何一心為公，於是給了他一個臺階下：「既然你這麼看重這個韓信，看在你的面子上，封他做個將軍吧。」

　　蕭何搖搖頭，他明白將軍之位不足以打動韓信，他知道韓信的才能和自我期許的程度。

　　「即使讓他做將軍，韓信也一定不肯留下來的。」

　　「那你說怎麼辦？」

　　「主公不如封他做個大將軍吧！」

　　劉邦想了想：「就聽你的。」

　　「這還不夠。」

　　劉邦氣鼓鼓道：「還不夠？他還想怎麼樣？」

　　蕭何道：「主公一向喜歡說大話，待人傲慢無禮，隨便這麼一說，沒有說服力。主公如果誠心想封他做大將軍，就該揀個好日子，自己事先齋戒，搭起一座高壇，然後召集所有文武百官，舉行隆重儀式，給足韓信面子，讓大家知道主公重視他，這樣才能留得住他啊！」

千金易得，一將難求

經過一番討價還價，劉邦總算同意了蕭何的請求。

為什麼比猴還精的劉邦會如此慷慨？

很多人認為，是劉邦慧眼識人，相信蕭何識人的眼光，這才放心讓韓信當大將軍的。

但是我個人覺得，這個理由不夠充分。

大將軍的位子何其重要？這幾乎等於三軍總司令了，劉邦怎麼可能放心把自己的部隊交給一個還沒見過面的韓信？

我個人認為，劉邦此舉，與其說是大度，不如說是無奈。因為，眼下他確實混得很慘。

在前往巴蜀的路上，隊伍鬥志渙散，誰都想回家，不斷有人跑路。

鬧革命，什麼最重要？信心最重要！劉邦封韓信為大將軍，目的在於幫助大家重拾信心：「只要跟著我，下一個一步登天的說不定就是你！你們要對自己有信心！」

除此之外，劉邦將韓信推到前檯，其實也是無奈之舉。因為，眼下他的隊伍中，骨幹人員流失太大，實在是沒有能獨當一面的人才了。

有人會說，不是還有樊噲、周勃等人嗎？

很可惜，這些人，只能算是將才，不能算是帥才。

將才和帥才，有區別嗎？

當然有！

將才是戰術層面上的，考慮的是短期區域性的得失；帥才是策略層面的，考慮長期的全域性。作為首領，劉邦明白一個道理，樊噲、周勃這些

第七章　屈就漢王

人陣前砍人沒得話說，坐在大後方運籌帷幄可不行。

既然蕭何和夏侯嬰都說韓信有才華，那就試試，不行就換。

事實證明，蕭何的眼光非常準，這是劉邦一生中最正確的一次風險投資。

一個風和日麗的下午，劉邦的軍營中忽然旌旗蔽日，鼓號齊鳴，壇臺高築，他要親自舉行授銜儀式。

跟隨劉邦出生入死、身經百戰的將領們個個精神抖擻，神采飛揚，心中暗自高興，都希望漢王能拜自己為大將軍。然而，他們見到登壇受封的大將軍時，個個面面相覷。誰能想到，這位大將軍竟是軍中一個小小的糧倉管庫員？

底下人議論紛紛：

「這不是那個管糧官嗎，他怎麼要當大將軍了？」

「是啊，這個人到底什麼來頭？」

「我認得他，原先在淮陰城裡要飯的。」

「要飯的居然能當大將軍，漢王是不是急糊塗了？」

「別瞎說，漢王這麼做，自然有他的道理。」

在眾人的議論聲中，韓信拾級而上，從容接受了劉邦的封賞。望著高臺下的將士們，韓信雄姿英發，豪情萬丈！為了這一刻，他等了太久！

士為知己者死，韓信對劉邦感恩戴德，望著臺下歡呼的漢軍士兵和將領們，韓信的胸中燃燒著萬丈豪情。從淮陰城中受胯下之辱的落魄青年，到如今受人矚目的大將軍，韓信在這條荊棘遍布的路上跌跌撞撞，忍常人所不能忍，受常人所不能受，終於登上了人生的巔峰。

拜將儀式結束以後，劉邦第一時間把韓信拉入帳中，高職高薪都給了，下面該談談工作計畫了。韓信此刻的壓力也不小，畢竟這是公司CEO

第一次面試自己,如果表現不好,猜想下一秒就得走人了。

劉邦首先提問:「眼下隊伍人心渙散,巴蜀離關中太遠,大夥兒都想家,每天都有人走,你認為公司未來的出路在哪裡?」

韓信反問劉邦:「主公要東征,要奪取天下,您自己估量一下,論兵力的英勇、強悍、精良,跟項羽比誰高誰下?」

劉邦沉默了一會兒,說:「我恐怕不如項王。」

韓信說:「不僅主公,就連我也覺得您不如項羽。我曾經在項羽帳下做過事,對他的為人還算了解,不妨讓我來分析一下項羽這個人。」

那麼在韓信看來,項羽到底有哪些缺點呢?

首先,匹夫之勇。

項羽確實稱得上是一位英雄,他喜歡身先士卒,親臨戰陣,一聲怒喝,千人會嚇得膽顫腿軟,可是他不能放手任用賢將,只有將才,沒有帥才,只能算是匹夫之勇。

其次,婦人之仁。

項羽平常待人恭敬慈愛,語言溫和,士兵中如果有人生病了,項羽一定同情落淚,把自己的飯分給大家。但是有哪個人立了大功,該賜爵封侯時,項羽的小氣就顯現出來了,官印在手裡把玩,玩到磨損了,還捨不得把官印給應得之人,這是婦人之仁。

再次,不得民心。

項羽雖然獨霸天下而使諸侯稱臣,可是卻不居關中而都彭城,又違背義帝的約定,把自己的親信封為王,諸侯對此憤憤不平。諸侯見項羽把義帝趕到了江南,也都有樣學樣,回去趕走了他們原來的老大,自己當了老大。凡是項羽軍隊經過的地方,無不遭蹂躪殘害,所以天下人怨他恨他,百姓只是在他的淫威下勉強屈服。項羽名義上雖為天下的領袖,實質上早

第七章　屈就漢王

已失去民心，所以他的強大只是一時，很快就會衰落的。

韓信把項羽的缺點和弱點分析得條理清晰，既然如此，那麼劉邦該如何逆襲呢？

韓信也提出了自己的意見：

「如果主公能反其道而行之，任用天下武勇之人，何愁敵人不被誅滅？把天下的土地分封給功臣，何愁他們不臣服？率領英勇的一心想打回老家去的士兵，何愁敵人不被打散？況且章邯、董翳、司馬欣本為秦將，率領秦國弟子已有數年，戰死和逃亡的人不計其數，又欺騙他們的部下和將領投降項羽，結果剛到新安，就被腹黑的項羽殺了，只有章邯、董翳、司馬欣倖免，秦人對這三人恨之入骨。

現在項羽以武力強封這三人為王，關中百姓都不會支持他們。主公入武關時，秋毫不犯，廢除秦朝的嚴刑峻法，與關中百姓約法三章，百姓無不想擁戴您在關中為王。根據當初楚懷王跟大夥兒的約定，關中王應當是主公的，這一點關中百姓都知曉。但是偏偏項羽故意陷害，將主公發配到了偏遠的巴蜀之地，秦地百姓無不怨恨項王，他們都為您抱不平啊！

如今主公起兵向東，以主公在關中累積的民意基礎，三秦大地只需要貼個告示就可以搞定，到時候，主公就可以出去跟項羽比高下了！」

韓信的一番分析幫助劉邦釐清了思路，重拾了信心。他從楚漢雙方的成敗得失入手，指出了漢軍必勝、楚軍必敗的主客觀條件，並提出了東征的具體部署，使劉邦看到了希望。

尤其值得一提的是，韓信在分析形勢時，不是單純從軍事力量的對比著眼，而是把戰爭的勝負同人心的向背緊密連繫起來，表現了超人的政治遠見和卓越的軍事才能。

這個世界上總有那麼一些人，他們看似貌不驚人、足不出戶，卻能知

天下事，寥寥數語就能將天下大勢剖析得頭頭是道。他們中的大部分最終都沒有機會去親自實踐，只能當個幕僚或縱橫家，由別人來實現自己規劃的藍圖。

然而，還有極少數的一部分人，他們不僅有想法，更有魄力，有機會親力親為，將理論與實踐相結合，親手開創屬於自己的時代。而韓信，無疑就是這樣一類人。

韓信，屬於你的時代到了！

第七章　屈就漢王

第八章
還定三秦

第八章　還定三秦

明修棧道，暗度陳倉

　　西元前206年，劉邦封韓信為大將軍，透過幾輪面試，劉邦終於看到了韓信的價值。

　　與項羽不同，劉邦身上有一個很突出的優點，那就是能識人用人，勇於放權，這一點恰恰是項羽所缺乏的。項羽集團中人才不少，他手中掌握著天下一流的將相之才。韓信、陳平、范增、鍾離眛、英布這些人一開始都在項羽手下做事，但是項羽卻肉眼難識大才，只讓他們當個普通員工，結果韓信跳槽了，陳平被嚇走了，范增受疑離去了，鍾離眛被棄置了，英布被逼反了，周殷被策反了，還有誰願意為項羽做事？

　　韓信為劉邦描繪了一幅清晰的政治藍圖，劉邦對韓信言聽計從，把打出漢中、進軍關中的軍事部署全權交由韓信負責，又派蕭何做後勤部長，去巴蜀之地收租以保障軍糧供應。

　　劉邦想要成就大業，就必須走出巴蜀。而要走出巴蜀，就必須邁過巍峨的秦嶺。

　　打開地圖，我們會發現，從關中通往漢中，有四條路可供選擇，從東到西依次是：子午道、儻駱道、褒斜道、陳倉道。這幾條主幹道如同一張精緻斜織在秦嶺山脈中的大網，連線著八百里秦川與四川盆地。

　　子午道是從漢中到長安最近的一條路，劉邦從關中前往漢中，走的就是這條道路，之後他採納了張良的建議，過後燒了這條棧道。諸葛亮北伐魏國之時，魏延提出了「子午谷奇謀」，即由他率兵五千，走子午谷直取長安，由諸葛亮率大軍走褒斜道與其會師。但是諸葛亮一生用兵謹慎，他認為子午道有點冒險，沒有採用，後六出祁山而無果。數年之後，魏將鍾會與司馬師選擇了這條奇險的子午古道，孤軍南下，攻陷漢中。

明修棧道，暗度陳倉

　　子午谷以西，是儻駱道，也叫駱穀道。取此道由漢中去長安，先入儻谷，後出駱谷，故稱為儻駱道。

　　儻駱道以西，是褒斜道。三國時諸葛亮伐魏的時候，多次走這條道。

　　褒斜道以西，是陳倉道。這條路通向陝西寶雞市南，而從寶雞到咸陽卻有數百里之遠。所以，這條路是鎮守關中的秦將最不看好的路。

　　項羽在分封完畢、離開關中之前，為阻塞劉邦經關中東向出關的通道，項羽將關中之地一分為三，分封給秦朝的三位降將：章邯、司馬欣、董翳。

　　董翳和司馬欣的軍事水準怎麼樣還不好說，章邯不同，他在鉅鹿之戰前曾帶著秦軍掃蕩關東，段位升得很快，離王者就差一步。得知劉邦有出來的打算，章邯早就拿好了大棒，等在路口。

　　可惜的是，章邯遇上了韓信。

　　韓信此前籍籍無名，沒有帶過兵打過仗，他到底是什麼段位，沒有人知道。很多雙眼睛都在盯著他，作為新聘的大將軍，韓信的壓力很大。

　　韓信佩大將印信，升帳議事，點兵點將，號令三軍，邊定軍紀，邊行操練，行軍布陣有板有眼，攻防措置井然有序。數月下來，將士們對韓信的疑慮徹底消除，無論宿將新兵，皆唯韓將軍號令是從，軍容軍貌煥然一新。

　　如何才能回到關中？劉邦與韓信二人商量了半天，韓信建議以維修棧道做個遮掩，來一個聲東擊西的計謀，即「明修棧道，暗度陳倉」。具體辦法是，派數百人去搶修褒斜棧道，擺出要從那裡出兵的姿勢。

　　章邯一看，樂了，所謂棧道，其實就是在岩壁上挖出孔洞，架上木梁，鋪上木板，再用鐵索連起來，工期長，難度大，跟現在修地鐵差不多，哪那麼容易就建好？

第八章　還定三秦

章邯問身邊的人：「現在漢軍中誰是統帥？」

底下人答道：「據說是韓信。」

韓信？章邯迅速在腦海中搜尋了一遍，沒有印象，決定派人去做個背景調查。

很快，韓信的檔案被送到了章邯辦公桌上。章邯翻完，不由得笑了，原來韓信曾經是個受過胯下之辱的人，膽小如鼠，又懦弱，在項羽集團任職時只是個站崗的角色。

「一個小嘍囉，也有資格當統帥？看來劉邦集團實在是沒人了。」

你以為韓信是真的傻乎乎地要修棧道嗎？不管你信不信，章邯信了。

做完背景調查，章邯將主力部隊調到了褒斜道的出口處，拿好大棒等著劉邦出來。

「不著急，慢慢修，我就在路口拿著棍子等你們。」

棧道是出川的道路，但是並非唯一的道路。魯迅先生說過：「這世上本沒有路，走的人多了，也就成了路。」韓信肯定沒聽過這句話，但是他決定走出一條前人沒有走過的路。

韓信打開地圖，目光落在了不遠處的陳倉道。這裡，才是他真正要走的路！

韓信真正的安排是，以曹參、樊噲為先鋒，由南鄭發兵，潛出故道，突襲章邯的屬地陳倉，將其一舉攻克，其後，其餘軍隊都趕到這裡會師。

驚不驚喜？意不意外？

章邯一看：「不好，中計了！」

他不是沒有想過修棧道只是個幌子，但是他實在想不出，韓信居然真有勇氣，突破秦嶺天險，以這麼快的速度出現在自己眼前！

還等什麼呢？趕緊準備參加戰鬥吧！

驚出一身冷汗的章邯火速趕往陳倉，初次用兵的韓信一出手就展示出了王者風範，排兵布陣指揮若定，完全不像一個新手。面對這樣一個神一樣的對手，章邯的失敗是必然的，只能選擇敗退。韓信立即指定曹參緊緊咬住敵軍，窮追猛打；周勃負責掃清曹參進軍路線外圍的敵軍據點，為友軍順利進軍保駕護航；灌嬰、酈商的兩路軍隊分別去打破塞王和翟王安逸閒適的平靜生活。

司馬欣、董翳兩人一看：「還打什麼呀？章邯都被包圍了，我們還是趕緊投降吧！」

在漢軍的猛烈攻擊下，章邯兵敗如山倒，不得不退至廢丘固守。

算算時間，劉邦四月分才進入巴蜀，八月分就回到了關中，這速度不能說不快。

第二年，漢軍引水灌廢丘，章邯兵敗自殺。劉邦攻城略地，遂定三秦。

看到這裡，有沒有覺得劉邦這一路有點順利了？

要知道，章邯的軍事能力絕對不算差，再加上司馬欣、董翳兩人在旁邊輔助，按理說，雙方如果真刀真槍打一場，誰輸誰贏還不一定呢，勝負至少是一半一半。但是為什麼章邯三人會敗得這麼快？

除了韓信開了外掛一樣的逆天技能，我認為還有一個原因：民心。

章邯原本是秦朝的軍隊統帥，鉅鹿戰敗後，他帶著二十萬部下向項羽舉手投降，結果這二十萬人卻被腹黑的項羽全部坑殺。要知道，這些可都是關中子弟，雖然殺人的是項羽，但如果不是章邯屈膝投降，這些人怎麼可能會死？在關中百姓眼中，章邯就是個叛徒。「指望著我們擁護你？做夢去吧！」

再看劉邦。他雖然沒有上過市場行銷課，但是論公關水準和行銷宣傳

第八章　還定三秦

能力，他稱第二沒人敢稱第一。從一開始，他就很注重自己的形象，刻意維護自己「仁厚長者」的人設，與民約法三章，贏得了關中百姓的信賴。

得道多助，失道寡助，得人心者得天下，這是亙古不變的道理，可惜項羽不懂。他太迷信暴力，他以為讓人服最好的武器就是暴力。

占據關中後，劉邦做的第一件事，就是派人去接家眷。

離開家鄉這麼久了，劉邦甚是想念家中的父母妻兒，一旦被項羽抓住，處境可就危險了。為此，劉邦安排了兩個小弟，在南陽跟王陵會合，準備把家人接過來。

還記得這位老朋友王陵嗎？沒錯，他就是當年沛縣的黑道大哥，在江湖中的地位比劉邦還高。只不過，此一時也，彼一時也，如今的劉邦已經成了一方諸侯，王陵的時運差一些，帶著小弟占據了南陽，準備在亂世中分一杯羹。

劉邦封王以後，王陵終於認清楚形勢，決定歸順劉邦。得知劉邦想接回自己的家人，王陵拍著胸脯保證：「包在我身上！」

作為南陽地區的小霸主，王陵自然也進入了項羽的視線內，他也想拉攏王陵，讓他當自己的手下。

拉攏王陵，項羽有一個優勢：王陵的母親在他手裡。

有這個籌碼，項羽覺得勝算很大，他自認為搞定王陵問題不大，每天招待王陵的母親吃好的喝好的，就等王陵主動上門拜碼頭了。

王陵是個大孝子，沒過幾天就派人去和項羽談判。臨走的時候，王媽媽悄悄拉住使者，請他幫忙帶個話：「項羽殘暴凶狠，劉邦仁厚，將來必定是天下之主，希望王陵跟著劉邦好好工作，不要惦記自己。」

王陵母親的話代表了很多平民百姓的心聲。一直以來，項羽都是作為一個暴君和劊子手出現在世人面前，他屢屢屠城，甚至燒殺掠奪無所不用

其極,自以為用暴力就可以解決一切,無須考慮民心;反觀劉邦,一向很注重自己的形象和人設,所以能夠得到關中百姓的認同。

為了不拖累兒子,王媽媽選擇了非常極端的方式:自殺。

不得不說,母愛真是世界上最偉大的愛,為了自己的子女,可以不惜一切代價,甚至包括犧牲自己的生命。

項羽脾氣暴躁,一看無法要挾王陵了,乾脆一不做二不休,用一口小耳朵把王陵的母親煮成了肉湯。王陵得知消息後,他悲痛萬分,從此拋棄幻想準備戰鬥,發誓要跟項羽對戰到底。

劉邦和田榮,先揍誰?

有一個很奇怪的現象:劉邦在反突破瓶頸中時,關中被封的三個諸侯王竟然沒得到項羽的任何支援。關中地區如此重要,項羽為什麼沒有支援火力,預設劉邦搶地盤?

答案其實很簡單:項羽這邊出差錯了。

首先跳出來反對的是齊地的田榮。

眼看著其餘各路諸侯都吃到肉了,而自己連湯都沒喝到,田榮站了出來,說:「我不服!憑什麼不替我封賞?是不是看不起我?」

在項羽看來,田榮這人心眼較多,當初以怨報德,連項梁的面子都不給,沒找你算帳就算不錯了,還想要封賞?

項羽分完蛋糕後,田榮心裡不高興,決定去打當年的小弟,如今的齊王田都。田都當然不是田榮的對手,田都打輸了索性投靠了項羽。

姪子田巿被封為膠東王,樂呵呵地準備上任,結果被田榮一把拽住

第八章　還定三秦

了，就是不讓他去。左右親信都對田市說：「項羽為人殘暴，老大如果不到封地膠東去，肯定有危險。」田市越想越害怕，於是背著田榮，偷偷跑去膠東上任。田榮很生氣，馬上帶兵去追，將不聽話的姪子一刀殺了。

田榮公然跟項羽對抗，自己也知道後果很嚴重，他雖然蠻幹，但是腦子還算清醒，知道僅靠自己是打不過項羽的，於是廣泛網羅和扶持反楚力量，讓項羽手忙腳亂，顧不過來。

田榮很快就找到了一個合作夥伴——彭越。

前面說過了，彭越是水澤強盜出身，但是卻具備一定的謀略和軍事組織才能。在此前的反秦鬥爭中，彭越露面的次數並不多，只是在攻打昌邑時和劉邦有過聯合作戰的經歷。

昌邑是塊硬骨頭，劉邦沒啃下來，轉而繞道慄縣向西出發。彭越也帶著他的小弟待在鉅野澤中，收編魏國逃散的士兵。田榮反叛楚國時，彭越在鉅野澤已有兵眾一萬多人，尚無歸屬。

田榮敏銳地發現了這支部隊的利用價值，他鑄了一枚將軍信印，派人送給彭越。

彭越接到將軍信印後，心裡很開心，帶著自己的小弟進攻濟北，殺了濟北王田安。就這樣，田榮合併了三齊之地，自立為齊王。

田榮見彭越打架很猛，又派他去捋項羽的虎鬚。項羽很生氣：「彭越膽子可不小啊！」他下令讓蕭公角率軍迎擊彭越。彭越大敗楚軍，給項羽一個下馬威。

項羽很生氣，不過，更讓他惱怒的還在後面。

除了田榮，陳餘也表示嚴重抗議。鉅鹿之戰後，陳餘跟張耳徹底鬧翻了，棄印離去，沒有跟隨項羽入關。好在項羽沒有忘記他，把南皮周圍的三個縣封給了陳餘。不過陳餘心裡還是不滿意，對項羽很有意見。

劉邦和田榮，先揍誰？

得知張耳被封常山王，就連張耳的親信申陽都被封了個河南王後，陳餘憤憤不平，逢人就說：「張耳與我功勞相等，現在張耳為王，我卻只是個侯，憑什麼？我不服！」

陳餘心中憤憤不平，但是苦於兵力不足，不敢有什麼舉動。

就在陳餘生悶氣的當下，田榮公開反楚了。陳餘見有人帶頭挑事，派了兩個小弟去遊說田榮：「項羽分封不公平，把好地方全都分給了親信，而把原來的諸侯大哥們封到偏遠的地方。現在趙王就被分到了代郡，這不公平。聽說老大您起兵抗爭，要跟項羽比高下，我也正有此意，希望您能資助我一些兵力去攻打常山，恢復趙王的王位，事成之後，我一定說服趙王唯您馬首是瞻。」

田榮正擔心自己勢單力薄，打不過項羽，見有人主動投靠，給了陳餘一支兵力，讓他去開創自己的事業。

有了田榮的援助，陳餘立即帶著小弟去揍張耳。張耳正在一心一意經營趙國，陳餘率兵來攻，張耳兵力不足，吃了敗仗。落魄的張耳打算去投奔項羽，原因也很簡單：劉邦雖然跟自己有點交情，抵不上項羽的勢力強大啊，自己這個王位也是他賞的，投奔他是最穩妥的選擇。

張耳身邊有一名叫甘公的人，他及時攔住了張耳，對他說道：「漢王入關，五星會聚於井宿天區，井宿天區是秦國的分星，先到的，一定功成霸業，現在項羽只是一時的，依我看，劉邦才是那個成就大業的人！」

張耳一聽，心中也猶豫了。「既然你說劉邦是潛力股，我就信你一次，去投奔劉邦吧！」劉邦當時正在廢丘圍攻章邯，見有人來投靠自己，自然很高興，厚禮相待。

陳餘打敗張耳後，收復了趙國的土地，把趙王趙歇從代縣接了回來，恢復了他的王位。趙王對陳餘感恩戴德，封陳餘為代王。陳餘因為趙王實

第八章　還定三秦

力不夠，國內局勢剛剛穩定，主動決定留下來輔佐趙王，派夏說以國相的身分駐守代國。

面對重出江湖的劉邦和搗亂的田榮，項羽也猶豫了：「先揍誰呢？」

就在項羽舉棋不定時，張良寫了一封信給項羽：「先揍田榮！」

為了說服項羽，張良說明了自己的理由：「劉邦失去了在關中應得的王位，他之所以重回關中，無非是想到關中拿回屬於自己的東西。我敢保證，劉邦得到關中後就滿足了，不會再有類似的事情發生。眼下田榮正在四處串聯，要和趙國準備聯手滅楚，所以齊國才是您的心腹大患啊！」

不難猜出，這封信一定是劉邦的意思。為了韜光養晦，劉邦不得不在項羽面前裝乖，降低他對自己的敵意。

為了增強說服力，張良又把齊國田榮和彭越的反叛文書一起寄給項羽：「您看，我沒騙你吧？田榮這小子沒安好心，正在密謀怎麼對付您呢！」

此時的田榮正與陳餘接頭，準備攻打常山國。一向暴躁多疑的項羽竟然真的相信了張良的話，放棄了收拾劉邦的念頭，轉而去收拾田榮了。

而這個決定，對他而言，卻是一個巨大的策略失誤。

為什麼說項羽選錯了對手？

很顯然，劉邦跟田榮的目標不一樣。田榮反叛，是因為沒分到蛋糕，心中不滿，想重新收復三齊而已。而劉邦則不一樣，他想要的，是整個天下！

如果我們分析田榮的活動軌跡，還會發現一個有意思的問題，田榮反叛是在五月分，而項羽直到十二月分才去收拾田榮，這期間項羽到底在幹嘛？為什麼不及時撲滅反叛的火苗？

很簡單，因為此時的他正忙著做兩件事。

第一件事：除掉韓王成。

劉邦和田榮，先揍誰？

這年七月，項羽下令誅殺韓王成。在他看來，韓成不過是個小嘍囉，當年自己的叔父項梁恢復韓國，不過是權宜之計，這樣的人一沒能力二沒實力，憑什麼當老大？

殺掉韓王成，不過是項羽人生中踩死的一隻螞蟻，但是對另外一個人而言，則是致命的一刀！這一刀讓他徹底丟掉了幻想，也切斷了他所有的退路。

這人是張良。

也許從一開始，張良就已經明白，韓國終不可復，只是他不願意面對這個結果，堅持奉韓王成為主，在起義軍中出謀劃策，無時無刻不在面對血與火的考驗，為韓國贏得必要的生存空間。可惜，項羽的那一刀讓張良徹底認清了現實。

如果是一般人，面對這種打擊，要麼心灰意冷，要麼屈從於強大的一方。但是張良卻選擇了第三條更為艱難的路：幫助劉邦殺掉項羽！

項羽並不知道，他除去了一個敵人，卻造就了另外一個更加強大的敵人。

第二件事，除掉楚懷王。

地球人都知道，項羽對楚懷王不滿已經很久了。在分完蛋糕後，項羽將他發配到了湖南，芈心身邊的臣僚也漸次離去，所謂的義帝，不過是一個空名而已。得知消息的那一刻，芈心一聲長嘆，知道大勢已去，再也無力翻盤，只得收拾東西準備離開。這年十月，項羽密令英布除掉了義帝芈心。

簡單評價一下楚懷王吧！

這位偶爾露崢嶸的義帝，在正確的時間、正確的地點出現在錯誤的位置上，和錯誤的人進行了一場錯誤的博弈，最終只能以悲劇收場。

第八章　還定三秦

在田榮起兵反叛過了大半年後，項羽才整頓兵馬，率大軍抵達城陽。此時的田榮已經收復了三齊之地，勢頭正盛，得知項羽親自出征，田榮也鼓足勇氣，準備真刀真槍和項羽打一場。作為當世第一高手，占據絕對優勢的項羽輕輕鬆鬆就打敗了田榮，兵敗以後田榮逃到了平原，最終被當地百姓所殺。

事實證明，出來混，遲早是要還的。

田榮死後，為了穩定齊國的局勢，項羽重新立了田假為齊王。如果事情到此為止，項羽的這次軍事行動可以說是相當完美了，可惜項羽沒能控制住自己的暴脾氣，他命令自己的小弟燒殺搶掠齊國的占領區，燒毀城郭、房屋，坑殺齊國降卒，俘虜齊國的老弱婦女，將齊國變成了人間地獄。

項羽的發洩性報復被齊國百姓發現，原來最不讓他們安生過日子的不是田榮，而是項羽。他們對項羽的希望徹底破滅，整個齊國對項羽開始感到絕望。

為了生存，齊國的老百姓自發成立了眾多的反抗組織，保衛家鄉，抗擊項羽這個大魔頭。

就在項羽深陷齊國人民戰爭的汪洋大海之時，劉邦扎根關中，一心一意謀發展。他首先安撫了關外的百姓，然後收服了河南王申陽，之後讓韓信留下繼續圍攻廢丘，自己親自率軍從臨晉渡過黃河，進攻魏國。

魏國的魏王豹，得知劉邦來攻，掂量了下自己的實力，果斷選擇了開城投降。漢軍一路順風順水，又趁勢攻下了河內，俘虜了殷王司馬卬。

短短一年多的時間，項羽分封的天下十九位王，除了他和劉邦兩人，只剩下英布、吳芮、臧荼、共敖，其餘的死的死，亡的亡，早就不是分封時的格局了。天下局勢逐漸明朗，楚漢戰爭即將拉開帷幕。

盜嫂陰謀家

　　就在劉邦磨刀霍霍，準備聯合各路諸侯圍毆項羽的時候，一個重要人物從項羽集團跳槽到了劉邦集團，與張良一起成為劉邦的左膀右臂。

　　這個人就是陳平。

　　陳平小時候出身不好，父母死得早，吃了上頓沒下頓的，他也沒什麼謀生的本事，只能跟著哥哥嫂子一起住。時間長了，嫂子不開心了，背地裡抱怨，嫌他不務正業。

　　陳平的大哥聽了，當場就發火了：「敢說我兄弟的不是？離婚！」

　　這事兒很快傳成陳平在哥哥家蹭吃蹭喝，還跟嫂嫂有一腿，兩人不清不楚的，所以他哥離婚那麼堅決⋯⋯

　　一來二去，陳平盜嫂的謠言傳得滿天飛，不管陳平認不認，這鍋他背定了。

　　無業青年陳平沒什麼本事，為了填飽肚子，只能在村裡打工。打什麼工呢？說起來不太體面，就是幫忙人家裡辦喪事的打雜，做點輕鬆的工作。

　　陳平雖一事無成，到處混吃混喝，卻有一個優點：顏值高，長得帥氣。可別小看這一點，無論任何時候，漂亮的外表總能為自己帶來一些好運。

　　你以為陳平只是一個長得帥的混混嗎？那你可就誤會他了。別看他平時遊手好閒，不務正業，人家也是有理想有抱負的。有一次，陳平在祭司上主持分肉，他不貪小便宜，分得很公平，大家都誇獎他分得好，陳平卻感慨道：「這算什麼？有朝一日我來宰執天下，也就跟今天分肉似的。」

　　這番感慨讓村裡人對他刮目相看。有個叫張負的土豪，孫女嫁了五

第八章 還定三秦

次,五次都因為老公死了,被送回娘家。在村裡人看來,這姑娘天生剋夫命,十里八鄉沒人敢再娶了。

張負很著急,有一次看到陳平,第一眼就被他英俊的外表吸引了,他自作主張將孫女許配給了他。兒子表示不服:「陳平既窮又不願勞動,全村的人都笑他沒出息,怎麼還把孫女嫁給他呀?」

張負回道:「你懂什麼,我看此人相貌不凡,將來必成大器!」

當然,張負也不完全是個看顏值的人,他對陳平是有仔細勘察的。有一次,他曾尾隨陳平到家,雖然陳平家窮得叮噹響,但是從他家門口各路馬車的車轍印就可以斷定,這傢伙一定有很多達官顯貴的朋友。

檢驗一個人最有效的辦法,是看他和什麼樣的人交朋友。

當然,按照陳平的智商,我們不難猜測,這些車轍印恐怕是他故意留下的。

在張負的安排下,陳平認識了他的孫女。「沒錢娶?不要緊,我有錢。」還宣告以後缺錢就找老丈人。在街坊鄰居異樣的眼神中,陳平克制了張家孫女的剋夫命,兩人的生活如魚得水,平安無事。

有了資金做後盾,陳平的社交圈也比之前擴大了不少,很快,他已經不安心待在這個小地方,準備出去做一番大事業了。

幾年以後,陳勝、吳廣帶頭起義,陳平的家鄉很快被捲入戰爭。為了混出個模樣,陳平投奔了魏王咎,希望可以在那兒發揮自己的專業特長。

魏咎很看重陳平,封了個太僕給他。剛開始,陳平還覺得不錯,可惜沒過多久,魏國集團內鬥,讓陳平無法安心工作。

陳平覺得再待下去沒什麼前途,又投奔了項羽,跟著項羽一路西進,由於表現突出,被項羽賜予爵位,位比公卿。本來形勢一片大好,但是後來項羽因分封引發了諸多人的不滿,天下很快又陷入動盪之中,項羽疲於

四處平亂。

　　沒過多久，殷王司馬卬也起兵叛亂，項羽無暇顧及，任命陳平為信武君，帶兵平叛。陳平收編了魏咎遺留的軍隊，擊敗並俘虜了殷王，立下大功。項羽對陳平的招撫工作很滿意：「小夥子，好好做，前途無量！加封他為都尉，賜黃金二十鎰。」

　　陳平剛回到彭城，屁股還沒坐穩呢，劉邦又打過來了，牆頭草司馬卬一看形勢不對，又叛變了。項羽非常生氣，把氣撒到了陳平身上：「工作都做不好，看我怎麼收拾你！」

　　陳平嚇死了，他太了解項羽了，這個人喜怒無常，過於感性，當他對你好的時候對你殷勤備至，體貼有加，不好的時候就會要你命了。

　　陳平一思索：「項羽這人魯莽有餘，成大事不足，跟這樣的魔頭做事，太沒有安全感了！得了，乾脆跑路吧，聽說劉邦為人仁厚，不如到他那裡去找份差使。」

　　陳平一路向西，跑到了黃河岸邊，找了個船家渡河。不曾想這位船家是梁山好漢張橫一路的貨色，看到陳平穿的衣服不錯，像是有錢人，決定欺負陳平。

　　陳平正在四處觀景，餘光中看到船夫正不懷好意地盯著自己，腦子一念之間轉了無數個念頭，終於明白了緣由：原來自己遇上搶劫犯了。

　　陳平行走江湖多年，頗有經驗，他把衣服全脫了，只剩一條內褲，變相告訴船夫：「我雖然長得帥，穿得好，但是真的沒錢，你就別惦記啦！」

　　不僅如此，陳平還非常熱心地幫助船夫划船，船夫一看：「這小子身上一毛錢都沒有啊，枉費自己經過了那麼久的掙扎，還想狠撈一筆呢。算了，還是老老實實划船吧！」

　　陳平死裡逃生，撿回了一條命，上岸後投奔了自己的好朋友魏無知。

第八章　還定三秦

此時的魏無知正在劉邦的公司上班，在他眼中，陳平可是個難得的人才，第二天就把他推薦給老闆劉邦。

劉邦親自面試了陳平，對他的表現很滿意，當即拍板決定錄用。劉邦問他：「你在原單位擔任什麼職務？」

陳平：「都尉。」

劉邦非常慷慨：「好，那你在我這繼續擔任都尉，主管護軍工作。」不僅如此，劉邦還經常跟他坐一輛車，讓別人好羨慕嫉。

都尉這個官職有多大？我們不妨來對比一下：陳勝、吳廣起義以後，陳勝自立為將軍，吳廣為都尉，相當於副手。劉邦給的這個職務，在軍隊中相當於督察員，從小嘍囉到大將軍，只要誰敢偷奸耍滑，都逃不過陳平的法眼。

這下子，跟劉邦一起從沛縣打出來的老兄弟們不高興了，大家紛紛找劉邦訴苦：「老大啊，這小子不過是個剛逃過來的無名小卒，您都沒摸清他的底細呢，就跟他坐一輛車，還讓他來監察我們這幫老傢伙，弟兄們可不服！」

更有甚者，有人開始說壞話了：「別看陳平這傢伙雖然長得白白淨淨，未必真的厲害呢，而且生活作風存在嚴重問題。我聽說，他在家的時候，跟自己的嫂嫂有姦情。您讓他監察其他人，我聽說他私底下可沒少收受賄賂，給錢多的他就睜一隻眼閉一隻眼，給錢少的就要陰謀。況且陳平連年炒老闆魷魚，這種三姓家奴不能重用啊！」

剛開始，只有少數人私底下議論，到後來，連周勃和灌嬰也出來指正陳平的錯誤。

劉邦坐不住了，他找來了魏無知：「聽說陳平此人私生活混亂，人品有問題，有沒有這樣的事？」

212

魏無知的回答很乾脆：「有。」

劉邦氣得直翻白眼：「你不是說他是個賢人嗎？」

魏無知反將了劉邦一軍：「我想問問主公，您是想找一個有才能的人幫助你得到天下，還是希望得到一個品德高尚無能的人呢？」

這句話問得非常有藝術，德是德，才是才，兩者不能混為一談，德才兼備當然好，如果只能選一個，你選哪個？

我們常說要用德才兼備的人才，可是社會上德才兼備的人的確是很少，當中怎麼樣去權衡呢？用德還是用才呢？

很多人會糾結於德與才，但是在劉邦這裡卻不存在這種糾結。與項羽不同，劉邦的最大特點是務實，他能夠把握住根本利益與次要利益的關係。「只要你能把事情做好，其他的我都可以當作沒看見。」

趁著劉邦思考的當下，魏無知接著說道：「當今楚漢相爭，臣推薦的是善出奇謀的能人，這對國家有利呀！即使有些不端行為又有什麼影響？」

劉邦一下子就明白了。不過，他還是有點不放心，叫來當事人陳平，索性問個明白。

劉邦：「我聽說先生之前在魏國打工，後來投奔了楚國，現在又來我這裡求職。最近大夥兒私底下對你有不少議論，你怎麼解釋呀？」

陳平一臉不屑：「沒什麼好解釋的。」

劉邦很尷尬。

陳平：「我在魏王那裡做事，魏王不採納我的意見；我在項王那裡做事，項王只信任自己的本家人，不信任我這個外人。我聽說漢王知人善任，所以我才來您這裡。」

劉邦：「那你收賄賂的事怎麼解釋？」

陳平應答起來臉不變色心不跳：「我來的時候一無所有，沒有錢怎麼開

第八章　還定三秦

展工作？主公如果覺得我能勝任這份工作，就留下我；如果覺得我不能勝任，就辭退我，我回家種地去。主公賞賜的金銀我絲毫未動，原物奉還。」

看看，在陳平看來，和嫂子有一腿也好，炒老闆也好，收點賄賂也好，多大的事嘛！兄弟我子然一身而來，不收點錢怎麼開展工作？由此來看，陳平雖然算不上個真君子，倒也活得坦蕩。

務實的劉邦偏偏喜歡這類人，猜想是這類人清澈透底，容易駕馭。聽了陳平的辯詞，劉邦被說服了，原來陳平做這一切都是有原因的，都怪自己偏聽偏信了。

不僅如此，劉邦還厚賞了陳平，替他升職加薪，封為護軍中尉。這一點其實是做給那些人看的，告訴他們：「不要鬧了，這個人我用定了。」

有了劉邦的大力支持，其他人都閉嘴了，陳平總算在劉邦集團站穩了腳跟，得以盡情施展自己的才華。

演員的自我修養

項羽平定了三齊，順便搶了齊國，這個舉動引發了軒然大波。齊國人民不肯屈服，田榮的弟弟田橫收拾舊部，在城陽起兵，重新豎起齊國的大旗，繼續跟項羽對抗。

齊國不穩定，項羽也很頭痛，他不得不再一次對齊國用兵，帶著小弟去滅火。由於之前的屠城，項羽在齊地百姓中的口碑很差，走到哪兒都跟土匪進村一樣，不受人待見，還要防備冷不防的偷襲。

有了第一次屠城的教訓，這一次田橫發動全城百姓守城。任憑項羽如何攻城，城陽依然固若金湯，讓項羽幾乎快要抓狂了。

項羽深陷齊國人民戰爭的汪洋大海，這讓劉邦看到了機會。他自知實力不夠，為了徹底打倒項羽，劉邦開始積極聯繫外援，組建反楚聯盟。

劉邦首先聯繫的是陳餘，原因也很簡單，陳餘是代國的老大，代國又跟趙國關係不錯，搞定了陳餘就等於順帶搞定了趙國，一舉兩得。

陳餘倒也沒有拒絕，但是卻提出了一個很無理的要求：「你也知道，我跟張耳勢不兩立，聽說他跑到你那兒去了，為了表示雙方合作的誠意，請把張耳的人頭送來。」

劉邦很為難，一邊是自己的好兄弟，一邊又是自己迫切需要拉攏的幫手，兩邊都不好得罪。就在劉邦左右為難的時候，底下一小弟向他出了個主意：偷天換日。

具體來說就是，找一個張耳的替身，把頭砍下來送給陳餘。雙方距離這麼遠，等把人頭送到時，猜想早就爛了，陳餘肯定認不出來。

劉邦一聽：「好主意，就這麼辦！」

當陳餘看到送上門的人頭時，心中終於長舒了一口氣。一轉身，他就回信給劉邦：「既然雙方這麼有誠意，那就合作吧！我願意加入反楚聯盟。」

搞定了陳餘，劉邦將下一個目標瞄向了魏王豹。

劉邦的速度很快，沒幾日就兵臨城下。望著城外烏泱泱的漢軍，魏王豹自知不是對手，果斷選擇了投降，加入了反楚聯盟。

有了這麼多大哥加入，反楚聯盟日益壯大。這個聯盟中，不僅有早期已經投降的司馬欣、董翳、司馬卬、申陽，還有新收服的陳餘、魏豹，掐指一算，聯盟的兵力已經遠超過項羽。

光有兵力是不夠的，既然要圍毆項羽，總得找個藉口吧？當大部隊走到洛陽後，洛陽城內幾位德高望重的老將士攔住了劉邦的專車，替他出了

第八章　還定三秦

個主意：「為義帝報仇！」

劉邦有點不懂：「這是什麼意思啊？」

老將士解釋：「楚國是抗秦的盟主，義帝是當初大家公認的領袖，如今項羽入關後不遵守義帝的約定，公然殺害義帝，寒了天下人的心。義帝死得太冤枉了，我們要為義帝報仇！」

前面說過，義帝雖然只是個傀儡，但他畢竟還是有點用的，項羽倒好，看他不順眼，一刀就剁了，他覺得這樣做可以樹立自己的威信，卻不知他自以為很聰明的做法，其實是笨到了家。譬如，一尊神好好地擺在那裡，大家都來朝拜，你偏把它扔了，說以後不需要這尊神了，大家拜我就行了，那怎麼可以？

人什麼怒都好犯，唯有眾怒難犯，項羽一下子把自己由箭變成了箭靶。

項羽為什麼要這麼做？究其原因不過是以自我為中心而已，覺得自己才是最厲害的。殊不知，這個世界上，老是覺得自己最厲害的，最後下場都不好。

劉邦的腦子轉得很快，他立即著手準備，在洛陽城為義帝舉辦了一場盛大而隆重的追悼大會。會上，劉邦深情回顧了自己與義帝的點點滴滴，感激義帝對自己的知遇之恩：「想當初，在抗秦起義最艱難的時刻，是義帝一眼相中了自己，自己才有機會入關滅秦。如果不是義帝，大夥兒還在秦國的監獄裡呢！義帝對大家有再造之恩，但是項羽這奸賊，剛愎自用，不尊重領導者，任意妄為，竟然殺害了義帝，這事我忍不了！」

說到激動處，劉邦還挽起袖子露出手臂，哭得一把鼻涕一把眼淚，稀里嘩啦，誰都拉不起來。

大哥哭，小弟自然也得跟著哭，一時間，洛陽城裡哭聲震天，籠罩在一片悲壯的氣氛中。

哭完後，劉邦對大家發誓：「項羽殘暴，我劉邦願帶領大夥兒誅殺項賊，以慰義帝在天之靈！」

不得不說，劉邦真是一位好演員，在沒有經過任何彩排的情況下，眼淚說來就來，臺詞說得也很順，整場戲拿捏得恰到好處，感染力極強，成功帶動了大家的情緒，讓張良、蕭何等人目瞪口呆。

藉口有了，兵也有了，劉邦命令三軍披麻戴孝，聯合魏、韓、趙、塞、翟、殷等諸侯國，組成了一支五十六萬人的反楚聯軍，直奔項羽的大本營彭城。

項羽，就問你怕不怕？

第八章 還定三秦

第九章
楚漢爭雄

第九章　楚漢爭雄

羽之神勇，千古無二

部隊到達外黃的時候，遇到了在當地打游擊的彭越。長期以來一直找不到組織的彭越聞訊，帶著三萬人馬前來投奔。打仗的時候，沒人嫌棄人多，但是劉邦並沒有將他拉入組織，而是交給了他另一項任務：

「你既然占據了魏國的土地，就應該幫助魏國。如今魏國原來的地盤都被項羽占了，我任命你做魏國的相國，你去幫魏王豹搶回來。」

劉邦親自帶著反楚聯軍從外黃直奔彭城，另一支由曹參帶隊，負責攻打彭城西北的重鎮定陶。雖然定陶有猛人龍且鎮守，但是抵不上對方人多，很快就敗下陣來，兩路大軍所向披靡，很快在彭城會師。

劉邦之所以敢直奔項羽的老巢，除了身後的五十六萬大軍，還有一個重要原因，那就是此時的項羽並不在彭城。

由於項羽在平定齊地時動不動就屠城，齊國百姓對他深惡痛絕，民眾紛紛自發組織起來對抗項羽。項羽顧此失彼，到處滅火，根本顧不上他的大本營。

主力部隊都被項羽帶走了，留下的只有幾千老弱病殘，以五十六萬大軍進攻一座幾乎不設防的城市，如同鐵扇公主的芭蕉扇撲蚊蠅，大軍未到，守軍早嚇跑了。

西元前205年四月，反楚大軍攻克彭城。

勝利來得有點太突然，劉邦非常激動，他站在城牆上，望著城外一眼望不到邊的聯盟軍隊，大喊一聲：「我劉邦又回來了！」

彭城大捷，這是劉邦自起兵以來，最揚眉吐氣的一次。反正項羽遠在齊地，除非他長了翅膀，否則短時間內是不可能回得來的，既然回不來，那大家就盡情地享受吧！

> 羽之神勇，千古無二

今朝有酒今朝醉，莫使金樽空對月。彭城的王宮內，劉邦天天晚上舉行宴會，跟各位大哥吃飯喝酒。老大一放鬆，手下的小弟們也不例外，早就出去尋樂子去了。五十六萬軍隊沉浸在這巨大的勝利之中，在城內花天酒地，肆意享樂，濃稠酒香瀰漫在彭城的大街小巷。

寬敞的大殿中，劉邦醉眼惺忪地看著堂下喝得東倒西歪的大哥們，心中很是感慨。打了這麼多年的仗，這是最放鬆的時刻，喝就喝吧，男子漢不就是得「醉死」幾回嗎？三兩杯酒下肚，劉邦就覺得這軒昂的大殿都轉了起來，再喝下去，他就不知道這酒的滋味了。

與彭城的喜慶氣氛不同，遠在千里之外的齊地，項羽的軍營中，氣氛有些壓抑，因為大本營丟了。

出乎意料的是，得知消息的項羽並沒有發火摔東西，而是對著桌上的作戰地圖，陷入了沉思。

劉邦能以這麼快的速度占領彭城，確實出乎項羽的意料。他自認為彭城周邊的防務無懈可擊，不屑於回師救援，打算等平定齊國之後再騰出手來收拾劉邦，結果手下小弟沒過幾招就敗了，連都城都丟了。

項羽雖然剛愎自用，眼高於頂，但是一提到軍事，他還是相當專業的。劉邦的五十六萬大軍雖然看著氣勢洶洶，但是卻有一個致命的缺陷：隊伍混亂，人心不齊。聯軍作戰往往缺乏統一協調，一旦被突襲沖垮，容易指揮失靈，各自為戰。

此時此刻，看著眼前的地圖，項羽正在思考一個大膽的軍事計畫。

良久，他回過身來，下了第一道命令：主力部隊留在齊地繼續跟田橫耗著，挑選三萬精銳騎兵，由自己悄悄帶領迅速南下。

底下人一片驚呼：「三萬對抗五十六萬，這不是去送死嗎？」

項羽笑而不語，只是命人抓緊準備。

第九章　楚漢爭雄

騎兵，就是項羽手中的王牌！

要想贏，只有一個字：快！

天下武功，無堅不破，唯快不破！

沉沉的夜色中，項羽與他的三萬騎兵馳騁在北方的蒼茫大地上。猶如戰鼓般的馬蹄聲貫徹荒野，如一柄利劍，一支羽矢，直奔彭城！

對於項羽可能的反擊，劉邦難道沒有任何準備嗎？

當然不是！早在進入彭城後，劉邦第一時間就派出樊噲帶兵平定了彭城北方的幾座城池。大舅哥呂澤駐守下邑，王武駐守在外黃，從北到西，形成了一道屏障。

項羽的推進速度很快，他選擇了樊噲防守的瑕丘作為突破口。樊噲雖然是屠戶出身，但是自起兵以來，在戰場上一向以勇猛著稱，也曾立過不少功勞。可惜，面對項羽，樊噲的段位還是差了不止一級。只一個回合，項羽就突破了樊噲防線，然後直插彭城的西大門——蕭縣。

抵達蕭縣已經是半夜了，項羽命令全軍就地休息。當黎明的第一縷曙光照在蕭縣城牆上時，守城士兵揉著還沒睡醒的眼睛巡視，愕然發現，蕭縣被一群黑壓壓的騎兵包圍了。

楚軍如天兵天將一般，將蕭縣圍城了鐵桶。沒什麼好說的，窩在家裡當縮頭烏龜肯定不是長久之計，還是出城迎戰吧！

項羽的騎兵不愧是精銳，三萬騎兵將數十萬諸侯聯軍衝擊得七零八落。漢軍這邊主要是步兵和車兵，楚軍全是騎兵，來去倏忽，殺傷力極強。聯軍隊伍大亂，兵找不到將，將找不到兵，面對氣勢如虹的楚軍騎兵，大家心底只有一個念頭：逃命要緊！

這一戰，從早晨一直持續到中午，數十萬人被屠戮，整個蕭縣成為一片修羅場。

羽之神勇，千古無二

當蕭縣大敗的消息傳到彭城後，劉邦被嚇得酒立刻醒了一半。蕭縣和彭城近在咫尺，既然蕭縣已破，想必彭城也要遭殃了。由於摸不清敵情，再加上劉邦方寸已亂，根本無法組織有效的防禦。俗話說得好：「兵敗如山倒，你跑我也跑。」

既然抵擋不住了，那大家都跑吧！

劉邦潰逃，項羽乘勝追擊，追到彭城以南，再斬殺聯盟軍隊十餘萬人，劉邦大軍被追得紛紛跳河逃命，淹死的人不計其數，睢水為之不流！

眼看著楚軍裡三層外三層圍了過來，劉邦正要感慨一聲：「天要亡我」，結果下一秒，老天爺來幫忙了。

就在楚軍準備收網時，一場莫名其妙的妖風忽然從西北方向席捲而來，霎時間狂風大作，飛沙走石，颳得天昏地暗，白天變成了黑夜。

眼看著楚軍陣腳大亂，逃命就在此時！劉邦一揮手，帶著幾十個騎兵慌忙逃離了包圍圈。

如果沒有這場妖風，劉邦大概就得死在這裡了。

天意，一切都是天意！

得知劉邦逃了，項羽一拍桌子，命小弟馬上去追，活要見人，死要見屍！

劉邦一路南逃，楚軍緊追不捨，就像一塊黏人的口香糖，怎麼甩都甩不掉。好在劉邦身邊有一名經驗豐富的人——夏侯嬰。他駕著車，載著劉邦一路狂奔。

路過沛縣老家時，劉邦還專門回了一趟家，結果家裡空無一人，父親和老婆不見了，連一對兒女也失蹤了。

夏侯嬰問：「老大，怎麼辦？」

劉邦說道：「我們快走，保命要緊！」

二人接著趕車狂奔。

第九章　楚漢爭雄

　　不料，第二天跑路時，在一群難民隊伍裡，劉邦偶遇了自己的一對兒女，也就是後來的漢惠帝劉盈和魯元公主。既然遇上了，沒得說，夏侯嬰趕緊將他們抱上車，一起跑路。沒跑多久，遠處騰起塵煙，楚軍又追上來了，劉邦眼看逃不脫，情急之下做了一件讓所有人跌破眼鏡的事：他把年幼的劉盈和魯元公主推了下去！

　　虎毒不食兒，劉邦連兒女都不放過，夠狠！

　　劉邦的這個舉動連夏侯嬰都看不下去了，這位厚道長者不得不停下車，將兩個孩子重新抱回了車上。劉邦很生氣：「我要是死了，大家都得玩完！」一腳踹了下去，夏侯嬰再撿。劉邦踹了三次，夏侯嬰撿了三次。

　　劉邦都快氣炸了，一肚子邪火都發在夏侯嬰身上，好幾次都想拔出劍，殺了夏侯嬰。當然，最終他也沒有動手，不是因為心慈手軟，而是他知道，如果了夏侯嬰，沒人替自己駕車，大概死得更快。

　　好在路上的這段小插曲並沒有影響劉邦逃命，夏侯嬰駕著車一路狂飆，成功將劉邦一家三口送到下邑與大舅哥呂澤會合。當然，下邑也不安全，劉邦隨後匆匆趕往滎陽，下令各部迅速向自己靠攏。

　　劉邦雖然逃了出來，但是他的家人可就沒那麼幸運了，老婆和父親一個也沒有跑出來，被項羽通通抓起來關進大牢，成為人質。

　　彭城一戰，項羽以三萬精騎擊潰劉邦諸侯聯軍五十六萬，如此戰績，簡直前無古人後無來者！以至於後人在讀到這段歷史時，發出了這樣一句感慨：

　　「羽之神勇，千古無二！」

挖牆腳的正確姿勢

　　回到滎陽的劉邦收集殘兵敗將，開始認真反思自己的錯誤。遠在關中的蕭何得到劉邦戰敗的消息後，立即召集老弱百姓，以及還不滿服役年齡的少年火速增補兵力。也別怪蕭何狠心，沒辦法，關中的青壯年大多犧牲在了戰場上，白骨露於野，千里無雞鳴，剩下的只有老弱病殘了，就湊合湊合用吧！

　　有了蕭何的幫助，漢軍重整旗鼓，一邊在滎陽擊退了幾次楚軍的試探性進攻，一邊打通了到敖倉的糧道，準備和楚軍進行持久戰。

　　彭城一戰，項羽重新回到了他的巔峰狀態，各路諸侯見風使舵，紛紛倒戈投向了項羽。塞王司馬欣和翟王董翳原本就是從項羽集團出去的，一看形勢不對，立即跟劉邦劃清界限，重新回歸楚軍陣營，向項羽認錯去了。

　　陳餘也終於得知消息，原來張耳沒死！「劉邦竟然敢騙我，絕交！」

　　為了盡快扭轉局面，劉邦組織了一場員工座談會。在會上，劉邦正式宣布：誰能幫助他打敗項羽，他就把函谷關以東的地盤分給誰。

　　這個誘惑看上去夠大，但是只要仔細一想，就會發現，這只是一張空頭支票：「函谷關以東本來就不是你的，你拿什麼賞？如果別人有本事拿下了函谷關以東，為什麼要接受你的封賞？」

　　作為劉邦集團的首席謀臣，張良給了他三個人選：韓信、彭越、英布。

　　劉邦集團中，唯有韓信可以成大事，獨當一面，其他兩個人單拎出來，實力也不容小覷。「主公要把關東交出去，就交給這三人，一定可以打敗項羽！」

第九章　楚漢爭雄

為什麼是這三個人？

我們先來看韓信。前面說過，韓信此前雖然是個小嘍囉，但是他對軍事有獨到的見解，劉邦集團的蕭何甘願用自己的信譽為韓信背書，為他求得大將軍一職。在返回關中的路途中，韓信「明修棧道，暗度陳倉」，成功騙過了章邯，在短時間內平定了關中大地。

有人會說，既然韓信這麼厲害，為什麼劉邦還會在彭城栽了跟頭？

一個普遍的推測是，韓信並沒有參與彭城之戰，他應該還在關中繼續跟章邯硬碰硬。如果韓信在劉邦身邊，絕對不會出現三萬人打敗五十六萬人的場景。

對彭城一戰的了解，韓信全是從他人口中得知。得知劉邦戰敗，韓信在震驚之餘，第一時間覆盤了這場戰爭。彭城之戰，項羽之所以能上演反殺的奇蹟，靠的是楚軍騎兵的快速突擊。這之後，他們又藉著高昂之氣發動了一系列疾風暴雨式的攻勢，牢牢將漢軍壓制住，完全沒有給反楚聯軍反應的時間。

韓信以冷靜的頭腦重新審視著這場戰爭，以騎兵為作戰主力的千里奔襲軍事行動，也唯有項羽能做得出來，換作其他人，未必有這份魄力。

僅憑這一點，就讓韓信不得不佩服。而在內心深處，韓信早已將項羽視為自己最大的對手。

再看彭越。彭越是盜賊出身，劉邦西征時曾路過昌邑，彭越以友軍的身分幫助劉邦攻打過昌邑。項羽分蛋糕時，由於彭越沒有參加滅秦之戰，所以他沒有獲得任何封號，成了一支沒有歸屬的私人武裝部隊，自成一派。

這樣一支流寇，為什麼會進入張良的視野？

很簡單，彭越長期活躍在梁地一帶，而此處正是項羽的大後方。如果

挖牆腳的正確姿勢

能夠將彭越徹底拉攏過來，就能開闢敵後戰場，時不時地放把火，牽制項羽，使其不得全力攻漢。

韓信和彭越都好說，關鍵是英布。

英布是六縣人，早年有人為英布算了一卦，說他這個人的面相不一般，有稱王的命，但是有一個前提條件，要先受黥刑。

秦始皇在驪山弄土木建築的時候，正好抓到四處徘徊的英布。在嬴政看來，這些無所事事、到處晃盪的社會閒散人員都是不穩定因素，必須將他們牢牢控制住。這之後，英布有一次犯了法，被判處黥刑。

別人臉上刺了字，都覺得很丟臉，只有英布受刑後每天都像中了五百萬一樣，非常高興，索性把自己的名字改成了黥布。

英國詩人雪萊（Percy Shelley）《西風頌》（Ode to the West Wind）中寫過一句名言：「冬天已經來了，春天還會遠嗎？」英布沒有雪萊的詩情，他想的是，如今受了黥刑，封王還會遠嗎？

在驪山做苦力期間，英布拉攏了一批不安定分子，建立了一個自己的集團，找機會逃了出去，在鄱陽湖當起了江洋大盜。

陳勝、吳廣起義後，天下大亂，九江郡的官民迅速響應，反抗秦王朝的統治。英布聽說番陽縣令吳芮也扛起了反秦的大旗，果斷投靠了吳芮。吳芮非常器重英布，讓他做了自己的女婿，可見對其喜愛程度。項梁起兵後，英布帶著自己的小弟加入了項家軍，自此正式成為項氏集團的一員。

要策反這樣一個重要骨幹，其難度可想而知，張良到底有幾成把握？

張良之所以對英布格外留意，是因為他透過大量的情報分析得出，英布與項羽之間鬧不合了。

項羽分封天下時，任英布為九江王，定都六縣。英布心滿意足，回到

第九章　楚漢爭雄

家鄉後日子過得好不快活。可惜好景不長，沒過多久，田榮第一個站出來表示不服，要跟項羽單挑。

項羽很生氣，向自己的小弟們說：「我要去齊國揍田榮，有一起去的嗎？」

各路諸侯悄然無聲，愣是裝作沒看見。

項羽很尷尬，專門爭取了英布：「我們是一起出生入死的同袍了，這一次你可不能退縮！」

不料，英布的回覆卻讓項羽差點吐血：「老大，我最近身體不好，一直臥病在床，不宜遠行。當然，老大有差遣，做小弟的也不能拖後腿。這樣吧，我派幾千士兵隨同您一起出征，祝老大旗開得勝！」

項羽很生氣：「當初分蛋糕的時候怎麼沒見你這麼謙虛？你們都不去，好，我一個人去揍田榮，回頭再找你們算帳！」

不僅如此，劉邦出關後一路勢如破竹，英布身為項羽集團的骨幹，眼睜睜看著劉邦攻下了項羽的大本營彭城，沒有派一兵一卒前來支援。

為什麼英布不聽項羽的指令？很明顯，他在觀望，看看項羽 VS 田榮、項羽 VS 劉邦誰能勝。

英布一而再地拖延，讓本來對他寄予厚望的項羽很生氣，多次指責英布懶政怠政不作為，要求他到自己辦公室述職。這下子，英布就更不敢去見項羽了，兩人之間的隔閡也越來越深。

張良的調查工作做得非常扎實，他敏銳地發現了兩人之間的隔閡，決定再推一把，讓英布和項羽徹底鬧翻，趁機將英布拉到自己這一方。眼下，張良已經制定了一份詳細的策反方案，現在的問題是，誰去執行？

這一天，劉邦召開員工大會，商量策反英布事宜。在會上，劉邦問了半天，都沒有人主動站出來為他分憂，氣得劉邦直發火：「你們這些人，平時都很自大，關鍵時刻，一個個都是廢物，都不中用！」

挖牆腳的正確姿勢

這話啪啪啪打了所有人的臉，大夥兒臉上都火辣辣的，可是大家都低著頭，裝作一副沒聽見的樣子。底下一個叫隨何的小弟坐不住了，他站了起來：「主公此話怎麼說？」

劉邦：「誰能替我出使九江國，策反英布？只要能拖住項羽幾個月，我就能得到整個天下！」

隨何：「這有什麼難的？讓我去！」

「就憑你？」

「就憑我！」

劉邦也很痛快，當即拍板，派二十人跟他去九江做策反工作。

隨何到了九江以後，英布倒也沒有虐待他，供他吃好的喝好的，但是就有一點，每次隨何提出要見英布時，總被接待人員各種婉拒。

一連過了好幾天，隨何開始坐不住了，他知道，此時此刻，英布也一定非常矛盾，還沒有做最後的決斷。

必須要見到英布，幫他下定決心，否則這趟算是白來了。

這一天，隨何對接待他的太宰說：「麻煩轉告你家大王，我有話要對他說。如果我說得對，他可以聽，說得不對，請他直接殺了我，免得被項羽知道了對大王不利。」

太宰把隨何的話轉告了英布，英布想了半天，決定還是見一見隨何。客人都在家等了半天了，如果避而不見，總歸不是個辦法。

王宮內，面對項羽帳下的人，名滿天下的九江王英布，隨何面不改色：「大王為什麼聽項王的？」

英布心想：「你這不是廢話嘛，我是他的小弟，不聽命於他還能聽誰？」當然，表面上還是回答得很客氣：「我是項王的臣子。」

這個回答早在隨何意料之中。緊接著，他問了第二個問題：「既然如

229

第九章　楚漢爭雄

此，大王作為臣子，為何在彭城淪陷的時候不去幫助項王？」

聽到這個問題，英布尷尬了，雖然自己對外宣告是因為生病了，但是傻子都能看出來，這完全就是個藉口。

隨何敏銳地捕捉到了英布的猶豫，步步緊逼：「大王聽項王的，是因為項王強大；大王不願意見我，是因為漢王弱小，是這樣嗎？」

英布：「我知道你這次來是想說服我投奔漢王，但是你家漢王剛剛打了敗仗，我怎麼可能去當他的小弟？」

隨何搖搖頭：「大王錯了，我替您分析。我家漢王雖然敗了，但是現在退守滎陽、城皋一帶，糧食和新兵都能從關中得到源源不斷的補充。項王雖然一時勝了，但是他缺乏根基，若想進攻滎陽，後勤無法保障，各路諸侯畏懼他，百姓討厭他。長此以往，孰強孰弱，以大王的眼光應該可以分辨出來。」

聽到這裡，英布的內心開始了一場天人交戰。

「背叛項羽嗎？但是他待我不薄啊，可是自己幾次三番拒絕項羽，和項羽的關係太尷尬了，以項羽的性格，說不定哪天騰出手來就把我殺掉了，就像殺掉義帝那樣……投靠劉邦嗎？但是這老小子在戰場上跟項羽完全不是對手，他能打贏項羽嗎？」

隨何的眼睛一直盯著英布：「只要大王能拖住項羽幾個月，漢王就能奪取天下，到時候漢王不會忘記大王的恩情，九江、淮南都是大王您的！」

英布心動了。長期以來，他擁兵自重，就是為了在這個群雄並起的大時代待價而沽，分一杯羹。誰給的好處多，跟著誰有前途，他就跟誰走。當年投奔項梁，後來歸順項羽，都是遵循這個思想原則。

忠誠？信義？在英布看來都是狗屁！

當然，英布不可能因為這麼一句話就熱血上頭，他答應跟隨劉邦，但不是現在。在時機到來之前，希望雙方暫時保守祕密。

隨何露出了會心的微笑。他知道，英布只是心動而已，要讓他付出實際行動，還需再推他一把。

早在前幾天，隨何就得到了一條情報：就在他到達九江時，楚國的使者也前後腳到了，就住在隔壁房間。但是英布沒有打算把這個消息告訴隨何，很顯然，他還留給自己後路。

要讓英布死心塌地地背叛項羽，需要來點狠的，斬斷他所有的後路。

這一天，英布私底下接見了楚國使者。就在雙方進行親切友好的會談時，隨何突然帶著手下直接衝進了現場，大喊道：「九江王已經歸附了漢王，楚國憑什麼讓他出兵？」

楚國使者一看：「好你個英布，怪不得項王使喚不動你，原來你早就打算投奔劉邦了，還談什麼啊，趕緊閃人吧！」

隨何一看使者要走，對著英布喊道：「事已至此，還不趕緊殺了他，更待何時？」

英布一看，知道已經沒有退路，只得命令手下殺掉楚國使者，不得已正式入股劉邦集團。

很多人都在討論，為什麼英布會背叛項羽？

有人說是因為隨何的糊弄，有人說是項羽的嚇唬，我覺得都不是。

英布背叛項羽，究其原因，是項羽剛愎自用，沒有給大功臣英布更多的好處，而英布顯然是一個不知足的人。英布在項羽手下，英勇殺敵，屢屢立功，堪稱是為楚國做出最大貢獻的人，卻沒有得到最好的待遇。恰好此時，劉邦派隨何高薪挖人，正好戳中了英布的心思。

第九章　楚漢爭雄

魏王豹背叛了

　　有了英布的加入，漢軍軍勢大振。楚軍以彭城為基地，經常乘勝逐北，與漢軍交戰於滎陽以南的京縣、索城之間。

　　為了總結經驗教訓，提振精神，劉邦多次召開員工座談會，尋找差距。打輸了不丟人，如果連為什麼打輸了都不知道，那可真是白捱打了。

　　很快，大夥兒提出了一個一致意見：「項羽之所以厲害，是因為他有一支來如流水去如風的騎兵隊伍！」

　　冷兵器時代，在與步兵的交鋒中，騎兵所具有的優勢無疑是無可匹敵的。騎兵機動性強，可以利用馬匹的速度在長途奔襲合圍殲滅戰中發揮關鍵作用。項羽之所以能在彭城之戰中以少勝多，就是因為騎兵可以藉著馬匹的速度迅速衝進敵陣，破壞敵軍的陣型，其奔騰時的氣勢足以使敵軍的心理防線崩潰。對於步兵來說，騎兵簡直就是一場噩夢。

　　劉邦顯然也看到了騎兵的巨大價值，他決定組建一支屬於自己的騎兵部隊。問題在於，他身邊多是步兵將領，誰能統帥騎兵？

　　為了找到合適的騎兵將領，劉邦發出通知，讓小弟們互相推薦。大夥兒一致推薦校尉李必、駱甲二人為騎將。

　　當劉邦找二人談話時，李必和駱甲卻堅決推辭，這又是為何？

　　面對劉邦的詢問，李必、駱甲答道：「我們都是秦國人，恐怕得不到大家的信任，希望主公任命一個您左右善騎者為將，我們做他的副將就行了。」

　　選誰合適呢？劉邦將自己身邊的將領一個個在腦海中過了一遍，忽然想起了一個人：灌嬰。

魏王豹背叛了

灌嬰早年以賣絲絹為生，後來追隨劉邦革命，經歷了血與火的考驗，以驍勇善戰而初露頭角，深得劉邦信任。

在劉邦的支持下，灌嬰被任命為中大夫，鎮守京、索，統轄並操練騎兵，李必和駱甲二人負責協助。從這一刻起，灌嬰正式登上了楚漢戰爭的歷史舞臺，在群雄逐鹿的戰場上綻放自己的光芒。

多年之後，為了編撰史書，司馬遷專程拜訪了樊噲的孫子樊他廣，了解到了樊噲、灌嬰、周勃等人發跡前的一些八卦，不由得感慨道：「當年他們操刀殺狗（樊噲）或販賣絲繒（灌嬰）時，能知道日後可以攀龍附鳳、名傳後世、澤被子孫嗎？」

顯然不能。一個人的成功固然要靠個人的努力，但是也要順應時代潮流和歷史。如果沒有秦末的這波反秦浪潮，樊噲和灌嬰或許永遠不會有在史書上留名的機會。

灌嬰帶著這支訓練出來的騎兵隊伍往來於滎陽東南的京、索之地，在與楚軍的對抗中屢有斬獲，造成項羽不小的壓力。

在穩定了前方的形勢後，劉邦抽空回了一趟關中，立劉盈為太子。我們都知道，劉邦的長子是劉肥，次子是劉盈，但是很可惜，劉肥的母親曹氏只是劉邦的小妾，劉邦的合法妻子是呂雉，所以不好意思，雖然你是老大，但是太子之位注定跟你是無緣了。

就在劉邦穩定後方，準備大打一場時，又有一個消息傳來，魏王豹造反了！

劉邦鼻子都快氣歪了：「什麼情況？趕緊去查查。」

這裡要重點說一說魏王豹。他原本是跟隨劉邦的，彭城戰敗後，魏王豹氣喘吁吁地跟著劉邦一路撤退到滎陽，緩過神來忽然發現：「對啊，項羽要收拾的是劉邦，我跟著他瞎跑什麼呀？」

第九章　楚漢爭雄

心思活絡的魏豹開始動搖了，他想起前不久發生的一件事。

魏豹有個太太，叫薄姬。有一天，相士許負見到了薄姬，臨走時悄悄對魏豹說了一句話：「你這個太太不簡單啊，她的兒子將來一定會當天子！」

魏豹聽完，心裡咯噔一下：「她是我老婆，她的兒子不就是我的兒子嗎，那就是說我將來要當天子了？」

想到這裡，魏豹更加堅定了信心：「跟隨劉邦，只能當個打工的，永遠不會有出人頭地的機會。什麼也不說了，乾脆自己回家單幹！」

這一天，魏豹向劉邦請假，說家裡有人生病了，得回去看看。劉邦簽了字，結果這傢伙一回到魏國，馬上派兵封鎖了黃河渡口，宣布跟劉邦斷絕關係，一轉身就投靠項羽了。

劉邦發誓：「一定要清蒸魏豹！」

酈食其趕緊勸阻道：「主公先不要著急，我跟魏王豹平時還算有點交情，不如讓我先去勸一勸他。如果他聽勸，我們就不用勞師遠征了；如果他不聽勸，我們再收拾他也不晚。」

劉邦一聽，說：「好吧，你去替我勸勸他，如果能說服他，既往不咎；事情辦成了我封你為萬戶侯，如果辦不成，等我揍完他再回來揍你！」

酈食其志得意滿，他自認為辯才無雙，只要能見到魏王豹，必定可以讓他迷途知返，重新回歸劉邦的懷抱。帶著必勝的信心，酈食其一路風塵僕僕，趕到平陽，見到魏王豹，反覆說明利害，要他浪子回頭，繼續效忠漢王，將來的天下必定姓劉而不姓項，說得口乾舌燥，嘴皮子都快磨破了。

不過，魏王豹看酈食其的眼神，卻像遊客看馬戲團裡的動物表演一樣，只是好整以暇地看著他，絲毫沒有被打動的意思。

酈食其心虛了，眼神中的自信開始慢慢消失。

> # 魏王豹背叛了

等酈食其說完,魏王豹這才慢慢說道:「漢王眼裡只有他自己,哪有別人啊,人生在世,如白駒過隙。漢王傲慢無禮,辱罵臣下如同辱罵奴僕,我不願跟他為伍。要不是看在老朋友的份上,早就讓你人頭落地了,你還是回去吧!」

說完,魏王豹一揮手,示意手下人送客。

完了,酈食其的萬戶侯沒有了,捱罵是肯定的了。

當然,酈食其的這趟出差也不全是一無所獲。一路上,他蒐集了不少魏國的情報,摸清楚了對手的底牌。

劉邦見酈食其碰了釘子回來,氣得七竅生煙,立即命韓信為左丞相,和灌嬰、曹參統帥十萬大軍渡河擊魏。

臨行前,劉邦找來酈食其,做了一番細緻調查:「魏豹敢跟我作對,想必手下良將眾多,他任誰為大將?」

酈食其:「柏直。」

劉邦一笑:「柏直乳臭未乾,不是韓信對手,騎兵將領是誰?」

酈食其:「馮敬。」

劉邦想了想:「馮敬是原秦將馮無擇的兒子,雖有些名聲,但是少策略,不是灌嬰的對手,步將呢?」

酈食其:「項他。」

項他也不是曹參的對手,劉邦終於放心了。

韓信接到任務後,也在第一時間問酈食其:「請問酈老先生,魏國難道沒用周叔做大將嗎?」

酈食其拍著胸脯,十分肯定地回答:「確實是柏直!」

韓信暗喜。

第九章　楚漢爭雄

這年八月，韓信帶著大部隊兵臨黃河岸邊。

劉邦派韓信出兵的消息傳到了魏王豹耳朵裡，魏王豹不敢大意，立刻把重兵調集到蒲坂，封鎖了黃河渡口臨晉關，心說：「八月的黃河正是水勢迅速的時期，我看你怎麼過黃河天險這一關！」

韓信來到臨晉關，只見黃河水勢滔天，而對岸山西境內全是魏國重兵把守，戒備森嚴。更可氣的是，魏王豹把黃河兩岸的船全部弄走了，連兩岸大樹都砍了，這怎麼渡河？

韓信陷入了沉思。

為了破解困局，韓信派出了偵察兵，沿著黃河上下游尋找，看看有沒有其他合適的渡口。很快，偵察兵彙報：「臨晉的上游有個地方叫做夏陽，那裡河面寬闊，水勢緩慢，是個不錯的登陸點。」

「就是這裡了！」

韓信當即拍板，留下一部分兵力，繼續趕造船隻，造成漢軍要造船渡河的假象，迷惑對面的魏軍，主力部隊迅速趕往夏陽集結！

一到夏陽，韓信傻眼了，這裡河面確實寬闊，唯一的缺點是，沒有船。

為了渡河，韓信決定到附近的村子裡轉轉，找找思路。夏陽附近的村民都是製陶器的陶戶，擅長製作瓦罌，這是一種體型龐大，小嘴大肚子的陶器，百姓們既用瓦罌來存水，也用它來盛糧。

一看到這東西，韓信的腦海中如同靈光乍現一般，頓時有了主意。他命人從當地百姓家裡收集了大量瓦罌，將瓶子封住口，排成長方形，口朝下，底朝上，用繩子綁在一起，再用木頭夾住，做成浮排一樣的東西。士兵們三三兩兩一組坐上去，用兵器划水，向對岸駛去。

再看臨晉關這邊，魏軍大將柏直拿好大棒，一直守在渡口，就等著漢軍過來送人頭。卻不知，九萬大軍已從夏陽渡河，正馬不停蹄地趕往平陽。

魏王豹背叛了

等到魏王豹明白過來，韓信大軍已經兵臨城下。

魏國上下譁然，魏王豹大驚：「上游的夏陽向來沒有船隻，難道漢軍是飛過河的？」來不及多想，魏王豹當天就匆匆離開了平陽王宮，穿戴鎧甲趕往前線。但是此時，以瓦罌渡河的漢軍在安邑得手後，士氣正旺，一路勢如破竹，魏軍哪裡擋得住，紛紛潰退。

得知韓信已從上游渡河，等候在臨晉關渡口的灌嬰按捺不住了，乘魏軍守備混亂之際，驅船急進，強渡黃河，與韓信大軍兩路夾擊魏軍。魏軍腹背受敵，倉皇失措，死傷大半。

在韓信面前，魏國的軍事防禦猶如紙糊的一般，一觸即破。倉皇出逃的魏豹驚魂未定，就被漢軍擒獲，押送到了滎陽。看在老相識的份上，劉邦沒有殺他，命他協助周苛、樅公防衛滎陽。後來，楚軍猛攻滎陽，周苛、樅公認為魏豹德行有虧，不可與之共事，殺死了這個不可信任的同僚。

第九章　楚漢爭雄

第十章
韓信北伐

第十章　韓信北伐

置之死地而後生

　　搞定了魏王豹，韓信還覺得不過癮，向劉邦打了個報告：「給我增兵三萬，我獨自去開闢北方戰場，把代、趙、燕、齊一起搞定，方便的時候把楚國的糧道一起切斷，對楚軍實施側翼迂迴，最後跟您會師滎陽。」

　　劉邦一看：「嗯，這一仗打得不錯，打出了氣勢，打出了威風！只要三萬人馬即可橫掃北方，小投資，大回報啊！我支持你！」

　　當然，劉邦的支持是有條件的，他說：「前線滎陽兵力一直捉襟見肘，你得把手上的精兵調回來抵禦項羽，剩下的新兵你留著，重新訓練後帶著他們去開闢第二戰場吧！」

　　劉邦不愧是老謀深算的政治家，雖然他的軍事能力一般，但是政治嗅覺非常敏銳。他驚嘆於韓信身上展現出來的出色軍事才能，也覺察到了一絲威脅。如果韓信有了其他想法，或是背叛自己，漢軍中誰能治得了他？

　　沒有人！

　　為了將這種潛在的威脅扼殺在搖籃裡，劉邦厚著臉皮將韓信的精銳部隊要了過來，牢牢掌握在自己手裡。

　　收到劉邦發來的指令後，韓信心中也是一萬個不服氣。他現在才真正意識到，自己只是個打工者，公司盈利了，那也是老闆的資產。對於老闆的指示，你只能服從，不能反抗。

　　認命吧，韓信！

　　看著身後的這些老弱病殘，韓信嘆了口氣，抓緊訓練了幾日，就帶著這些士兵向趙國出發。

　　魏國與趙國隔著一座太行山。問題在於，過太行山不是靠棧道，由於

置之死地而後生

兩側都是山，道路十分狹窄，形成了一道細長的峽谷。

得知韓信正在趕來的路上，趙王歇和陳餘不敢大意，在井陘口集結重兵，號稱二十萬大軍，迎擊韓信。

作為一名優秀的軍事家，韓信十分重視調查工作在軍事行動中的重要性，早在出發前，他就派出了偵察兵去探查趙國的軍事部署。這一天，臥底送來情報，說趙國軍中有一個叫李左車的，向陳餘出了個主意：「韓信一路勞師遠征，糧草非常重要，井陘這個地方道路狹窄，到處是一線天，行軍的時候肯定是士兵在前，糧草在後，只要我帶著三萬人從後邊偷襲韓信的糧草，將軍在正面堅守城池，不用出戰，不出十日，肯定能拖死韓信。」

韓信一聽，心中咯噔一下：「想不到對方陣營中還有這樣的策略高手，這可如何是好？」

震驚之餘，韓信忽發奇想：「這李左車到底是什麼人？」

為了摸清楚對手的路數，韓信只得派出更多的偵察兵，自己帶著隊伍慢慢前進。很快，韓信就查到了李左車的個人檔案，除了一些基本資料，韓信還發現了李左車的一份族譜，上面有一個顯赫的名字：李牧！

沒錯，正是戰國四大名將之一的戰神李牧！

提起李牧，可謂是無人不知，無人不曉，他是戰國末期支撐趙國危局的主要將領，史書有「牧存則趙存，牧亡則趙亡」之稱。

原來李左車是將三代！

韓信不敢大意，眉頭擰得更緊了，接連又派出了一些偵察兵繼續打探消息。很快，又有一個消息傳來，陳餘拒絕了李左車的建議！

怎麼回事？

讓我們把時間往回撥一下。當李左車向陳餘提出建議後，迂腐的陳餘

第十章　韓信北伐

　　竟然一口回絕：「我聽說兵法上講十倍兵力可包圍，雙倍兵力可戰鬥。現在韓信稱擁兵數萬，其實是虛張聲勢，他們行軍千里來襲擊我，必然疲憊。現在如果迴避不攻擊他們，之後來的漢兵更多，還要怎麼抵禦？這樣諸侯都會認為我怯弱，輕視我，都會把我當成軟柿子捏。」

　　李左車不甘心：「代王，韓信非常人可比，如今漢軍氣勢正盛，正面對戰難免吃虧，不如先晾他一晾，利用地形優勢前後夾擊，必能收到奇效。」

　　陳餘大手一揮：「你怎麼這麼囉哩囉嗦？趙國是泱泱大國，擁有太行山以東、黃河以北千里之地，軍隊十多萬，若只是一味地防守，不敢出戰，豈不被天下人恥笑？」

　　陳餘不僅沒有接受李左車的建議，反而認為李左車一再誇大韓信的才能，是對自己的輕蔑不敬。

　　在書生陳餘看來，即便是打仗也應該保持君子風度，少一點技巧，多一點真誠。

　　得知消息，韓信大喜過望，立即命令大部隊快速行進。一路上，兩側奇峰直插雲霄，壁立千仞，氣象森然，令人望而生畏，真可謂是一夫當關，萬夫莫開。

　　韓信不禁想到了李左車的計謀，真是一條奇計，幸虧陳餘沒有採納，否則漢軍將死無葬身之地！

　　漢軍快速通過，在距離井陘口三十里的山谷中安營紮寨。韓信挑選出兩千騎兵，一人給一面紅旗，讓他們在趙國軍營附近就地隱蔽，並交代了任務：「只要看到趙軍全軍出動，就趁機衝進趙軍大營，拔掉他們的旗幟，換成我們的紅旗。等明天搞定了趙軍，晚上讓炊事班加餐，犒勞大夥兒！」

　　韓信只有幾萬新兵，而對方有二十萬人，他哪來的自信可以在一天之內搞定趙軍？

置之死地而後生

面對眾人的疑問,韓信笑而不語,只是讓大夥兒按命令列事。

「得了,既然老大都這麼說了,那我們就老老實實去做吧!」

一切準備就緒,韓信派了一萬人馬先行出發,渡河後,背著河岸列陣,並告誡他們在下一個命令到達之前誰都不許動。

對面的趙軍一看,忍不住哈哈大笑:「背對著河紮營,等於自己斷了後路,這韓信不會是個菜鳥吧?連這點常識都不懂。你以為你是項羽啊,還想來個背水一戰,反敗為勝?」

身邊有人建議先拿這點人打打牙祭,陳餘卻攔住了部下:「這只是先頭部隊,沒見韓信的中軍大旗,我們且耐心等待!」

眼看著趙軍沒有動,第二日韓信這才慢慢讓主力過河,豎起中軍大旗,敲著鼓,大張旗鼓地過了河,向趙軍發出挑戰。面對這群新兵,趙軍完全沒放在眼裡,出城迎戰,很快雙方就陷入了膠著狀態。

一旁觀戰的李左車都快看傻了:「這韓信會不會打仗啊?先是派了一萬人背水列陣,之後又自不量力,主動向趙軍挑戰,怎麼看都說不通啊!」

李左車陷入了沉思,陳餘心裡卻很開心:「早聽說你韓信用兵如神,今日一見,不過如此嘛!他下令,全軍出擊,將韓信大軍趕入河中!」

趙軍全體出動,嘩啦啦往前衝。韓信大軍果然扛不住了,扔了旗幟和鼓,二話不說就往回跑。李左車一看,漢軍不像是在演戲,於是帶著大軍加入了趕羊的隊伍。

我們都知道,一支裝備精良、經驗豐富的軍隊對一個將領而言意味著什麼。戚繼光的戚家軍之所以能讓倭寇聞風喪膽,靠的是重大軍陣的互相搭配;晚清的湘軍之所以能剿滅太平天國,就是因為在選兵之初,曾國藩就在宗族、師生、親友中挑選營官,從雛形到壯大,都帶著濃濃的「曾氏」文化特點,湘軍只知曾大帥,不知朝廷。

第十章　韓信北伐

相較之下，韓信可比他們慘多了，他身後的這些人本來都是一些老弱病殘，外加沿路收集的新兵。指望這些人為自己賣命？門都沒有。眼看著趙軍衝了過來，大夥兒轉身就跑。

可是能跑到哪裡去呢？身後就是滔滔江水，難不成真的要去餵王八？

都被逼到這個份上了，那就痛痛快快做一場吧！這些新兵發起狠來，倒讓趙軍一時也奈何不得。幾輪衝鋒下來，趙軍傷亡不少，可漢軍的陣營卻紋絲不動！

這場仗從早晨打到中午，又從中午打到下午，連吃飯上廁所的時間都沒有。趙軍上下都很疲憊，陳餘也不好意思讓大家餓著肚子打仗，決定留一部分人圍著，剩下的人回去吃飯，等吃飽了飯再收拾漢軍。反正漢軍已經被逼到了河邊，主動權在自己這邊，不急在這一時。

當趙軍回到營地時，一抬頭，卻看見營地紅旗飄飄，迎風招展，卻不見自己人出來迎接！

趙軍一個頭兩個大，難道軍營已經被漢軍占領了嗎？這還了得！連老巢都被占領了，趕緊跑路吧！

突然，營寨內衝出上百名漢軍，嗷嗷叫著向趙軍衝來。不知是誰喊：「趕緊跑吧！」

大家瞬間作鳥獸散。

兵敗如山倒。眼看著趙軍嘩啦啦散去，對面的漢軍也反應過來了，還等什麼呢？趕緊去收人頭！兩下一夾擊，趙軍成了夾心餅乾，大敗。

混亂中，陳餘被殺了，趙王歇跑了，李左車被抓了當俘虜。

號稱二十萬大軍的趙軍，占據有利地形，面對韓信的這數萬老弱病殘加新兵，竟然在一天之內全軍覆沒，不僅趙國沒想明白，就連漢軍將士們也想不明白。

當然，無論你是否能想通，這一戰卻奠定了韓信在軍中的地位。昔日楚霸王背水一戰，在鉅鹿大敗秦軍，讓項羽名震天下。今日韓信也玩了一齣背水一戰，成了眾人敬仰的大英雄，收穫了一大票粉絲。當初在點將臺上接受帥印時，大夥兒議論紛紛，對韓信極不信任，都等著看他的笑話。今時今日，情勢大變，他用四戰全勝的戰績證明了自己。

一代謀士李左車

傍晚，褪去喧囂與浮躁，一切都隨著夕陽西下安靜下來。

剛剛脫去了鎧甲，抹乾血跡的漢軍將士們個個興高采烈，聚在城中的趙王宮內，準備參加慶功會。

酒宴上，有人問韓信：「老大，我有一個問題，百思不得其解，兵法上說，行軍布陣一般講究背山面水，你昨天說讓我們背水布陣，還說回來吃晚飯。大夥兒雖然不理解，但還是照做了，沒想到最後真的贏了！小弟實在不明白這是什麼戰術？」

韓信哈哈一笑，得意地說道：「這也在兵法上有寫到，只是諸位沒留心罷了，這叫做陷之死地而後生，置之亡地而後存。我們的士兵都是老弱病殘，外加一些新兵，真的打起來水準太菜了，所以我使用了一點計謀，激發大夥兒的鬥志，讓他們懂得這是為生存而戰，唯有如此才能發揮他們的戰鬥力。」

這是「背水一戰」典故的由來，與項羽的「破釜沉舟」有相似處，也有不同處。與霸氣側漏的項羽相比，韓信只是個普通人，他沒有項羽那麼強的感召力，他比項羽有更多的顧慮，除了要對付趙軍，還要對付人心不齊

第十章　韓信北伐

的漢軍。

換句話說，韓信得先搞定自己人，再去搞定對方。從這一方面來講，韓信的軍事才能甚至比項羽更勝一籌。

大夥兒聽了，頓時對韓信五體投地，紛紛稱讚韓信：「還是老大厲害！我們以後就跟著你了！」

所以你看，同樣是看書，得到的知識是不一樣的。有的人書上怎麼寫，他就怎麼做；有的人頭腦比較靈活，看同樣的書，他卻能做到不拘泥於書本，舉一反三，觸類旁通，開啟自己的格局，遇事靈活處理。而韓信無疑就是後一種人。

雖然仗打贏了，但是韓信心中還記掛著一件事，他很想認識一下那位叫李左車的高手。他向眾人下令：「能活捉李左車的，賞金百兩！」

重賞之下必有勇夫。很快，李左車被五花大綁帶到了韓信面前。看著眼前這個傲骨錚錚的漢子，韓信不敢怠慢，趕緊上前親自解開繩子，請他上座。

韓信出道這麼久，在軍事上能讓他佩服的人不多，李左車算一個。都說高手寂寞，用這個詞來形容韓信再貼切不過了。北伐才剛剛拉開帷幕，韓信需要一個朋友，幫助他進一步梳理眼前的局勢，盡快拿下齊國。

目前來看，能在軍事上讓韓信佩服的，只有眼前的李左車。

除了英雄間的惺惺相惜外，韓信之所以如此禮遇李左車，還有一個重要原因：革命形勢依然嚴峻。

韓信雖然以弱勝強滅了趙國，但這其中是由很多因素促成的，比如陳餘的過度自負，這才讓韓信找到了機會。問題在於，這種指望對方犯錯的機會不是天天都有的。燕國只是個小嘍囉，不在韓信眼中，但齊國是個龐然大物。雖然這些年來齊國一直在內鬥，但是破船也有三千釘，其實力依

然不可小覷。對付齊國，韓信沒有必勝的把握，他現在需要一個導師，告訴他接下來該怎麼做。

而李左車，就是韓信眼中的那位導師。

話題回到現場，韓信親自為李左車解開繩索，恭敬地請他東向而坐，自己則坐在西向，態度非常好！

作為勝利者的韓信擺出如此姿態，倒讓李左車覺得有些奇怪。

主賓坐定，韓信說道：「廣武君，我欲北攻燕國，東伐齊國，只是還沒想出具體計策，還望先生不吝賜教。」

李左車推辭道：「我聽說敗軍之將，不可以言勇；亡國之人，不可以圖存。如今我不過一階下囚，哪有資格計議軍國大事？你還是另請高明吧！」

李左車的反應在韓信意料之中。他沒有輕易放棄，繼續勸：「當年，百里奚在虞國而虞國滅亡，在秦國而秦國稱霸，這並非在虞國愚蠢，到了秦國卻聰明，關鍵在於國君他用不用、聽他不聽。如果書呆子陳餘肯聽你的意見，現在被俘的恐怕就是我韓信了。正因為陳餘不用你的計謀，我才僥倖打了勝仗。我誠心求教，務請先生不要推辭。」

話都說到這個份上了，李左車便放下架子，向韓信獻計：

「古人說，智者千慮，必有一失，愚者千慮，必有一得。哪怕狂夫之言，聖人亦可選擇。我雖愚頑，計策也不成熟，既然你願意聽，那我就說說我的看法。陳餘本有百戰百勝之計，然而一旦失掉它，便兵敗鄗城，身死泜水。如今將軍橫渡黃河，虜魏王，擒夏說，一舉攻克井陘，擊垮趙軍二十萬，威震天下，即便草野農夫都驚恐萬狀，放下農具，停止耕作，靜待將軍戰況，這些都是將軍的優勢。

然而，眼下百姓困苦，士卒疲憊，難以繼續作戰。現今將軍如果發動疲憊之師，屯兵燕國銅牆鐵壁之下，恐怕一時難克，一旦實情暴露，威勢

第十章 韓信北伐

自減，時間一長，糧食耗盡，必然進退維谷。如果連小小的燕國都搞不定，那齊國就更難搞定了。齊國搞不定，那麼劉、項勝負難料，這都是將軍的劣勢。我雖見識淺薄，但是竊以為攻燕伐齊是下策，善用兵者不以短擊長，而以長擊短。」

韓信恍然大悟，趕緊追問：「具體如何操作？」

李左車：「為今之計，將軍不如按兵不動，穩定趙國國內秩序，撫卹陣亡將士的遺孤，犒勞將士，擺出北攻燕國的架勢，然後派出使者攜書信至燕國，展示漢軍的優勢，燕國不敢不聽。收服燕國後，再派說客勸降齊國，齊國必然望風而降。」

韓信聽完後，不禁拍案叫絕：「就這麼辦！」

這些日子以來，燕王臧荼心裡一直很忐忑，因為他的燕王之位是搶來的。

臧荼殺了韓廣，等於打了項羽一耳光，本來想著山高路遠，項羽不會注意到他，沒想到第一個打上門來的卻是韓信。

作為劉邦集團冉冉升起的一顆新星，韓信一路橫掃魏國、代國、趙國，其推進速度之快，讓臧荼坐立不安。眼看著韓信磨刀霍霍，臧荼可謂是度日如年。

臧荼不是沒有想過主動投降，可是這樣也太沒面子了。

就在臧荼內心忐忑之際，韓信派來了說客，告訴臧荼，只要投降，臧荼的王位可以保留，一切待遇不變，漢軍也不會過多干涉燕國內部事務，只要在軍事行動上和漢軍保持一致即可。

「這個簡單！」臧荼大喜，徹底放下戒心，開啟城門投降。

韓信不費一兵一卒，搞定了燕國。

下一個目標：齊國！

帝王師與縱橫家

韓信這邊打得很順利，項羽也沒閒著，他要去收拾英布！

「想當初，是我收留了你，還封你為九江王。哪知道你不知感恩，對我的命令置若罔聞，我還沒找你算帳呢，你倒先反了，豈有此理！」

暴怒的項羽立即派出手下大將龍且攻打英布。

英布剛剛投奔了新東家，就遭到了老東家的追殺。為了向新東家證明自己的能力，英布蓄勢待發，在九江和龍且展開了一場大戰。這場戰打了好幾個月，但最後還是以英布的失敗而告終。

英布丟了地盤，灰頭土臉地去見劉邦。此時的劉邦正在洗腳，聽說英布來了，直接讓他進來。英布一進去，就看到劉邦大馬金刀地坐在床上，兩個侍女正在幫他洗腳。

英布一見這場面，心中的火一下子就上來了：「這是接待客人的態度嗎？做人最起碼的禮貌有沒有？」

而在劉邦看來，自己不就洗個腳，順便接見個人嘛！當初面試酈食其的時候，也是這幅場景。「你英布不是挺厲害嗎？怎麼連自己的地盤都守不住？不給你下馬威，說不定你以後還會不老實。」

兩人聊了幾句，英布強忍怒火出了大帳，找來隨何就是一陣罵：「你們太欺負人了！當初是你們要拉攏我，許諾我各種好處，結果漢王竟然這樣羞辱我！早知道是這種結果，我還不如繼續跟隨項羽呢！」

隨何勸了勸，將他帶到住處。英布這才注意到，自己的住處跟劉邦的裝修布置差不多，連洗腳盆都是同款的，心裡這才平衡一點。

這就是劉邦的管理風格，打一棒子再給一個棗，讓你不得不服氣。

第十章　韓信北伐

龍且雖然打贏了英布，但是隨著韓信在北方戰場上的節節勝利，項羽逐漸落入了包圍中，四面受敵。為了破局，項羽集中兵力，將進攻的重點放在了兩處，一處是敖倉，這裡是天下糧倉，儲備豐富；另一處是軍事要塞成皋。

漢軍當然也不是吃素的，兵來將擋，水來土掩，硬是扛住了一波又一波的攻擊。項羽使了半天勁，但是劉邦的防守異常嚴密，根本找不到機會。

該從何處入手呢？

項羽冷靜地觀察了形勢，忽然發現了劉邦的一個弱點：糧草。

劉邦的大本營在關中，而他之所以能在前線繼續跟自己硬碰硬，除了敖倉的糧草外，更主要的是在關中有源源不斷的糧草物資送到前方。

這樣一來，情況就很明確了，截斷糧草，就等於掐住了劉邦的脖子。

沒了補給，劉邦就被動了，總不能指望空投吧？劉邦在軍營裡急得團團轉，但是張良此時恰好出差了，身邊連個出主意的人都沒有。

就在劉邦急得如熱鍋上的螞蟻團團轉時，酈食其適時出現了，他向劉邦出了個主意：「過去商湯討伐夏桀，封夏朝的子孫於杞國。當今秦朝喪失道德拋棄理義，侵略攻伐各個諸侯國，滅了六國的後代，使他們沒有立足的地方。漢王如果能夠恢復封立六國的後裔，讓他們都接受您的印信，各國的君臣百姓必定都會感激您的恩德，欽慕您的德行道義，願意成為您的臣民。到了那個時候您再稱霸，楚國也奈何不得，還得來朝拜呢！」

酈食其的意思其實很簡單，為項羽廣泛樹敵，讓他忙不過來。

乍一聽，好主意啊！張良當初建議劉邦拉攏彭越、重用韓信、策反英布，不就是為了替項羽樹敵嗎？如果能把六國的王族都扶正了，這麼多人一起上，應該也讓項羽很難應付。

願景很美好,可惜,這是個餿主意。至於餿在哪兒?一會兒讓張良告訴你。

此時此刻,劉邦聽完酈食其的建議,忽然有一種豁然開朗的感覺。「對啊,我怎麼沒想到呢?就按你說的辦,趕緊去刻六國之印,我要封官!」

酈食其喜滋滋地跑去刻印章了,這邊張良也剛出差回來,準備向劉邦彙報工作。劉邦正在吃飯,拉著他坐下,說:「有人向我出了個主意,可以削弱楚國的實力。」

張良一聽,頓時來了興趣:「主公說來聽聽。」

劉邦將酈食其分封六國後裔的計畫告訴了張良,說完還得意地問道:「子房啊,你覺得這計畫怎麼樣?」

出乎意料的是,張良並沒有劉邦想像中那麼高興,反而黑著臉,反問道:「是誰出的這個餿主意?這不是要把主公徹底毀了嗎?」

劉邦不由得緊張起來,趕忙問:「這話怎麼說?」

張良拿過桌子上的筷子,一口氣說了八條理由:

「當初商湯滅夏桀,之所以分封其後人於杞地,是因為他們掌握著敵方的生死大權,眼下主公能夠決定項羽的生死嗎?此其不可一也。

武王伐紂,之所以封其後人於宋地,是能取商紂王的首級,眼下主公能得項羽的人頭嗎?此其不可二也。

周武王進入商朝的都城殷都之後,把箕子從監獄裡釋放出來,為比干營造高大的墳墓;眼下主公能封聖人之墓嗎?此其不可三也。

周武王能把巨橋糧倉的糧食發放給百姓,把鹿臺府庫裡的金錢分發給百姓,使貧苦百姓得到賑濟,眼下主公能拿出錢糧救濟貧苦百姓嗎?此其不可四也。

殷商滅亡之後,周武王廢戰車為乘車,毀干戈為鋤犁,以此來表示再

第十章　韓信北伐

也不打仗了。眼下主公能刀槍入庫，不再用兵嗎？此其不可五也。

周武王把戰馬全都放養在華山的南面，以此來表示再也不東征西討了，眼下主公能停戰嗎？此其不可六也。

周武王在種滿桃林的山丘上放牛，以此來表示再也不用牠們來輸送糧草輜重了，眼下主公能放牛停運嗎？此其不可七也。

更何況，那些漫遊天下的豪傑之士，他們之所以拋棄親人、遠離故鄉，心甘情願追隨主公輾轉奔波，南征北戰，無非是希望有朝一日能接受主公的分封、賞賜。如果您恢復了六國後裔的王位，那麼這些人就要返回故鄉，各歸其主，這樣一來您還能期望誰來幫助您奪取天下呢？此其不可八也。」

如果把上述理由簡單歸納一下，那就是：「周武王有威望，百姓都服從他，你有嗎？兄弟們拋家捨業，為你拋頭顱灑熱血，無非就是盼望著能做一番大事業，就算丟了性命也能夠封妻蔭子。假如你隨意分封那些既沒功勞，也沒本事的官N代，還有誰願意跟你一起打江山呢？」

有沒有聽到啪啪啪被打臉的聲音？沒聽到沒關係，至少在那一刻，劉邦臉上火辣辣的疼，後背已被冷汗浸透。他回過神來，把含在嘴裡的飯吐了出來，大罵道：「酈食其這個書呆子、大笨蛋，差點毀了我的大事！」立刻下令取消酈食其的任務，銷毀已刻好的君印，分封提議就此罷止。

看到這裡，大家或許會有個疑問，同樣是智囊，為什麼差距就這麼大呢？這麼低階的主意，酈食其怎麼還好意思拿出來賣弄？

我個人覺得，這恰恰體現了二人的區別。

張良與酈食其，一個是帝王師，一個是縱橫家。

什麼是帝王師？

所謂帝王師，必有大格局，大氣魄，不爭一時一地的勝利，力求站得更高、看得更遠、做得更大。唯有如此，才能看清問題的本質。

而縱橫家就不一樣了。他們憑著三寸不爛之舌，遊走於各國，販賣自己的政治主張，更像是政治掮客。翻開歷史，我們可以看到長長的一串名字：燭之武、蘇秦、張儀、徐福……

兩者一對比，高下立見。

范增中招了

隨著楚漢戰爭陷入膠著，劉邦的處境越來越艱難。仗已經打了好幾年，雖然劉邦這些年使盡了渾身解數，將半壁江山讓了出去，分化英布，培養韓信，拉攏彭越，本以為能和項羽打個平手，結果項羽不出手則罷，一出手就將自己打回了原形。

眼看著耳邊華髮叢生，想想這些年的經歷，簡直有一種快要崩潰的感覺。這種煎熬的日子，什麼時候才結束啊！

對於劉邦而言，眼前的局面就是一個死局。唯一的破解之道，唯有主動向項羽求和，才能換得一線生機。

劉邦派了小弟去見項羽，要求與他和談：「反正我們現在誰也奈何不了誰，打了這麼多年的仗，老百姓也被折騰得夠了。既然如此，我們談談吧，滎陽以東歸你，滎陽以西歸我，如何？」

看著劉邦提出的和談方案，項羽心動了。連年戰爭，別說劉邦快扛不住了，項羽自己也快頂不住了。雖然自己在鉅鹿之戰和彭城之戰中完成了兩次華麗逆襲，但是就眼下而言，自己比劉邦也好不到哪兒去。既然雙方都累了，何不握手言和？

眼看項羽有動搖的念頭，老頭子范增站了出來：「我反對！眼下劉邦

第十章　韓信北伐

雖然陷入了困境，但是他手上還有大片土地，還有韓信的十幾萬兵馬聽他指揮，他怎麼可能輕易言和？此不過緩兵之計耳。眼下劉邦正缺糧，這是解決他的最好時機！大王當急攻滎陽，切不可聽信其一面之詞！」

項羽卻打斷道：「亞父此言差矣！今天下紛亂，人心思定，漢王若真有心言和，我又何必苦苦相逼？不如暫且與他議和，後面的事後面再說。」

換作一般人，聽到項羽這番話，也知道再堅持也沒什麼意義了，但范增豈是輕易認輸之人？他拍著桌子對項羽大吼：「天予不取，必受其咎，今日若養虎為患，大王將來必定會後悔！」

在范增的堅持下，項羽總算打消了和談的念頭，決定繼續和劉邦硬碰硬。

就在劉邦都快憂鬱了的時候，陳平出場了。

自從跟了新老闆劉邦後，陳平還沒有做出過像樣的成績，他必須證明自己的能力，才能堵住那幫老傢伙的嘴。

陳平告訴劉邦：「要打敗對手，首先要了解對手。項羽集團中主要有這麼幾個能人，如果能搞定他們，那麼項羽離完蛋就不遠了。」

「哪幾個？」

「范增、鍾離眛、龍且、季布。季布本是楚人，為人俠義，以說話算數著稱，曾有『得黃金百兩，不如得季布一諾』的諺語。龍且是項羽帳下的頭號猛將，剛又打贏了英布，深得項羽器重。這兩個人暫時找不到缺點，不好下手。

鍾離眛就不一樣了，他有個特點，名利心重。如果能夠抓住這一點做文章，必定能收到效果。

當然，做這一切的前提是，你得提供我足夠的活動經費，我才好開展工作。」

范增中招了

劉邦問:「你需要多少錢?」

陳平答:「不多不多,只要三萬兩金就夠用了。」

劉邦一揮手,道:「我給你四萬兩金,由你全權負責,只要把事情辦好,其餘的我一概不問。」

有了錢,自然好辦事。陳平召集了一批人,在楚軍中散播謠言:

「鍾離眜這些人立下那麼多戰功,卻沒有被封王,心中早就對項羽心懷不滿了。聽說他最近正在跟劉邦私下接觸,想投靠到劉邦那邊去,一起滅了項羽,再瓜分項羽的地盤稱王。」

起初只是小範圍內傳播,沒幾天,謠言越傳越廣,甚至傳到了鍾離眜的耳朵裡。鍾離眜氣得大罵:「是誰在背後亂講話?我鍾離眜追隨項王征戰多年,一顆心早獻給了項王,豈容爾等在背後挑撥?」

項羽自然也聽到了這些謠言,不過對於鍾離眜的表態,他卻持懷疑的態度。謠言一出來,鍾離眜就失寵了。

在搞定了鍾離眜後,陳平將下一個目標瞄向了范增。

與鍾離眜這些武將不同,范增的段位比較高,靠造謠是扳不倒他的,畢竟他已經七十多歲了,要說他想造反,騙誰呢?

為了搞定范增,陳平決定親自出馬,替范增設了一個局。

在陳平的授意下,漢軍不斷派出小弟前往楚軍大營,協商談判議和之事。

這一天,漢軍大營也迎來了項羽的使者。

楚使一入漢營,就受到了熱情款待。看著眼前這桌豐盛的酒宴,楚使心裡很高興:「好久沒聞到肉的味道了,還是漢王出手闊綽大方啊,既然如此,那我就不客氣了。」

正當西楚使者準備吃飯時,陳平卻表情怪異地走進來,下令把大餐全

第十章　韓信北伐

部撤走：「不好意思搞錯了，我還以為是亞父的人，原來是項王派來的使者……」

楚使眼睜睜看著上好的一桌酒菜被撤下去，重新端上來的卻只是白飯和幾樣蔬菜而已。這下子，楚使終於爆發了：「有這麼接待貴賓的嗎？你們給我等著！」丟下碗筷，拂袖而去。

陳平望著楚使離去的背影，笑了。

回到楚營，氣鼓鼓的楚使將出差的情況添油加醋地向項羽彙報。項羽聽完，心中開始胡思亂想了：「這老頭竟然跟我搶風頭，是不是跟劉邦私下裡有什麼勾搭呀？不行，我絕不能答應！」

這一天，項羽召開軍事會議，范增再一次鼓動項羽抓緊收拾劉邦，不要猶豫。不提這事還好，一提，項羽就有氣：「亞父，你屢次三番讓我出兵，到底是何居心？」

范增一聽，知道項羽已經對自己起了疑心，怒道：「天下大局已定，大王好自為之吧，我老朽不忍心看你身敗名裂，就讓我葉落歸根吧！」說完拂袖而去。

「豎子不足與謀！」

「走吧，走吧！」

范增獨自坐著一輛孤零零的馬車，踏上了回家的路。項羽過於自負，空有一身武力卻不懂如何用人，這天下，終將是劉邦的！

幾天後，范增惡瘡發作，死在半路上。

范增對項羽有太多不滿，那麼他自己就是一個合格的軍師嗎？

我看不見得。

一個好的軍師，首先是能夠處理好和主公之間的關係，能夠得到主公的信任。但是范增對自己身分顯然沒有清醒的認識，他一而再、再而三地

失態，讓項羽難堪。他對項羽說話的口氣、姿態，往往是居高臨下、不留情面的。

鴻門宴上，劉邦逃走後，當著劉邦未帶走的隨從，范增氣得拔出劍來，劈碎了劉邦送來的玉斗，指著項羽的鼻子大罵：「豎子不足與謀。奪項王天下者，必沛公也，吾屬今為之虜矣。」

想像一下，當范增砸了玉斗，說了「奪項王天下者，必沛公也」，又罵了「豎子」以後，項羽會怎麼想？

看看陳平和張良，同樣是軍師，這二人何時有過讓劉邦當眾難堪的舉動？

我們不能否認范增對項羽的忠心，他甚至將項羽當作自己的兒子一般，怒其不爭之下，才會有不當之言。但是很可惜，在此過程中，他忘了給予項羽應有的尊重。

陳平的離間，只是催化劑而已，真正的分裂因素，早已經在鴻門宴時就已種下，這就使得陳平一次沒什麼技巧的反間計，項羽立刻「故意」上當，趕走了范增。

范增死後，項羽徹底變成了孤家寡人，從此之後，他將獨自面對劉邦集團的挑戰。

滎陽拉鋸戰

范增的離去，讓項羽更加孤獨。為了盡快解決劉邦，在平定了九江後，項羽集中火力，猛攻滎陽和成皋。

這裡要重點說一下滎陽和成皋。在當時，這兩個地方是同一個地方，

第十章　韓信北伐

兩地相隔十八公里。熟悉象棋的朋友都知道，象棋的棋盤中間有一條分界線，名為「楚河漢界」，其實就來源於楚漢戰爭。

「楚河漢界」就是指滎陽、成皋一帶，該地北臨黃河，西依邙山，東連平原，南接嵩山，是各方打架的最佳場所。劉邦出兵攻打楚國，在此提出了「中分天下，割鴻溝以西為漢，以東為楚」的要求，從此就有了楚河漢界的說法。在楚漢戰爭的艱難歲月裡，雙方在滎陽展開了持續數年的拉鋸戰。

項羽親自帶隊攻城，可把滎陽城內的劉邦急壞了。正面跟項羽打，沒有人有勝算，但若是逃跑，被項羽追上也是死路一條！

就在危難之際，一個小弟站了出來，對劉邦說：「您先走，我有辦法拖住項羽！」

劉邦一看，原來是老部下紀信。

忠心護主的紀信對劉邦說：「現在情況緊急，我的相貌很像主公，我願意假扮成主公出東門向項羽投降，主公您帶領人馬從西門突圍出去。」

聽完紀信的建議，劉邦只好同意，他讓陳平寫了一封降書，大意就是：「滎陽已經彈盡糧絕，無力抵抗，為了城中百姓的性命，我劉邦決定當天夜裡在東門親自駕車出門投降。」

這種鬼話對於劉邦和陳平而言，簡直是張口就來，根本不需要任何思考，但是項羽卻信了。

這天深夜，東門大開，紀信穿著劉邦的衣服，坐著劉邦的專車，在兩千婦女的相擁下，用一邊衣袖擋住臉，慢慢地駛出城來。就著火把的光亮，楚軍認出車上坐的正是劉邦！

楚軍大喜過望，打了這麼多年的仗，終於要結束了，大夥兒趕緊押著「劉邦」送到項羽帳前。

別人沒見過劉邦，項羽可是見過的，等到走近一看，才發現眼前這傢

伙不是劉邦！

「不好，中計了！」

項羽傲然問道：「你是何人，竟然冒充劉邦？」

紀信毫不退讓，昂然道：「我乃大漢將軍紀信！」

項羽被惹怒了：「劉邦在哪裡？」

紀信：「我家主公早已離開。」

項羽氣急敗壞道：「劉邦必定是從西門出的城，趕緊去追！」

可是已經晚了。此時的劉邦已經在眾將士的保護下，從西門逃出。等到東門的婦女們走完，天都亮了，劉邦早已不知所蹤。

項羽本打算殺掉劉邦把面子找回來，憤怒的他下令將紀信活活燒死。紀信用自己的生命換得劉邦的安全，解了滎陽困局，歷代對其推崇備至，西晉陸機曾讚道：「紀信誑項，軺軒是乘。攝齊赴節，用死孰懲。身與煙消，名與風興。」

劉邦稱帝以後，為了紀念紀信的救命之恩，下令在全國為紀信建立城隍廟，紀信從此成了城隍爺。

劉邦逃出城以後，回到關中，重新招兵買馬，準備反攻滎陽。就在此時，一個叫袁生的攔住了劉邦。

袁生告訴劉邦：「眼下不宜在滎陽跟項羽繼續打。」

劉邦問：「這是為何？」

袁生道：「從地緣政治上看，滎陽和成皋一線雖然非常重要，但是連年的戰爭已經讓那裡兵民疲敝，繼續硬碰硬下去也無法扭轉局面。」

劉邦問：「不支援滎陽，難道你有更好的辦法？」

袁生：「當然有！主公應當率軍出武關，在南陽郡治所宛城駐紮，深溝高壘，吸引項羽南下，將項羽拖在宛城，命韓信抓緊平定北方，讓彭越襲

第十章　韓信北伐

擊項羽的後方糧道。這樣一來，滎陽、成皋一線的漢軍才有機會得到充分休整，恢復戰鬥力。到時候，主公再率軍北上滎陽，項羽必定忙不過來。」

劉邦一聽：「有道理啊，就這麼做！」

劉邦改道武關，出兵南陽。項羽果然率兵南下，劉邦卻堅守不戰，將項羽牢牢拖住。而此時，彭越充分發揮機動性強的優勢，在敵後不斷騷擾楚軍，不時偷襲、燒糧草，讓項羽十分抓狂。

在項羽眼中，彭越就像一隻嗡嗡叫的蚊子，怎麼趕都趕不走。為了穩定大後方，項羽不得不再一次回過頭，親自去收拾彭越。臨走前，他將成皋城交給了終公，反覆叮囑他：「在我回來之前，千萬不要主動出擊！」

終公點頭答應，一轉身就把叮囑拋到了九霄雲外，結果丟了城不說，還白白送了人頭。

一看項羽親自出馬，彭越充分發揮的游擊戰術，果斷選擇了跑路。項羽沒捉到彭越這條泥鰍，回過頭卻發現成皋丟了，只得再次充當「救火隊長」，攻打滎陽。

滎陽的守將只有三個人，周苛、樅公、魏豹。前面說過，如果正面打，沒有人是項羽的對手。很快，滎陽城被攻破後，周苛和樅公成了俘虜。

項羽見周苛人才難得，想拉攏他，卻被周苛一口回絕：「你若不降漢，必被俘虜，你不是漢王的對手！」項羽見勸降不成，下令將其誅殺。隨後，項羽又勸降樅公，照樣不從，推出斬首。

在這一戰中，韓王信也被項羽俘虜，但是他順從了項羽，得以保全了性命。

拿下滎陽後，項羽再接再厲，攻克了成皋。而劉邦趁著還沒包圍時，帶著夏侯嬰悄悄溜了出來。

劉邦再一次成了喪家之犬。

滎陽拉鋸戰

天下之大，還能去哪兒呢？

去關中？不行，雖然那裡是自己的大本營，可是連年的征戰，蕭何不斷徵發關中百姓，早就抽不出兵力了。秦末戰爭關中喪失人口近六十萬，彭城之戰又喪十餘萬，滎陽之戰再喪十餘萬，最近的成皋之戰還喪了好幾萬，前前後後加起來不下百萬。由於青壯年損耗嚴重，關中的農業生產幾近癱瘓，蕭何再能幹，也禁不住劉邦這樣耗呀！換句話說，就算是去割韭菜，這韭菜還沒成熟呢，哪經得起你這麼三番五次地收割？

如今之計，只有去找韓信了。

問題在於，此時的劉邦在經歷了戰場的摧殘後，早已一無所有；而此刻的韓信卻在北方戰場一路勢如破竹，正是他人生最高光的時刻。試問，此時此刻，韓信會心甘情願把軍隊交出來嗎？

不管你信不信，劉邦一定不會信。

既然如此，如何才能奪回軍權？劉邦一直在苦苦思索這個問題。

劉邦一路向北，渡過黃河，祕密來到了修武。當天夜晚悄悄住下，第二天一大早，天剛矇矇亮時，劉邦坐著夏侯嬰的車，直接向韓信軍營行去。

「站住，什麼人？」軍營外的哨兵攔住二人問道。

「我乃漢王派來的特使，有機密之事要面見韓信。」說著話，劉邦從懷中摸出來一枚印符。

士兵仔細看了看，一揮手，放行。

劉邦混入了軍營，熟門熟路地拿到了虎符，然後公開身分，召集所有軍隊中的中高層骨幹人員集合，來了個大洗牌，把軍隊指揮權牢牢控制在了自己手中。

劉邦在收兵權，那麼此時的韓信和張耳在做什麼？答案是，他們還在睡覺。

第十章　韓信北伐

　　在搞定了燕國和趙國後，韓信一方面派出兵力襲擾項羽，一方面正在抓緊休整軍隊，準備進攻齊國。他哪能想到劉邦這麼快就被項羽打回了原形，而且會在第一時間跑來奪權！

　　當韓信和張耳慌慌張張跑到大帳時，劉邦早已完成新一輪的人事安排，將軍隊的控制權牢牢掌握在了自己手中。

　　大帳內，劉邦手握虎符，好整以暇地蹺著二郎腿，對韓信和張耳說道：「我帶著幾個人就闖進了中軍大帳內，日上三竿，兩位將軍還沒睡醒，連拿了虎符都沒人知道。如果真有刺客詐稱漢使而入營，取將軍之首，如探囊取物耳！將軍坐鎮一方，怎能如此疏漏？」

　　在訓斥完韓信和張耳二人後，劉邦又告訴了他們一個消息：「前方戰場吃緊，你們的軍隊我先借去用用，至於攻齊的兵力嘛，你們在趙國重新徵兵，等集齊了兵力再攻打齊國。」

　　韓信聽完，一口老血差點噴了出來：「老大，不是這樣玩的啊，我第一次北伐，好不容易有了點成就，就被你打劫了；眼看兵力稍微恢復了，又被你半路打劫了。」

　　然而，劉邦卻不理會韓信的想法，出門時，他還拍了拍韓信的肩膀：「你在北方戰場打得很順，我很欣慰，這次攻打齊國，我對你很有信心！」

　　韓信瞬間石化！

　　「信心有什麼用？你不是一直很有信心嗎？不是也被好幾次打回原形？」

　　當然，這些話只能爛在肚子裡，面對笑容滿面的劉邦，韓信只得拍著胸脯打包票。誰讓自己只是一個打工的呢？小不忍則亂大謀，一個優秀的策略家的心中只能有大局，不能帶有私人感情和好惡。廢話不多說，抓緊做事吧！

第十一章
龍戰於野

第十一章　龍戰於野

被拖垮的項羽

　　一夜之間，劉邦又滿血復活了，看著身後的二十萬將士，劉邦意氣風發，他要奔赴前線，繼續跟項羽硬碰硬！

　　就在這時，有一個叫鄭忠的人站出來，攔住劉邦的車駕，對他說道：「漢王可是想渡河與項羽開戰？」

　　「不錯！」

　　鄭忠一拱手：「我認為，漢王此舉不妥。」

　　劉邦來了興趣：「有何不妥？說來聽聽。」

　　「漢王雖然新收了韓信的士兵，但是項羽的楚軍南征北戰多年，經驗豐富，實力不可小覷。如果我們用這些新收編的將士發動反攻，屯兵於堅城之下，難保不會重蹈楚軍的覆轍。更何況，項羽神勇無敵，天下幾無對手，漢王若是與他硬碰硬，恐怕占不到什麼便宜。」

　　「既然如此，那你有什麼想法？」

　　鄭忠：「楚軍鋒芒太盛，漢王應該繼續高築壁壘，深挖戰壕，不要輕易和楚軍交戰。同時，選派少量精兵渡過黃河，援助彭越，繼續騷擾項羽的後方補給線。待到項羽回兵時，漢王再以逸待勞，必能挫傷楚軍！」

　　劉邦聽完眼前一亮，覺得這個建議不錯，派出了將軍劉賈、盧綰率領兩萬步兵、數百騎兵渡過黃河，配合彭越，開始大規模的敵後游擊戰爭。

　　有了劉邦的助力，彭越的游擊戰可謂是非常順利，他在原先魏國的區域展開大規模的游擊戰和破襲戰，在燕縣以西擊破楚軍，攻克了外黃、睢陽等十幾座城池，切斷了滎陽前線的楚軍與後方大本營彭城的連繫。

　　被彭越這麼一弄，項羽差點就瘋了。沒辦法，補給線不能斷啊！彭越

被拖垮的項羽

的存在,就如同一根利刺卡在了項羽的喉中,簡直就是項羽心中永遠的痛。他意識到,彭越這根刺必須連根拔除,否則這仗就沒辦法打了。

有了上一次的教訓,項羽這次不敢大意,派了一個叫曹咎的守在廣武。

臨走前,項羽對曹咎千叮嚀萬囑咐:「不管漢軍再怎麼吵吵,別搭理他,你能把廣武守住了,就是功勞一件,時間不會太長,你只要守半個月,我就能趕回來。」

交代完,項羽帶兵回頭收拾彭越去了。

曹咎是什麼人呢?他是項梁的恩人,早些年項梁帶著項羽四處流浪,有一次犯了錯,剛好在司馬欣手下關著。後來是老項家託人為司馬欣寫了封信,這才把項梁放了。

曹咎就是給司馬欣寫信的這個人。因為這層關係,項羽非常信任曹咎,起兵後封他為大司馬。不過項羽看人的眼光還是差了些,他前腳剛走,後腳就出事了。

劉邦原本是不想和項羽正面交鋒的,他打算退到鞏縣、洛陽一帶,慢慢回血。

眼看老闆有洩氣的念頭,酈食其跳了出來,讓他吃了顆定心丸:「天之上,還有天,知道這個道理的,可以統一天下。王者以民為天,而民以食為天。敖倉的糧草雖然已經運出了很多,但是據說在倉庫之下還有地窖,仍有大量儲糧。項羽攻陷滎陽,卻沒有派重兵保護敖倉,反而向東去打彭越,這簡直是上天在幫助老大你啊!所以我建議,立即反攻,奪回滎陽,一面取得敖倉糧食,一面扼守有關要塞,讓楚軍陷入進退失據的局面。」

劉邦一聽:「就這麼做!」

這一天,漢軍抵達城下,派人在城下開罵,罵得非常難聽。劉邦是街

第十一章　龍戰於野

頭混混出身，罵人的大行家，嘴巴從來就沒乾淨過。有這樣的老大帶頭，底下的小弟們更無顧慮，有本事你來打我啊！

一天兩天還好，三天過後，漢軍絲毫沒有停歇的意思，反而越罵越起勁。曹咎實在受不了了，堂堂將領，被人罵到這個份上，誰能受得了？他也顧不得項羽怎麼交代的了，開啟城門就出去和劉邦拚命。

塞王司馬欣趕緊攔住了他：「老曹，衝動是魔鬼啊，千萬不要上他們的當啊！」

曹咎氣鼓鼓道：「人家都已經逼到這個份上了，你還能忍嗎？我忍不了！」

漢軍一看曹咎的部隊出來了，轉身就跑，曹咎哪能放過？帶著人馬狂追。廣武城前面有一條河，正當曹咎的部隊渡河渡到一半兒時，劉邦的部隊突然殺出來，曹咎的人馬基本全都滅了。

曹咎一看，廣武是守不住了，他沒臉見項羽，索性自殺了子。跟他一起自殺的，還有塞王司馬欣。

廣武出事了，那項羽打彭越順利嗎？也不順利！

項羽本以為半個月收拾彭越綽綽有餘，來了才發現，梁地百姓早已被彭越洗腦，自發幫助彭越守城。時間已超出預期太多，項羽每攻下一個城，都要耗費極大的代價。

直到這時，項羽才重新認識了彭越，這傢伙不僅擅長游擊戰，更擅長守城。為了抵抗項羽，彭越退到外黃，號召當地百姓繼續對抗項羽。

為了盡快搞定彭越，項羽督促部下抓緊攻城，可惜一連攻了幾日，沒有絲毫進展，反倒是自己的部下損傷慘重。

項羽發誓，等破了外黃城，一定要清蒸彭越！

對於項羽的詛咒，彭越自然是不放在心上，只不過，困守外黃城也不

是長久之計，城內糧草本就不多，如果再打下去，恐怕要玩完了。

一個月黑風高的夜晚，彭越帶著自己的小弟，悄悄出了城門，消失在了黑夜中。

第二日一大早，城內百姓發現彭越跑了，心中開始慌了。沒了主心骨，還抵抗個鬼啊！趕緊投降吧！

項羽氣鼓鼓地進了城，立即宣布了一項命令：「將城內所有十五歲以上的男子集中到城東，全部殺了！」

消息一出，城內頓時非常混亂，原本大夥兒還以為開城投降，能撿一條命，沒想到卻迎來了一場災難！

就在城內紛紛擾擾之際，一個十三歲的少年毅然站了出來，攔住了項羽的烏騅馬，對他說道：「且慢！」

看著眼前這個瘦弱的孩子，項羽怒道：「哪裡來的小孩，竟敢來跟我講道理？」

少年昂然不懼：「我不是什麼小孩，我是外黃縣令的兒子，有話想要對項王您說。」

項羽不屑道：「那好，若講得不對，他們便是你的下場！」

項羽居高臨下，少年抬頭望著他，昂然不懼。

孺子與英雄，在那一刻是平等的。

少年道：「彭越劫持了外黃百姓，大夥兒沒辦法只能被逼著抵抗。如今彭越已逃，百姓開城投降，就是希望項王您來拯救我們。項王可倒好，拿下外黃二話不說就要殺我們，你這說得過去嗎？對項王您而言，屠一座小小的外黃縣城輕而易舉，但是梁地的其他十幾座城池，恐怕沒有哪個會向您投降了，還望項王三思而行！」

項羽聽完，陷入了沉思。

第十一章　龍戰於野

即便心中有再多的怒氣，他也不得不承認，眼前的這位少年說的話沒說錯。當務之急是速戰速決，抓緊平定梁地，然後回去救援曹咎。如果把外黃的男人都殺了，那麼後面的縣城更得拚死抵抗了。

想到這裡，項羽黯然一嘆，釋放了全城百姓。

這之後，項羽繼續東進，梁地的百姓聽聞項羽撤銷了屠城令，紛紛爭相歸附項羽，所過之處，舉城投降。項羽沒費一兵一卒，就平定了梁地的叛亂。

在穩定了大後方後，項羽這才得知廣武已被攻破，前線戰事不利。不怕神一樣的對手，就怕豬一樣的隊友。不得已，項羽再一次充當「救火隊長」的角色，匆匆趕回滎陽前線。

得知項羽來了，劉邦放棄了圍攻滎陽，退入了坡陡谷深的廣武山。

出來混，演技很重要

廣武是一座山名，東連滎澤，西接汜水，形勢險阻，山中有一斷澗劃開，劉邦在西邊，項羽在東邊。

漢楚兩軍又開始了新一輪的對峙，但境況還是與之前相差不多：彭越多次襲擾楚軍的糧道，漢軍也是堅守不出，讓項羽很抓狂。

項羽的大本營在彭城，距離前線較遠，他帶的軍糧本就不多，眼看著即將斷炊。項羽想與劉邦來一場決戰，劉邦就是不上當。

項羽實在被逼急了，他又想出招，把隨軍當人質的劉邦父親劉太公拎到楚軍大營外，架起油鍋，站在油鍋邊上朝劉邦喊話：「劉邦！你爸在我手裡，識相的就投降，不然，我就烹了你爸！」

出來混，演技很重要

換了別人，這個下三爛的招數也許還有效果，但是劉邦久經江湖，哪吃項羽這一套？當年彭城戰敗，劉邦在路上遇到一對兒女，為了逃命，他可是連孩子都不顧的人，指望自己投降？項羽你也太天真了！

劉邦笑道：「我們曾經約為兄弟，我爸就是你爸，你要是真把你爸煮了，記得也分我一杯羹！」

人至賤則無敵！項羽以為自己已經夠狠的了，但是跟劉邦一比，還不在一個等級。

項羽大怒，就要把劉邦父親殺掉，就在此時，老好人項伯又不失時機地出現了：「大丈夫出來混，禍不及妻兒，威脅一下可以，我們可不能真做這種事啊！」

項羽一聽，也對，劉邦耍無賴，自己可不能被他拉低做人的底線，剛才真是氣昏了頭了。項羽心中不甘，又提出一個建議：「你我二人打了這麼多年了，弄得天下動盪，百姓遭罪。不如我們單挑吧，你打贏了，天下歸你；我打贏了，天下歸我，如何？」

不得不說，這是一個很流氓的建議，大家出來混，總得守規矩，講義氣，單挑就是一個不錯的選擇嘛！

很可惜，項羽要講江湖規矩，可劉邦偏偏是最不講規矩的人。一個五十二歲的老頭跟一個二十八歲的年輕人單挑，劉邦會答應才怪，十個劉邦都不是項羽的對手。

劉邦回覆道：「你想多了，我寧可鬥智，也不會跟你楚霸王硬碰硬！」

項羽氣得快吐血了，他嚥不下這口氣，讓手下士兵出城叫罵。劉邦不慌不忙，派出軍隊中的神箭手，見一個射一個。

項羽坐不住了，他親自披掛上陣，用瞪眼大法嚇跑了漢軍神箭手，漢軍嚇得躲在軍營裡不敢出來，楚軍士氣大振。

第十一章　龍戰於野

劉邦一看，項羽都親自出馬了，自己也不能認輸，來到陣前，與項羽隔澗對視。

曾幾何時，兩人也是並肩戰鬥的同袍，那時的劉邦只是反秦大軍中默默無聞的一個小角色，在秦末這場歷史大戲中頂多算個路人甲。而項羽則不同，他一出場便是主角，在歷史的舞臺上叱吒風雲，享受著最好的燈光和機位。

當年的楚霸王何等意氣風發，如今時過境遷，在一次次的戰鬥中，項羽越來越感到力不從心，進退不得；而劉邦則靠著自己的手段，一步步登上了歷史的舞臺，終於有了和項羽公平競爭的機會。

面對曾經的同袍，如今的對手，劉邦早有準備，他開始歷數項羽的十大罪過：

「罪一：當初懷王有命，先入定關中者王之，項羽背信棄義，將自己發配到巴蜀。

罪二：殺卿子冠軍宋義而自尊上將軍。

罪三：項羽救完趙，本應該返楚覆命，卻擅自脅迫諸侯兵入函谷。

罪四：懷王約入秦無暴掠，項羽燒秦宮室，私收其財物。

罪五：強殺秦降王子嬰。

罪六：詐坑秦子弟二十萬於新安，卻封其將為王。

罪七：分封諸侯，將好的地盤封給各諸侯將領，卻遷舊王於險惡之地，令臣下爭叛逆。

罪八：逐義帝出彭城，自建國都，後奪韓王地，吞併魏國，占地稱王。

罪九：悄悄派人暗殺義帝。

罪十：身為人臣而弒其主，殺降卒，為政不平，立約不信，為天下所不容。」

出來混，演技很重要

說到最後，劉邦還不忘補了一句：「像你這樣不仁不義、不忠不孝的人，人人得而誅之，我才不會傻到與你單挑！」

項羽大怒，你當我面罵我，我射死你！拿起一張弓，一箭射出。劉邦罵得正起勁呢，忽然一箭飛來，正中胸口！

劉邦中箭，落馬。從馬上到馬下，整個過程不會超過三秒鐘，但就是在這三秒內，劉邦心想：「如果讓大夥兒知道自己中箭了，而且胸口，勢必會影響軍心，一旦對方因此士氣大振，來一輪衝鋒什麼的，自己這邊肯定扛不住。如今之際，絕對不能讓大夥兒知道自己胸口中箭一事，再疼也得忍著！」

劉邦想到這裡時，身體已經滾落馬下，他順勢倒地，抱起腳趾頭大罵：「賊子射中了我的腳趾，太無恥了！」

項羽有點納悶：「我明明射的是他胸口，怎麼卻中了腳呢？難道是自己的箭法退步了？」

趁著大夥兒恍神的工夫，張良趕緊派人將劉邦扶到大帳內，簡單包紮一番。而此時，軍隊中已經開始傳出了不少謠言，人心浮動。為了安穩人心，在張良的要求下，劉邦強忍著痛，出門巡視一番，目的無非是要告訴大家：老大沒事。

沒辦法，出來混，演技很重要。

演完這場戲，劉邦被送到成皋養傷，並且對外高掛免戰牌，無論楚軍如何叫罵，就是不出戰。

眼看著戰事陷入了膠著，酈食其坐不住了，他主動找到劉邦，替劉邦出了個主意。

第十一章　龍戰於野

閒不住的酈食其

如果用一句話來形容酈食其，那就是人老心不老。眼看著自己已經七十多歲了，黃土都埋到了脖子邊上，再不發光發熱，恐怕這輩子就要過去了。為了刷點存在感，閒不住的酈食其不斷替劉邦出主意，當然有些也是餿主意。

比如，彭城之戰結束後，劉邦連底褲都快輸掉了，酈食其向劉邦提了個建議，希望他分封六國後裔，這樣就能動員天下的力量共同對抗項羽。

劉邦覺得這個建議不錯，正要施行，卻被張良及時阻止：「天下已經不再是以前那個天下了，如果搞出一堆小山頭，分封越多，麻煩越大，我們可千萬不能開歷史的倒車啊！」

劉邦及時反應了過來，將酈食其叫過來罵。剛消停了不久，酈食其又閒不住了，如果只做辯士，供人驅使，他的功勞將遠遠不如張良、韓信，特別是韓信。

看著韓信在北方戰場一路開綠燈，說酈食其不羨慕，那肯定是假的。如果想立功，只能想領導之所想，急領導之所急。眼下劉邦被困在滎陽前線，與項羽形成對峙，誰也奈何不了誰。如何破局？最直接的辦法就是引入第三股力量。

問題在於，誰是那第三股力量？

酈食其把目光投向了北方的齊國。

作為楚漢戰爭中最具實力的一支力量，齊國的地位舉足輕重。雖然這些年齊國內鬥不止，但是其實力依然不可小覷。如果搞定了齊國，北方就會完全落入劉邦的手中，到時候兩面一合圍，看你項羽往哪裡逃？

酈食其對劉邦說：「韓信在北方打得很順利，如今燕趙已定，就剩下

閒不住的酈食其

一個齊國還在死扛著,我願意憑三寸不爛之舌去遊說齊國的老大,不費一兵一卒,就能拿下齊國,還望主公應允。」

劉邦聽得很興奮,漢齊大戰,漢軍必然要付出代價,一旦戰事拖延,會給南線的項羽可乘之機。如果酈食其能夠不費一兵一卒拿下齊國,韓信的部隊就可以迅速直插齊國南下,完成對楚國的策略包圍。

劉邦很是高興,大大嘉獎一番,說事成之後重重有賞。能說服最好,如果搞不定,還有韓信的大軍在齊國家門口徘徊呢,這事一定成!

酈食其興高采烈地上路了。

他不知道,從他出發那一刻起,劉邦已經把他當成了楚漢相爭大棋盤上的一顆棄子。

齊國都城,臨淄。

曾經與項羽鬥得你死我活的田榮已經戰死,眼下齊國的實際掌權者是田橫、田廣叔姪,田廣為國君,田橫為丞相。

得知酈食其來了,齊王田廣用腳指頭都能猜出來他的目的。楚漢戰爭打了這麼多年,齊國趁機收復失地,以休養生息為第一要務,不參與楚漢紛爭。田廣無意參與中原爭霸,他只想關起門來,安安穩穩過自己的舒服日子,可惜正應了那句話,人在江湖,身不由己。齊國這麼一個龐然大物在旁邊看熱鬧,你說你沒有野心,誰信呢?死也要拉你下水!

從眼下的形勢看,項羽就像一位「救火隊長」,雖然打仗很猛,但是由於缺乏策略規劃,地盤越打越小;反觀劉邦,雖然在與項羽的交戰中幾乎沒占到什麼便宜,而且每一次都是落荒而逃,但是劉邦身邊有一大群能人替他出主意,每一次都能捲土重來。韓信自北伐以來,將魏、代、趙、燕打了個遍,田廣實在沒有信心能抗住韓信的下一輪攻擊。

既然打不過,只能求和,正好劉邦主動派人給自己一個臺階,面子上

第十一章　龍戰於野

至少是保住了。

軒敞的大殿內，田廣和田橫叔姪倆熱情地接待了酈食其，雙方進行了親切友好的交談。客套完畢，酈食其開門見山：「大王知道天下將歸於何處嗎？」

齊王搖搖頭：「不知道。」

酈食其：「大王若是知道天下的歸向，那麼齊國就可以保全；若是不知道天下歸向的話，那麼齊國恐怕就危險了。」

雖然知道酈食其是在賣關子，但齊王還是忍不住問道：「那你認為，天下將歸向何處？」

酈食其脫口而出：「這天下將來一定是劉邦的！」

齊王心裡一陣憂鬱，知道他在裝，但是又不得不配合他繼續演下去：「為什麼這樣說？」

見齊王上鉤了，酈食其開始糊弄：「漢王和項王併力西進，滅了秦朝。早在出發前，義帝就跟大家約好了，先入關中者為王。可是當漢王先攻入咸陽的時候，項羽卻背棄了盟約，用武力強迫漢王到漢中為王。更過分的是，項羽把義帝發配到南方，又在半路暗殺。漢王知道後，悲憤交加，立刻發兵攻打三秦，為義帝發喪。漢王召集天下軍隊，擁立六國諸侯的後代，只要攻下了城池，立即論功行賞，並且還把繳獲來的財富分給士兵。漢王胸懷天下，他做事可靠，該誰的就是誰的，天下的豪傑都願意歸順他。」

接著，酈食其又開始爆項羽的料：「而項王呢？他做的事情恰恰和漢王相反，因為以前項羽有背棄盟約的壞名聲，又有殺死義帝的不義行為，所以很多豪傑都敬而遠之。更過分的是，項王對別人的功勞從來不記，但是對別人的罪過，卻牢牢記在心裡；將士們打了勝仗得不到獎賞，攻下城

閒不住的酈食其

池也得不到封爵；除了項氏家族的親戚，旁人很難能得到重用；手中的印信稜角都快磨光了，也不願意給別人；攻城得到財物，寧可堆積起來，也不肯賞賜給大家；所以天下人背叛他，才能超群的人怨恨他，沒有人願意為他效力，全都投奔了漢王。」

對比完雙方優劣，酈食其開始做最後的總結：「漢王徵發蜀漢的軍隊，平定了三秦，東渡黃河，擊敗了魏豹，占了三十二座城池，又援引上黨的精兵，攻下了井陘，除掉了陳餘，這就如同戰神蚩尤的兵鋒一樣，並非人力所為，而是上天之助。漢王依靠人民的力量，已經有了敖倉的糧食，占據了天下各處的要道和關口，優勢正在顯現。天下諸侯，如果逆勢而為，必然會被消滅。所以，齊王你一定要認清形勢，如果站錯了隊伍，可別後悔！」

該說的已經說了，下面就看齊王的反應了。

不得不說，酈食其的糊弄本事確實不是吹牛的，齊王思慮之後，決定聽從酈食其的建議，下令解除了歷下城的守備，向劉邦投降，同時還留下酈食其在宮中。

其實，齊王留下酈食其，也是留了一手。雖然齊國與劉邦達成了和平協議，但是這年頭時局變化太快，誰知道這和平協議可不可靠呢？為了應對可能的變故，齊王決定把酈食其留下，變相扣為人質，再觀察一下劉邦這邊的動靜。

酈食其倒沒想這麼多，他一看有酒喝，頓時就走不動道了，這老頭沒別的愛好，就喜歡喝兩口酒。

更何況，自己靠著一張嘴就說服了齊國，齊國七十二城瞬間就變成了劉邦的間接屬地，這份功勞是他酈食其一個人的，誰敢不服？

第十一章　龍戰於野

爭功的韓信

　　當酈食其在齊國王宮裡醉生夢死時，留在趙國的韓信還在料峭春寒中鍛刀磨劍，正在為破齊而枕戈待旦。

　　就在韓信萬事俱備，準備全力一擊時，前方傳來消息：齊國投降了。

　　韓信簡直不敢相信自己的耳朵，再一問，原來是劉邦身邊的酈食其去了齊國，靠著一張嘴就讓齊國繳了槍，卸了甲。

　　韓信對自己受到冷落感覺到一絲不快：「我辛辛苦苦攢足兵力，準備做件大事，沒想到卻被你小子搶了先，豈有此理？」

　　從史料的記載來看，韓信對酈食其遊說齊國並不知情，劉邦也沒有提前將酈食其要去齊國的消息告訴韓信，要不然他不會如此慌亂。

　　怎麼辦？看著帳下蓄勢待發的眾將士，韓信一時間陷入了兩難的境地。

　　漠然半晌，韓信只得下令：「原地待命！」

　　他要向劉邦進一步考核消息。

　　就在此時，一個聲音忽然響起：「大將軍不欲立功於天下乎！為何罷平原之兵？」

　　韓信抬頭一看，說話的人叫蒯徹，范陽人，也是江湖上鼎鼎有名的辯士。辯士善於察言觀色，揣度人心，從帳下眾將士們臉上失望的神色及韓信猶豫不決的舉動中，蒯徹已然明白，對齊國用兵是人心所向，他需要做的，只是打消韓信的顧慮，幫助他重建信心。

　　面對蒯徹的提問，韓信只得答道：「你沒看到齊國傳來的消息嗎？酈食其已經說服齊國，歸降我大漢，再用兵還有何意義？」

　　蒯徹：「您受漢王命令攻齊，雖然漢王派了酈食其前往齊國勸降，但

是到現在，您收到過停止進攻的命令嗎？沒有！酈食其不過是一介儒生，憑一條三寸不爛之舌，就拿下齊國七十餘城，再看將軍您，這麼多年四處征戰，也不過才攻下趙國五十餘城，為將數年，難道還不如一個豎儒？」

與其說這是勸諫，不如說是變相的羞辱。

蒯徹繼續說道：「且齊王田廣和丞相田橫向漢王投降，並非酈食其之功，而是畏懼大將軍您的威名所致。平齊之功，大將軍本當居其首，卻讓酈食其獨得其功。此後天下皆知高陽酒徒酈食其，又有誰知道淮陰韓信？」

不知不覺間，韓信已經握緊了拳頭，他想起了那個淮陰城內四處流浪，受到胯下之辱仍然忍氣吞聲的少年。自己奮鬥這麼多年，不就是為了有一天出人頭地，不讓別人瞧不起嗎？如果平齊的功勞被酈食其搶了，那自己做的這一切豈不都成了笑話？

「出兵！」

韓信從齒縫中擠出這兩個字，一拳捶在桌案上，咔嚓一聲，桌案碎裂。

那一刻，韓信在內心安慰自己：「自己對劉邦的忠心天人共鑑，之所以這樣做，都是為了漢政權、為了回報漢王，韓信沒有錯！」

齊國，歷下城。

十一月的北方天寒地凍，北風捲著冰冷的雪呼嘯而來，撲打在守城士兵的臉上，嘶嘶的疼。

就在前幾天，歷下城的士兵們接到了臨淄傳來的命令，齊國已與劉邦達成協議，雙方結盟，化干戈為玉帛。

有了這則消息，連日來神經緊繃的將士們瞬間輕鬆了不少，既然不打仗了，那就該休息休息，該睡覺睡覺。

此時此刻，歷下城的城牆上，只有三三兩兩的士兵在巡邏。忽然間，

第十一章　龍戰於野

一陣沉悶的蹄聲隱隱傳來，大夥兒揉揉眼睛仔細一瞧時，赫然發現，城外已經聚集了數不清的漢軍，黑壓壓一片正向自己湧來……

齊軍毫無防備，二十多萬守軍在漢軍暴風驟雨般的攻擊下一衝即垮，士兵四處逃散。負責鎮守的田解和華無傷眼見大勢已去，敗局無法挽回，只得趁著夜色逃離。

歷下距齊國的首都臨淄只有二百多里，拿下歷下城後，韓信下令全體將士兵不卸甲，箭不松弦，迅速向臨淄出發，他太懂得時機的重要性了。

韓信縱馬馳奔，漢軍整陣前進，十萬旌旗如畫。

臨淄城內，齊王田廣一覺醒來，得知漢軍背信棄義，正在來臨淄的路上，以為是酈食其賣了自己，頓時慌了神，他立即找來酈食其：「你若能阻擋漢軍前進，我讓你活，否則，我將活活烹了你。」

在田廣看來，酈食其就是一個不折不扣的騙子，他來齊國就是為了讓自己放鬆警惕，好讓韓信大軍乘虛而入。

酈食其卻不知道如何回答田廣，對於韓信出兵一事，他也毫不知情。別說是當世名嘴，即便渾身是嘴，也說不清楚了。此時此刻，面對田廣那張扭曲的臉，他還能說什麼？

既然事情已經不可挽回，那就再狂一把！酈食其深深吸口氣，道：「成大事者不拘小節，品行高尚之人做事從不推脫不前，我不會遂你心意！」

「烹了他！」田廣歇斯底里地喊道。

一代縱橫大才，就此隕落。身死於齊，非說之辜。

多年以後，當劉邦封賞功臣時，看到了酈食其的弟弟酈商，不由得想起了那位辯才卓越的酈食其。雖然酈食其的兒子建立的戰功並未達到封侯的要求，但是劉邦感念他的大功，特意封侯給他兒子，以表彰酈食其當年的功勞。

殺一個酈食其，顯然無濟於事，田廣還算有些自知之明，他知道自己和韓信不是一個等級的，如驚弓之鳥般逃出了臨淄，一面逃跑，一面緊急向項羽求援！

滎陽前線，楚軍大營。

項羽看著齊國送來的求救信，在信中，田廣歷數劉邦不守信用的罪狀，懇請項羽出兵援助。不然，待韓信統一了北方，楚軍也將面臨兩面夾擊的境地。

此時此刻，項羽心中五味雜陳。對於齊國，項羽絕對是沒有好感的，想當初，自己分封各路諸侯，齊國的田榮第一個表示不服，跳出來跟自己作對，自己分身乏術，這才讓劉邦有機會重出關中。

可是如今，情況卻是大不相同。無論項羽有多麼厭惡齊國，他都必須出手相救，畢竟，脣亡齒寒的道理他還是懂的。

當韓信將田廣一路趕到高密，準備一舉拿下時，意外得到了一個消息：「項羽已經派出了二十萬人馬前往高密，與田廣合兵一處，共同防禦韓信軍團。」

這一次，項羽絕對是下了血本，不光人數眾多，而且援軍的統帥還是項羽麾下的頭號猛將：龍且。

濰水囊沙破龍且

韓信真正的挑戰來了。

龍且到底有多能打？我們不妨來看一下他個人履歷。

龍且第一次出場，是在陳勝敗亡後不久，章邯在臨濟城下打敗魏咎、

第十一章　龍戰於野

田儋，齊國的革命軍領袖田榮被困在東阿。項梁聽聞後，派出了龍且去幫忙，在東阿大敗秦軍，反而追著章邯打。

第二次出場，是在彭城之戰結束後，楚漢在滎陽一線相持，九江王英布被劉邦使者隨何糊弄，決定跟隨劉邦。關鍵時刻，項羽派出了項聲、龍且去清理門戶。英布雖然在楚軍中勇冠三軍，但龍且還是在淮南的戰役中打敗了英布的軍隊，英布只能從小路投奔劉邦。

想當初，陳平向劉邦獻計，以讒言離間項羽君臣，就連亞父范增都中了招，鍾離眛也被疏遠，唯有龍且沒有受到任何影響，由此可見龍且在項羽心目中的位置。

在項羽的安排下，龍且踏上了北上齊國之路。

抵達高密的第二天，龍且就帶著自己的參謀到高密城外視察地形。他登上一座小山丘，眼前是一條河，名為濰水，由於正是枯水季節，河中水流並不急，徒步就可以蹚過。河對岸不遠處，正是韓信的軍營，無數的漢軍旗幟在風中飄揚，獵獵作響。

龍且盯著對面看了半天，問身邊的謀士：「諸位有何高見？」

一名謀士站了出來：「韓信在北方一路過關斬將，鋒芒銳不可當。我軍客場作戰，不如深溝高壘，堅守不出，讓齊王派遣親信在淪陷區招撫舊部，號召已經附漢的齊人歸齊，壓縮韓信在齊國的生存空間。等韓信堅持不住的時候，我軍定可一戰擒韓信。」

這條建議和之前李左車勸陳餘之策非常相似，就是要避敵鋒銳，利用主場作戰的優勢，慢慢尋找機會。

然而，龍且並沒有採納他的建議。

「韓信這個人我很了解，非常容易對付。如果打敗韓信，齊國一半的土地就屬於我了，為什麼不打？」

濰水囊沙破龍且

濰水西岸，漢軍大營，韓信跪坐在矮几上，聽著斥候的彙報：「楚軍二十萬人馬就在對岸駐紮，大將是項他，軍中主事的是龍且。」

韓信聽完，默不作聲。

龍且？他知道這個人，想當年，自己還在楚軍替項羽站崗時，就曾與他有過數面之緣。在楚軍陣營中，龍且和項羽一樣，以能打能衝聞名。對付這樣一個對手，韓信心中並沒有多大把握。

他看著眼前的軍用地圖，沒有任何頭緒，索性走出帳外，呼吸一下外面的新鮮空氣。

時值十一月，天地一片肅殺，看著眼前這條水流平緩的濰水，韓信心中忽然冒出了一個念頭。

很快，他安排身邊的偵察兵去上游調查地形。

這一天，雙方在濰水短兵相接，韓信率先發起進攻。隔水進攻是兵家大忌，龍且自然不會放過這種好機會，趁著漢軍前鋒剛剛渡過濰水時，打得韓信潰不成軍，急急忙忙撤走。

機不可失！眼下漢軍前鋒出師不利，主力人心惶恐，正是將其徹底擊潰的絕佳戰機！龍且徹底放下心來，命令全軍出擊，渡過濰水，徹底摧毀漢軍！

楚軍在龍且的帶領下，嗷嗷叫著向漢軍發起反擊。濰水一帶地勢平坦，一望無垠，韓信絕無可能在河對岸設伏，河中水位很淺，徒步就可以蹚過去。就在一半楚軍已經過河，準備繼續追擊漢軍時，忽然聽得不遠處傳來一種非常怪異的聲音，好像千萬頭猛獸在咆哮。

龍且心中感到不對勁，他雖然還不知道這是什麼聲音，但是直覺告訴他，有危險即將靠近，立即喊道：「撤退！快撤退！」

可是已經來不及了。一眨眼的工夫，只見濰水上游一股足以開山裂石

第十一章　龍戰於野

的滔天洪流裏挾著沙石枯木滾滾而下，波濤洶湧，如萬馬奔騰，一瀉千里，勢不可擋，河床當中的楚軍來不及喊叫就被拍打得無影無蹤。

與此同時，已經敗退的漢軍立即掉頭反擊，已經過河的楚軍寡不敵眾，被韓信殺得大敗，龍且自己也不幸戰死。

龍且至死都不明白，濰水哪來的大水？

事實上，這一切都在韓信的計畫之中。

早在決戰前，韓信就已經安排一支部隊，在濰水上游做了一萬多個袋子，裡面全部裝上沙子，丟進水裡阻塞河道抬高水位。離開前，韓信交代了留守沙壩的士兵：「等見到楚軍一半渡過河時，掘開沙壩，釋放技能！」

決戰當天，龍且看到漢軍渡河，下令全軍攔截，漢軍假裝敗走，龍且想也不想就全軍出擊，追到一半，遇到了洪水，被韓信算計了。

什麼是天才？這就是天才！諸葛亮曾經對魯肅說過：「為將而不通天文，不識地利，不知奇門，不曉陰陽，不看陣圖，不明兵勢，是庸才也！」

韓信肯定沒有聽過這句話，但是他很清楚，要想成為一名優秀的軍事家，必須什麼都懂一點，什麼都會一點，要善於利用一切外在條件為自己製造機會。有人說，戰爭結果往往在開始前已經注定。對於韓信而言，當他看著河床上游高高隆起的堤壩時，心中已然明白，這場戰爭他已經贏了。

龍且戰死，齊王田廣哆囉哆嗦地爬上馬，奔著城陽的方向狂逃而去，結果剛一進城就被俘，田廣的叔父田橫自立為齊王，準備繼續打游擊，可惜灌嬰沒給他這機會，一套組合拳將他打回了原形，田橫只得投奔游擊隊長彭越。韓信又命灌嬰北上攻打千乘，殺齊將田吸。

田橫被打跑後，齊國軍隊失去了主心骨，成了烏合之眾，紛紛作鳥獸散，韓信乘勢追殺，很快占領了齊國全境。

濰水囊沙破龍且

在多年的戰爭歷練中,韓信將自己的軍事才能發揮到了極致,明人茅坤評價韓信說:「破魏以木罌,破趙以立漢赤幟,破齊以囊沙,彼皆從天而下,而未嘗與敵人血戰者。」

《孫子兵法》中說:「兵無常勢,水無常形,能因敵變化而取勝者,謂之神。」什麼意思呢?用兵打仗不存在固定、刻板的態勢,它好像流水一樣並不是一成不變的形態。因此,能夠根據敵情變化,採取靈活的策略戰術而取勝的,就叫做用兵如神。韓信從不拘泥於兵書上的限制,而是善於借勢,因地制宜,充分利用一切外在條件達成目的。

項羽與韓信,一個是勇戰派,一個是謀戰派,都是千古名將,但是韓信在戰術上不輸項羽,在策略上完勝項羽。歷史上稱為戰神的人很多,但是號稱兵仙的,唯韓信一人。

這是韓信人生中最光彩的時刻。

這一年,韓信二十八歲。

第十一章　龍戰於野

第十二章
垓下悲歌

第十二章　垓下悲歌

大丈夫定諸侯，奈何做假王！

韓信平定齊國的消息很快就傳遍了中原大地，當項羽和劉邦得知消息後，反應各不相同。

得知龍且戰死，項羽差點噴出一口老血，龍且是自己身邊最勇猛的將領，追隨自己征戰多年，他怎麼可能輸給韓信？

直到此刻，項羽才不得不重新認識眼前的這個對手：韓信。他依稀記得，韓信第一次走進軍營，站在自己面前自我介紹時的情景。那時的韓信，蓬頭垢面，顯得有點落魄，身後背著一把泛著冷光的劍。簡單的詢問後，項羽讓他做了一名執戟郎，每天負責為自己站崗。想不到，當年的執戟郎身上竟然蘊藏著這麼大的能量，早知如此，當初就該留住此人，可惜了！

這邊的項羽還在長吁短嘆，那頭的劉邦心境也有些複雜。

按理說，韓信平定了北方，完成了對項羽的策略包圍，嚴重擠壓了楚國的策略生存空間，對劉邦而言是好事，可是他卻高興不起來。別人看到的是軍事層面的勝利，但是劉邦卻隱隱感到了一絲威脅。

隨著韓信在北方戰場上節節勝利，他的實力與威望也在逐步提升，如今的韓信，已然不是當初投奔自己的那個寒酸落魄的青年，而是已經成長為既有兵又有地盤的一方諸侯，而且是唯一能與項羽一戰的戰神。試問，這樣的韓信，還會繼續唯自己馬首是瞻嗎？

劉邦的擔心不是沒有道理，因為很快，他的預感就變成了現實。

這一天，劉邦的軍營迎來了韓信派來的使者，轉達了韓信的一封信：「齊國是個狡詐的國家，距離楚國又近，如今群龍無首，也不是個辦法，為了更好地配合正面戰場，請老大批准我代理齊王的職務。」

大丈夫定諸侯，奈何做假王！

劉邦看完信，血壓當場就飆高了，一口老血差點噴出來，當著郵差的面就開始罵韓信：「這個沒良心的東西，當初要不是我拜他為將，他哪有今日！我在前線獨自承受項羽的攻擊，已經危在旦夕，本想著他打勝了來支援我，哪知他一朝得志，就想著背叛我，是可忍，孰不可忍！」

劉邦罵得正爽，忽然腳面一疼，一看是陳平踩了自己一腳，正要罵人，卻看到陳平在對自己使眼色。劉邦心領神會，趕緊把耳朵靠了過去。

陳平悄悄說道：「老大，我軍被項羽擠在滎陽前線，主公自問，以我們現有的實力，能阻止韓信自立為王嗎？有沒有主公的旨意，韓信都有自立為王的實力，他今日派人來徵求主公的意見，說明他心中還有主公。主公不可錯失良機，為今之計，當封韓信為齊王，先穩住他，使之滅楚。否則激怒韓信，他要是與項羽合兵，還有我們的活路嗎？」

劉邦是個聰明人，一點就破。他剛才只是過過嘴癮，卻沒想這麼多。即便他對韓信有一肚子的不滿，現在也不是和韓信算帳的時候，如今之際，只能先穩住他。「等滅了項羽，看我怎麼收拾你！」

冷靜下來的劉邦對剛才大罵韓信有些後悔，畢竟韓信的使者就在不遠處，相信他聽到了劉邦剛才罵人的那些話。如果他如實回覆韓信，那韓信不反也得反了，怎麼辦？

這個時候就看出劉邦影帝級的表演了，幾乎是下意識地，他又張口大罵韓信，但是這一次，畫風完全變了：「想當齊王就直說嘛，不可能你說你想要我不給你，你說你不想要我偏要給你，大家要講道理嘛！再說了，當個代理齊王有什麼意思？男子漢大丈夫，要當就當個真齊王！」

一旁的張良和陳平欣賞著劉邦的精湛演技，瞬間石化了，這轉變也太快了吧？

一場危機就這樣化於無形。

第十二章　垓下悲歌

而此時，表面上春風和氣的劉邦，心中也悄然埋下了殺韓信的種子。

這一年，劉邦派出小弟，帶著新刻的齊王印趕赴臨淄，冊封韓信為齊王。

得知韓信封了王，項羽沒辦法淡定了，他向來崇尚簡單的暴力美學，鄙視韓信這樣的「陰謀製造者」，但是眼下，韓信已經徹底征服了齊國，劉邦的地盤由最開始的關中，一躍擴張為擁有秦、晉、齊三個大國的諸侯。隨著魏豹、田廣等地方實力派先後被滅，項羽放眼天下，發現自己已經成了孤家寡人。

項羽不怕死亡，他不甘心失敗，他不甘心自己打下的江山就這樣落入韓信之手。但是同時，他也明白，眼下的韓信如日中天，實力已不在自己之下。

驕傲如項羽，也不得不向現實低頭。

在項羽的安排下，楚國使者武涉打馬向北急馳，去面見韓信。

早在出發前，武涉就已經打好了腹稿，一見面，他就單刀直入：「暴秦已滅，天下諸侯應該和平相處。如今漢王挑起戰爭，侵略諸侯，他是不吞併天下絕不罷休。但是漢王不會成功的，項王多次將他捏在手中，可憐他才讓他得以活命。然而漢王忘恩負義攻擊項王，這樣的人難道還值得信任嗎？如今您雖然與漢王情深義重，但是最終會被他所擒，您現在之所以能活命，是因為項王還在啊！如今，兩個王的性命全在您手上，您助楚則楚勝，助漢則漢勝。一旦項王完蛋了，劉邦下一個收拾的就是你。你與項王有舊情，何不反漢助楚，平分天下呢？」

韓信陷入了沉思。

他深知，劉邦對自己始終留著一手。當初韓信拿下魏國的時候，劉邦立刻派人來調走韓信的精兵，輸送到滎陽戰場上。第二次，當韓信擊敗趙

大丈夫定諸侯，奈何做假王！

國時，正逢劉邦被項羽打敗，狼狽地逃到韓信駐紮的修武，進入韓信的軍營，趁韓信還在睡覺的當下，奪了將印軍符，對軍隊的中高層管理人員來了個大洗牌，又讓韓信組織趙國的新兵，抓緊拿下齊國。

那麼韓信呢？他對劉邦的態度如何？

其實韓信自己也清楚，他對劉邦，也沒有那麼赤膽忠心。拿下齊國之後，韓信主動提出要劉邦封自己做代理齊王，這對於前線還在跟項羽硬碰硬的劉邦而言，簡直是要挾。但是這要挾發揮了作用，劉邦乾脆封韓信做了真齊王，滿足了他的願望。

然而，當機遇真正降臨在自己身上時，他卻退縮了。

沉思良久，韓信抬起頭，對武涉說道：「我侍奉項王時，官職不過是帳前的侍衛，計謀也不被採納，所以才從項羽集團辭職，跳槽到了劉邦的創業團隊。漢王給我的薪酬待遇非常高，任我為上將軍，對我言聽計從。人家那麼親信我，我如果背叛他就會不祥，我死也不會背叛漢王！」

韓信拒絕了武涉。

尷尬的沉默後，武涉發出一聲嘆息，長拜轉身，黯然而去。

武涉走後，躲在一旁的蒯徹站了出來，發表自己的意見。雖然還是準備炒冷飯，但是蒯徹的情商就是比武涉高那麼一點點，因為他選擇了一個獨特的切入點：面相。

蒯徹：「臣曾經學過面項。」

韓信一下子來了興趣：「哦？不妨說來聽聽。」

蒯徹：「我看您的面相，不過是封個侯，而且又危險，不安全；看您的背，卻是高貴得無法言表。」

韓信：「這是什麼意思？」

蒯徹：「楚漢爭鬥數載，白骨露於野，千里無雞鳴。大王天性仁厚，

第十二章　垓下悲歌

豈能坐視百姓被塗血四野？楚與漢，皆非上天所授，大王何不止其鬥以安天下？武涉剛才說的話我都聽到了，他說的並非沒有道理，天下三分，齊最強，齊附楚則楚勝，附漢則漢勝。如今項羽和劉邦的性命全在大王您手中，臣願披肝瀝膽，為大王獻計，不如讓楚漢同存，與大王您鼎足而立。以大王的賢明和齊國的強盛，天下人不敢不服。然後大王再廣施恩德，天下諸侯必定都會臣服。天予不取，反受其咎，希望大王認真考慮一下。」

韓信搖了搖頭：「漢王對我很好，讓我乘坐他的馬車，穿他的衣服，吃他的飯菜。我既然在漢王手下做事，必須為漢王分憂，又怎麼能因貪圖私利而忘恩負義？先生此策，豈不誤我？」

蒯徹：「當初張耳和陳餘兩個人是異姓兄弟，生死之交，感情深厚，可是最後還是反目成仇。人都是有欲望的，你以為和漢王有情有義，但是他已經陷害你好多次了，你和漢王的交情能比得上張耳和陳餘的感情嗎？」

韓信沉默不言。

蒯徹繼續進攻：「想當初，文種保住了瀕臨滅亡的越國，使勾踐稱霸於諸侯國，但是他自己功成名就卻身遭殺害。如果沒有文種，越王勾踐都死八回了，可最後還不是兔死狗烹。況且我聽說，勇略震主者身危，功蓋天下者不賞。如今大王涉西河，虜魏王，擒夏說，引兵下井陘，誅成安君，徇趙，脅燕，定齊，南摧楚人之兵二十萬，東殺龍且，登上了人生的巔峰，您不論跟劉邦，還是跟項羽，都不會被信任的，都是死路！大王還認為自己安全嗎？」

韓信還在猶豫，他不知道該如何回答。

「我考慮考慮。」

幾天後，蒯徹又來找韓信：「我前幾天說過的事，大王考慮得怎麼樣了？」

> 大丈夫定諸侯，奈何做假王！

韓信還是猶豫不決。

蒯徹再次勸韓信下決心：「聰明人要善於決斷，猶疑不決是成功大害。明明知道這個事得這麼辦，可就是下不了決心行動，所有的事都是這麼出問題的。成功不容易，時機難再來啊！」

被問到這一步，韓信也不好意思繼續拖延了，他想了半天，開口道：「請先生勿再多言，我意已決，絕不背棄漢王。」

蒯徹見計策不被採納，擔心遭殃，開始裝瘋賣傻。

武涉和蒯徹，兩人說辭類似，立場卻不相同，武涉為項羽謀求利益，蒯徹卻看重獨立的價值。

當我們開啟了上帝視角，回過頭來再看這段對話時，總會為韓信深感惋惜，此時的韓信風頭正盛，如果真要獨立，短時間內項羽和劉邦還真奈何不了他，這樣一來，就會出現三國鼎立的局面。面對這個天大的誘惑，韓信為什麼要拒絕？

在這裡，我想從性格方面入手，分析一下韓信的心理。

韓信終其一生，都在追求一種對等的尊嚴，我對你好，你也對我好，你以國士待我，我必以國士報之。被南昌亭長的老婆擺臉色，韓信發達後還專門去找亭長，說出當年的委屈；老婆婆給他吃的，韓信就一定要報答她。對知己者效忠報答，是春秋戰國時代的遺風，是那個時代的騎士精神，而韓信無疑就是那個時代的騎士。

面對蒯徹的勸說，韓信還有點天真，總覺得「我功勞大，劉邦總不會陷害我吧」。

韓信總以為，這種君臣之間的尊嚴應該是對等的。但是很可惜，他所嚮往的那個時代已經過去了。

第十二章　垓下悲歌

趁他病，要他命

韓信拒絕了項羽，堅定地站在了劉邦這一方。這下子，輪到項羽無法淡定了：「出來混這麼多年，什麼大風大浪沒遇過，想不到如今卻要向劉邦這老流氓低頭。」想想就覺得委屈。仗打了這麼多年，無論自己如何努力，敵人總是捲土重來，不斷地挑釁你，騷擾你，讓項羽總有一種無力感。

身邊人一個個離去，能幫到自己的越來越少。如果亞父還在，那該多好啊！雖然這老頭子脾氣古怪，嘮嘮叨叨，老喜歡指責自己，但是項羽知道，他做的一切都是為了自己。怪自己當時聽信謠言，一時衝動，辭退了范增。如果他還在，想必自己不會如今日這般落魄了吧？

項羽的日子很難過，劉邦的日子也不好過。

這一年的劉邦，已經五十三歲了，頭髮早已花白。多年的戰爭生涯，自己的身體也不行了，尤其是胸口的箭傷，一直不見好，一到陰天就疼。換作普通人，這個年紀早該在家抱孫子了，但是自己不能啊！一旦踏上這條路，就不能回頭，要麼成功，要麼失敗，沒有第三條路可選。

對於徹底擊敗項羽，劉邦並沒有多少信心。他和項羽一起做過同事，深知這小子的厲害，打仗很猛！自己部下的樊噲、灌嬰、周勃雖然都是猛將，但是跟項羽一比，段位差得太多，連一起打排位賽的資格都沒有。

對了，還有那個讓自己又愛又怕的韓信。這傢伙好像天生就是當將軍的料，自從給了他獨立的軍事指揮權後，這小子在北方戰場將魏國、代國、趙國、齊國打了個遍。雖然自己對韓信還有諸多不滿，但是圍毆項羽少不了他的協助，眼下還不能跟他翻臉。

既然雙方的日子都很難過，那辦法只有一個：和談。

> 趁他病，要他命

這一天，劉邦派出了一位談判專家陸賈，前往楚軍大營。他此行的目的只有一個：營救劉邦的父親和太太。

要想和談，總得拿出點誠意嘛！「我家人在你手上，先放人好不好？」

然而，項羽卻並沒有放人的意思，在他看來，這是自己手中的底牌，如果放了他們，還拿什麼要挾劉邦？

看著陸賈離開的身影，一旁的項伯又送上了一波神助攻：「項羽啊，既然要跟人家議和，總得拿出點誠意來嘛，你扣著人家的家人不放，什麼意思嘛！這也和你的身分不符嘛！」

幾天後，劉邦派出了第二位談判專家：侯公。

有了項伯的助攻，侯公的工作就順利多了，雙方一拍即合，項羽答應歸還劉太公和呂雉，並且簽署了停戰協議，約定以鴻溝運河為界，西邊歸劉邦，東邊歸項羽。「從此以後，你走你的陽關道，我過我的獨木橋，我們誰也不欠誰。」

劉邦沒有意見，在條約上簽字，蓋章，然後去接爸爸和老婆回家。

看著呂雉攙著年邁的老爹顫巍巍下了車，劉邦趕緊迎了上去，哭倒在地上，場面非常感人。

哭完之後，劉邦又想起了侯公這位大功臣。如果不是他從中說和，自己現在還孤家寡人呢！於是下令，封侯公為平國君，還稱讚他：「此天下辯士，所居傾國！」

然而，侯公卻保持著清醒的頭腦。都說伴君如伴虎，劉邦這個人品行不怎麼樣，眼下他高興，才封賞給自己，哪天要是不高興了，恐怕腦袋就得搬家。因此，在辦完正事後，侯公連封賞都沒要，果斷選擇了走人！

就在劉邦準備收拾東西回家時，張良和陳平來找他，勸劉邦毀約，準備開戰！

第十二章　垓下悲歌

　　劉邦心想，這樣不太好吧？自己和項羽剛簽訂停戰協議，這就準備翻臉了？

　　張良告訴他：「主公擁有天下大半領土，諸侯王都已歸附，士氣旺盛，兵精糧足。而項羽那邊兵力已疲，軍糧枯竭。如果漢軍趁對方不備之時發動突襲，必能斬殺項羽！項羽者，豺虎也，今日放虎歸山，明日必為我患，不若早除之！」

　　一句話：「趁他病，要他命！」

　　劉邦還是有點猶豫，現在就撕毀協議，等於打了自己的臉，之前苦心經營的人設不就崩壞了嗎？做人得講誠信嘛！

　　陳平告訴他：「歷史都是由勝利者書寫的，後人哪管你用了什麼手段！在你光芒萬丈的榮耀下，人們便會忘記你手段的黑暗。我就問你一句話，你是要面子還是要勝利？」

　　劉邦在沉思，當然，這沉思也沒有持續多久。和項羽不同，劉邦沒有那麼多的道德束縛，在名與利之間，他果斷地選擇了後者。

　　劉邦還是有顧慮：「項羽太過厲害，跟他繼續打，自己真沒有把握能贏他，萬一又輸了怎麼辦？」

　　陳平問他：「主公之前輸了那麼多次都沒有放棄，萬一這次贏了呢？更何況，主公捫心自問，你真的盡力了嗎？」

　　那一瞬間，劉邦怔住了，因為他忽然發現，自己習慣了找藉口，事實上並未竭盡全力。

　　「那還等什麼呢？趕緊出兵吧！」

　　來不及休整的漢軍接到劉邦的命令後，立即啟程，悄悄跟在楚軍後面尋找偷襲的機會。當然，做這一切之前，劉邦也告訴韓信和彭越這個消息，讓他們帶著自己的小弟趕緊過來，一起圍毆項羽！

此時的楚軍，確實是最為鬆懈的時候。連年的戰爭，早已磨去了他們的銳氣，只留下一身的傷病。他們早已厭倦了戰場的廝殺，只想回到自己的家園中，過歲月靜好的生活。

鬱悶的項羽在前面走，狡猾的劉邦在後面尾隨。儘管劉邦已經非常小心謹慎了，但是要讓龐大的軍隊不被發現，談何容易？很快，項羽就發現了賴皮的劉邦，一怒之下，殺了個回馬槍，雙方在固陵展開了一場大戰。

正面對決，幾乎沒有人是項羽的對手，沒過幾招，劉邦就打輸了。說好的援兵韓信、彭越一個都沒來，裝作看不見。

即便如此，劉邦依然沒有撤退的意思，而是躲在了城內，高掛免戰牌，就是不出來。項羽氣得跳腳大罵，卻也無可奈何。

劉邦終於明白，他失算了，楚軍並非如他想的那般不堪一擊。在項羽的手上，自己一直都占不到什麼便宜。

垓下合圍楚霸王

十月的北方，天氣很冷。

這一天，劉邦找來張良，訴說自己心中的苦悶：「子房，早在出發前，我就告訴韓信與彭越這個消息，要他們過來圍毆項羽，但是這兩人至今仍無動靜，你說我該怎麼辦？」

張良淡淡道：「項羽覆亡在即，韓信和彭越卻還沒有得到好處，自然不會來幫忙了。」

劉邦：「子房的意思是？」

張良：「韓信被立為齊王，不是您的本意，他內心必定也不踏實；彭

第十二章　垓下悲歌

越平定了梁地,當初您封他為相國,如今魏王豹已死,彭越也希望封王,而您並沒有滿足他的願望。如果主公能夠將陳地以東直至海邊的地都給韓信,將睢陽以北直至谷城封給彭越,給他們點甜頭,再讓他們出力就好辦了。」

劉邦恍然大悟。作為集團負責人,光畫大餅給員工是沒有用的,想讓員工做事,很簡單,落實之前的承諾,讓員工切切實實享受到應有的待遇,比什麼都有效。

為了切斷項羽的退路,劉邦決定拔掉項羽最後的據點——九江國。

九江國原本是英布的地盤,後來被龍且占領,這之後,項羽又任命周殷為九江國的領導者。

為了用最小的代價換取最大的利益,劉邦決定先來軟的,派出了劉賈去說服周殷。劉賈不負劉邦的囑託,在見到周殷後,擺事實,講道理,要他跟項羽決裂。周殷顯然對項羽也沒有多大信心,知道項羽遲早要玩完,果斷投奔了劉邦。

項羽正要罵人,又一個不好的消息傳來:「灌嬰從魯地揮師南下,連破薛郡、博陽等地,隨後渡過淮河,擊破項聲、郯公,陣斬薛公,生擒項他和周蘭,在頤鄉和劉邦勝利會師。」

幾乎一夜之間,風雲突變,項羽的左膀右臂都被斬斷,徹底成了孤家寡人。

看到形勢逐漸明朗,韓信、彭越終於出兵了。

這年十一月,韓信帶著自己的三十萬人馬,從齊國一路南下,不費吹灰之力便拿下彭城,然後繼續向南,極大地壓縮了項羽的生存空間。

彭越也不再打游擊了,他率軍從谷城南下,從北向南夾擊項羽。

項羽預感到形勢不妙,帶著主力部隊從固陵一路撤退,試圖擺脫劉邦

的包圍，回到自己的老家——江東。

雖然楚軍各部拚死阻擊，但是源源不斷的漢軍怎麼甩都甩不掉，一路緊咬不放。終於，他們來到了最後的戰場：垓下。

垓下原本是個默默無聞的小地方，因為這場戰役，即將成為舉世聞名的古戰場。

既然走不了，那就不走了。項羽一生征戰無數，每戰必勝，哪受過這種被人趕著跑路的屈辱？垓下是一片開闊地，南高北低，但是落差不大，正好可以發揮自己快速突擊的優勢，就是這裡了！

西元前 202 年冬，一場決定天下命運的大戰即將到來。

為了拿下項羽，劉邦幾乎集結了那個時代最為耀眼的英傑們：韓信、彭越、英布、灌嬰、樊噲、周勃，大夥兒聯起手來，準備展開一場巨大的圍獵。沒有人敢掉以輕心，因為他們的狩獵目標，是那個曾創造了無數軍事奇蹟、讓無數人景仰膜拜的西楚霸王項羽！

劉邦很清楚，論打仗，眼下能與項羽一戰的唯有韓信。因此，他把前線的軍事指揮權全都交給了韓信：「隨便你怎麼做，我只想要項羽的人頭。」

十二月，楚漢最後的決戰爆發。

漢軍合計近六十萬之眾，一步步朝項羽軍圍逼而來。而項羽這邊，只有十萬人。

但是項羽不怕。

鉅鹿之戰，彭城之戰，哪一次自己不是反敗為勝，逆轉了戰場形勢？「這一次，我定要讓歷史重演！」

為了完成對項羽的包圍，韓信進行了周密的部署，他將自己的三十萬大軍排在漢方軍陣的最前方，與項羽正面對陣。韓信居中指揮，左側是他

第十二章　垓下悲歌

的部將孔熙，右側是他的部將陳賀。劉邦跟在韓信的三十萬人之後，周勃與柴武在最後方壓陣，英布、彭越、劉賈負責合圍，防止楚軍突圍。

鉛雲低垂的天幕下，雪花紛紛揚揚，項羽騎著自己的烏騅馬，手持大戟，來到陣前。韓信也在眾人的拱衛下，走到陣前，與項羽遙遙相望。對面的項羽依然豪氣干雲，橫大戟，在如雲的戰陣中是那麼顯眼。

對於這一戰，韓信等待了太久，他太想證明自己了！雖然自己之前一路橫掃北方，但是那些人根本入不了韓信的眼。在他的心中，自己的終極對手只有一個，那就是項羽！

從楚軍陣營中跳槽後，韓信已經有四年沒有見到項羽了。四年的時間改變了太多，當年不可一世的項羽，如今已然成了眾人狩獵的對象。

「時過境遷，當年一別，霸王可還無恙否？」

項羽也注視著對面的韓信。想不到當年那個小小的執戟郎，如今竟然成了敵軍的最高軍事統帥，真是莫大的諷刺！

咚！咚！咚！氣韻沉雄的戰鼓敲響了。沒有過多的寒暄與等待，項羽舉起大戟，身後的楚軍將士發出整齊的怒吼，聲震山河。隨著項羽的一聲令下，十萬楚軍開始向漢軍發起衝鋒，馬蹄踢打著大地，地動山搖！

看著眼前奔騰若雷的楚軍，韓信不慌不忙，揮舞著手中的領旗從容指揮。數十萬漢軍將士迅即各就各位，他們臉色肅穆中略顯緊張，初次上戰場的，手中的長槍，還帶著些微微的顫動。

「弓箭手準備！」

韓信令旗一揮，弓箭手手挽長弓，瞄準前方來騎。一瞬間，漢軍萬箭齊發，當頭捲向楚軍。片刻工夫，白茫茫的空地上倒滿了死傷士兵。但是楚軍的攻勢沒有絲毫停滯，在項羽的帶領下，依然不顧一切向前衝，將漢軍的防禦硬生生衝出了一個缺口。

垓下合圍楚霸王

看著項羽一馬當先衝出，如入無人之境，劉邦的一顆心瞬間緊了起來：「韓信啊，你可得頂住啊，這一戰就靠你了！」心中祈禱完畢，悄悄往後撤了。

對於楚軍的這波凌厲攻勢，韓信早有準備，雖然漢軍在敗退，但是絲毫看不出潰逃的跡象。由於楚軍恃勇輕進，戰線被拉得很長，步騎前後開始脫節。韓信等的就是這個機會，他立即揮舞令旗，指揮左右兩翼的部隊迂迴殺到楚軍的側背，將楚軍騎兵與步兵分割成兩截，又命令撤退的漢軍返身殺回，穿插包圍，各個擊破。

廝殺聲震耳欲聾，天地為之變色！

韓信熟悉項羽這種快速突擊的打法，為了緩衝項羽的攻勢，他早就安排了三層防禦，一切盡在韓信的掌握中。

楚軍雖然繼承了項羽的勇猛，但是抵不上漢軍的人海戰術，漸漸出現不敵的跡象，勝利的天平已經明顯朝著韓信一方傾斜。項羽雖然能打，但是也只能眼看著楚軍被人潮淹沒，倒在自己身前。放眼望去，漢軍正在密密麻麻向自己湧來！

「不能再衝了！」

項羽立即掉轉馬頭，指揮楚軍撤退。韓信望著楚軍退去的身影，心中懸著的心才慢慢放下。他沒有趁勢追擊，漢軍消耗過大，需要休息。

經歷了一天的廝殺，雙方都筋疲力盡。項羽清點人數才發現，這一戰，楚軍竟然戰死八萬！

接下來的幾天內，楚漢雙方都沒有主動挑戰。

晚些時候，劉邦找來了張良。

「子房啊，眼下楚軍雖然被困在垓下，但是士氣依然高漲。如果我們強攻，恐怕要遭受重大傷亡，你可有什麼辦法？」

第十二章　垓下悲歌

張良沉思良久，向他出了個主意：「楚國士兵離家已久，眼下陷入絕境，思鄉之情最是迫切。主公可以派幾名樂師在夜深人靜的時候吹簫，激發他們的思鄉之情。如此一來，楚軍必定無心作戰，自然離散。」

劉邦一聽：「好計策！就這麼辦！」

英雄的完美謝幕

夜已深了，楚軍將士們三三兩兩擠在一起互相取暖，卻依然抵擋不住這徹骨的寒意。經歷了前幾日的殘酷廝殺後，楚軍傷亡很大，糧草已捉襟見肘，怕是支撐不了幾日了。

大帳內，項羽完全沒有睡意，一身戎裝，坐在案後，一杯接一杯地喝酒，那雙曾經有如飛星閃電的眼睛如今變得渙散無神。一旁的虞姬知他心中苦悶，沒有說話，默默為這個男人倒酒。

他知道自己這一戰注定贏不了，想不到自己戎馬半生，竟然落得個這樣的結局！

忽然，帳外隱約飄來一陣簫聲，起初聲音很小，漸漸地，簫聲越來越清晰。楚軍將士們更無睡意，他們抬起頭來，看到頭頂飛過幾隻風箏，發出嗚咽之聲。

而此時，周圍的漢營裡又傳出楚地歌聲：

「臘月寒冬兮，四野飛霜；天高水涸兮，寒雁悲愴。

最苦戍邊兮，日夜傍徨；披堅執銳兮，骨立沙崗！

離家十年兮，父母生別；妻子何堪兮，獨宿孤房。

雖有腴田兮，孰與之守？鄰家酒熟兮，孰與之嘗？

白髮倚門兮，望穿秋水；稚子憶念兮，淚斷肝腸。

胡馬嘶風兮，尚知戀土；人生客久兮，寧忘故鄉？

一旦交兵兮，蹈刃而死；骨肉為泥兮，衰草濠梁。

魂魄悠悠兮，不知所倚；壯志寥寥兮，付之荒唐。

當此永夜兮，追思返省；急早散楚兮，免死殊方。

我歌豈誕兮，天遣告汝；汝其知命兮，勿謂渺茫！

漢王有德兮，降軍不殺；哀告歸情兮，放汝翱翔。

勿守空營兮，糧道已絕；指日擒羽兮，玉石俱傷。」

這歌聲如怨如慕，如泣如訴，一下子勾起了大夥兒的思鄉之情。想到自己出門在外，辛辛苦苦打拚這麼多年，到頭來得到了什麼？榮華富貴且不說，到頭來連命都要丟在這裡了！

一想到這些，大夥兒的心情瞬間無法淡定了：「還打什麼仗啊，回家吧！」

項羽聽聞歌聲，大驚道：「漢軍難道已經拿下楚國了嗎？為何楚人如此之多？」

他走出帳外，看著將士們散去的身影，心中湧起難言的酸楚。他沒有挽留，一支沒有戰鬥力的軍隊，留下又有何意義？還不如讓他們逃命去吧，也許還能有活命的機會。

項羽失魂落魄回到帳內，端起桌案上的酒杯，一飲而盡，然後慷慨賦歌：

力拔山兮氣蓋世。

時不利兮騅不逝。

騅不逝兮可奈何！

虞兮虞兮奈若何！

第十二章　垓下悲歌

遙想當年，自己氣吞萬里如虎，豪氣干雲，如今卻身陷死地，還連累了身邊的將士們。「老天啊，你為何對我如此不公？」

項羽一遍遍唱著這首歌，任由淚水在臉上肆虐。

「虞姬，漢軍就要打過來了，這一次，我是逃不出去了，妳今後又該何去何從？」

一旁的虞姬悽然拔劍起舞，含淚唱和道：

漢兵已略地，

四方楚歌聲。

大王意氣盡，

賤妾何聊生！

虞姬唯一能做的，就是陪伴這個男人走完人生最後一段路。望著孤獨而偉岸的項羽，虞姬悽然一笑，拔劍自刎。

「虞姬！」

項羽撲過去，抱住虞姬漸漸冰涼的身體，痛哭失聲。心愛的女人已經離他遠去，從此之後，他在這世上再無牽掛。

當夜，項羽帶著剩下的八百騎，在雪夜中趁亂逃離。等漢軍反應過來時，項羽已不知去向。

消息傳到劉邦那裡，劉邦大為震驚，漢軍六十萬人，防守如此嚴密，竟然還是讓項羽逃了！如果讓項羽逃回江東老家，以他在江東的威望，難保不會捲土重來。自己費盡九牛二虎之力，好不容易將他圍在垓下，可不能讓他溜了！

他馬上找來騎兵司令灌嬰，讓他率五千騎兵出營追擊項羽：「活要見人，死要見屍！找不到項羽，你就不用回來了！」

英雄的完美謝幕

項羽帶著八百騎兵，一路南下。等到他渡過淮河來到陰陵時，八百騎只剩了百餘騎，更糟糕的是，項羽迷路了。

兩條路，一左一右，不知哪條路通往江東？

就在這時，項羽看到不遠處有一個農夫在做事，他騎馬過去，問他江東怎麼走。農夫看著一身血汙的項羽，心中早已猜到他的身分，為他指了一條路。

話剛說完，項羽帶著百餘騎消失在農夫的視野中，絲毫沒有留意到農夫嘴角露出的一絲笑容。

沒走多遠，項羽就發現自己陷入了一個沼澤之中，別說騎馬了，就算步行也過不去。直到這時，他才發現自己上當了，來不及後悔，趕緊原路返回！

這一來一回，浪費了不少時間，漢軍的大隊人馬很快就追了上來，項羽又落入了漢軍的包圍中。

面對身邊滿身血汙、傷痕累累的楚軍將士，項羽意氣風發，發表了他人生中最後一次演說：「我項羽自起兵以來，到現在已經八年了，身經七十餘戰，所擋者破，所擊者服，沒有輸過一場，這才能夠稱霸於天下。然而今天卻落到這步田地，不是我用兵的過失，是老天要亡我啊！今日固然難逃一死，但是我也願為大夥兒再戰一次，好讓你們知道，這是天要亡我，非戰之罪也。」

好一個天亡我，非戰之罪！

項羽遙指一名漢軍軍官：「看我先斬他們一員大將，你們分四路突圍，在東山下集合。」

說完大喝一聲，直衝敵陣，將那名倒楣的漢軍軍官斬於馬下。

在千金萬戶的刺激下，殺紅了眼的漢軍仍在源源不斷地湧上來。漢軍

第十二章　垓下悲歌

　　的前鋒指揮楊喜見項羽渾身是血，想上去和項羽單挑，騎馬向前幾步，卻聽項羽一聲大喝：「你想單挑嗎？」

　　楊喜的三魂六魄頓時被嚇掉兩魂，一連往後退了好幾步。

　　項羽縱馬揮戟，帶著身邊的勇士以迅雷不及掩耳之勢殺向漢軍。世人皆知項羽的單騎衝殺能力天下無敵，漢軍人數雖然多，但是沒有一個有勇氣跟項羽單挑，硬生生被逼退了好幾里。

　　項羽衝出重圍後，帶著剩餘的二十六騎，項羽一路南奔，不多時便來到了烏江邊上。

　　項羽抬頭看著彼岸。那一年，他和叔父在吳縣招募了八千子弟，勇赳赳、氣昂昂渡過烏江，逐鹿天下，何等豪邁！想不到如今卻成了這副模樣！

　　一滴清淚，從項羽的眼中滾落。

　　江面上，只見一葉扁舟蕩漾而來，靠岸後，一位老者上岸，對項羽一拱手：「我是烏江亭長，在此等候項王多時了，漢軍追兵就在身後，還請項王趕緊上船，我載你過河。」

　　渡過烏江，就是江東地界，那裡是他人生的起點。只要過了河，自己就有機會重新開始！

　　然而，項羽卻沉吟不決。

　　烏江亭長著急了：「江東地方雖小，縱橫也有千里，人口數十萬，割據一方，他日東山再起，指日可待！」

　　出乎所有人的意料，項羽竟然拒絕了：「天要亡我，我還過江做什麼！況且，當年江東八千子弟與我渡江西征，如今幾近全滅，縱然江東父老憐惜我，我又有何面目面對他們？即使他們不說什麼，我就能問心無愧了嗎！」

　　說罷，將烏騅馬一推，對烏江亭長說道：「寶馬贈你！你且自行離去吧！」

英雄的完美謝幕

送走了心愛的烏騅馬，項羽回頭看著身邊僅剩的二十六騎，胸中湧起一股熱血。他這一生經歷過很多背叛，但是至少眼前的這二十六騎不離不棄，陪他走到了最後！

項羽目送著烏江亭長遠去，而此時，緊追不捨的漢軍再一次圍了上來，馬蹄聲由遠及近，如奔雷一般。

項羽和二十六名騎士下馬，脫去沉重的鎧甲，放聲狂笑，然後拔出腰間的劍，義無反顧地衝向漢軍！

「殺！為了項氏家族的榮耀！」

「殺！為了死去的將士們！」

沒多久，項羽的身邊已經倒下了上百具屍體，而他自己已經身負十餘處創傷。放眼望去，他的夥伴已盡數陣亡，只剩他自己了。

漢軍將士們嚇傻了，見過能打的，沒見過這麼能打的。拿下項羽賞千金萬戶？不好意思，那也得有命花不是？項羽望著眼前一位漢軍騎將喊道：「來人可是舊友呂馬童？」

突然被項羽點了名的呂馬童不敢正視項羽的目光，伸手一指，對旁邊的王翳說道：「這就是項王！」

項羽道：「我聽說漢王懸賞千金，封邑萬戶，要我的項上人頭。我們好歹相識一場，我成全你！」

說完，項羽揮劍自刎，在眾人驚愕的目光中，轟然倒地。

一代天驕，殞命烏江！

第十二章　垓下悲歌

項羽為什麼敗了？

每當提起這段故事，我相信大夥兒心中總有一種彆扭感：「項羽明明有機會逆風翻盤，為什麼不過江，從頭來過？項羽啊項羽，你到底在想些什麼呀？」

不止你想不通，很多人都想不通。

李清照想不通，寫了一首詩：「生當作人傑，死亦為鬼雄。至今思項羽，不肯過江東。」

杜牧也想不通，也專門寫了首詩：「勝敗兵家事不期，包羞忍恥是男兒。江東子弟多才俊，捲土重來未可知。」

清朝初年有個叫李漁的，他認為項羽不渡烏江，是怕被亭長綁了。

這就有點以小人之心度君子之腹了。項羽何等神勇，會怕一個小小的亭長？人家好心幫你，你卻懷疑他的人品，豈有此理？

其實，不止別人想不明白，就連項羽自己到最後也沒想明白，自己為什麼會失敗？他仍然固執地認為，此天亡我，非戰之罪。

在我看來，與其說項羽是好面子，不如說，項羽是一個很感性的人，他很容易被情緒左右，做出一些不理智的行為。

鴻門宴上，范增早看出了劉邦的野心不小，好幾次示意殺之，但是項羽呢？被劉邦的幾句恭維就糊弄了，不僅沒有殺他，反而好吃好喝招待著。

分封天下後，他只想衣錦還鄉，將秦朝的財帛美女通通運回彭城。有人勸不動他，背後說了他幾句，結果項羽的處置辦法就是：煮了！

兩軍陣前，項羽熬不住了，竟然提出與劉邦單挑的天真想法：「我贏

> 項羽為什麼敗了？

了，天下就歸我；你贏了，天下就歸你。」結果被劉邦一口回絕。

烏江岸邊，面對唯一的逃生之路，項羽卻自覺無顏面見江東父老，一轉身，殺入了漢軍陣營中，完成了自己人生中最華麗的一場謝幕。

縱觀楚漢這段歷史，我們常常會覺得疑惑，項羽手裡明明有一手好牌，但是為什麼打到最後，卻輸給了劉邦？

關於這個問題有很多討論，有人說項羽不善用人，韓信、英布、范增這些人原本是跟隨他的，但是結果呢？韓信不受重用，離他而去；英布被他猜忌，最終背叛了他；范增跟他翻臉，負氣而去。有人說項羽過於迷信武力，每到一處動輒屠城，一言不合就要殺人，最終使得人心離散。

我不想炒冷飯，想換個角度聊聊這個話題。

在我看來，項羽和劉邦，最根本的區別是策略和戰術。

那麼問題來了，策略和戰術，到底有什麼區別？

戰術，僅能決定一場戰鬥的勝負；而策略，卻可以決定一家公司的興衰。一個不明白策略的人當上最高決策者，是極容易產生方向性的決策失誤，毀掉整個團隊。

而項羽，無疑就是那個眼中只有戰術，沒有策略的人。

為了說明這一點，我們不妨來對楚漢戰爭做一場覆盤。

毫無疑問，項羽的起點要比劉邦高出太多。且不說他是力能扛鼎，擁有極高的人氣顏值，從出身來講，他是項氏家族的繼承者，身上流淌著貴族的血脈。人家爺爺是楚國的大將軍，親叔叔是反秦起義軍的帶頭大哥，徹徹底底的官Ｎ代，簡直是人生贏家。

項羽擁有如此高的起點，他的戰術一直都很出色，身經七十餘戰，每戰必勝，可惜他缺乏全域性觀念，他知道怎麼去獲取勝利，卻不知道怎麼樣運用勝利。戰術上的巨大優勢並不能彌補他在策略上的巨大缺陷，這就

第十二章　垓下悲歌

是項羽最終失敗的根源。

看到這裡，不知道你有沒有想起一個和他同時代的西方悲劇英雄？

沒錯，正是漢尼拔（Hannibal）。

漢尼拔曾發誓，永遠做羅馬的敵人。那一年，他帶著軍隊奇蹟般的穿越阿爾卑斯山，橫掃義大利，攪得整個羅馬天翻地覆，打出了令羅馬幾乎全軍覆沒的坎尼之戰。

但是，他的副手在坎尼之戰大勝後說了一句話：「漢尼拔啊，你比任何人都懂得如何獲取勝利，但是你不懂得如何利用你的勝利！」

項羽也是一樣，他雖然每戰必勝，但是在常年的軍事生涯中，他越來越感到力不從心。彭城之戰，劉邦戰敗後，退至滎陽一線收集殘部，在滎陽以東打敗了乘勝追擊的楚軍，暫時穩定了戰局。在這裡，劉邦跟項羽對峙了兩年半。為了徹底孤立項羽，劉邦積極拉攏彭越，重用韓信，完成了對項羽的策略包圍，而項羽竟然無動於衷！

最後，他還是失敗了。

可是，我依然願意熱情地歌頌這個偉大的失敗者。

我們常常以成敗論英雄，對於成功者，我們投以鮮花和讚美；對失敗者，我們大加撻伐，盡情嘲笑。但是唯有項羽凌駕於這個規則之上，雖然兵敗身死，卻贏得了後世的敬仰。

項羽代表了中華的貴族精神，他死後，這種貴族精神也隨之而亡，再沒有那種臨死不屈的傲慢，對高尚靈魂的崇拜，對尊嚴的無比敬畏。

他讓我們明白，出了局的，依然是英雄。

第十三章
君臨天下

第十三章　君臨天下

終於當上皇帝了

　　當項羽的人頭被送到劉邦面前時，他有一種喜極而泣的感覺。在與項羽正面對戰時，劉邦從來都是輸的多，贏的少，好幾次還都是死裡逃生，僥倖撿回一條命。即便如此，劉邦也沒有放棄：「仗打輸了又如何？大不了從頭再來！」

　　憑藉著這樣的韌勁，劉邦從哪裡跌倒，就從哪裡爬起來，繼續跟項羽硬碰硬。終於，那個不可一世的項羽倒在了自己面前，而自己也迎來了最輝煌的時刻。

　　劉邦原本以為項羽死後，各地的反抗力量就會放下武器了，不料在山東魯縣碰了釘子。魯縣寧死不降，他們不相信項羽已死，堅守城池，要等項羽回來。

　　為什麼魯地對項羽如此忠心？因為這裡曾是項羽的封地，他們心中只有一位主公，那就是項羽。

　　魯縣外，是來勢洶洶的漢軍；魯縣內，是禮樂弦誦之聲不斷的儒生們。

　　眼看魯縣誓死不降，劉邦火氣上來了，下令城破之日，屠城！

　　張良適時地出現了，他告訴劉邦：「魯縣百姓為項羽守城並無過錯，主公如果要屠城，勢必會寒了天下人的心，此舉萬萬不妥！」

　　劉邦：「那你說怎麼辦？」

　　張良：「既然他們不相信項羽已死，那不妨就讓他們親眼看看項羽的人頭，再以隆重的禮節將項羽下葬，如此一來，他們必然會投降了。」

　　在劉邦的安排下，漢軍拿項羽的人頭給魯縣百姓看。守城的李將軍看

見項羽確實已死，放聲大哭，然後拔劍自刎，百姓自發為項羽披麻戴孝，哭聲震天。

哭完項羽後，魯縣開始跟劉邦談判：「要我們投降也可以，但是你必須厚葬項王，建祠堂親自祭祀！」

劉邦：「成交！」

為了安撫民心，劉邦用葬魯公的禮儀把項羽葬在了穀城，親自為項羽發喪舉哀。在項羽的墳前，劉邦再一次展現了影帝級的表演，哭得稀裡嘩啦，眼淚鼻涕一把流，誰都拉不起來。

不僅哭，劉邦還親自寫了祭文，他深情回顧了兩人並肩戰鬥的革命歲月，稱讚項羽永遠衝在第一線的戰鬥精神，以及自己對項羽由衷的敬仰。

劉邦的哭戲也感染了不少人，大夥兒紛紛在心裡稱讚劉邦：「還是老大仁義啊，對自己的敵人也能如此敬重，怪不得能當大哥呢！」

然而，熟悉劉邦的人卻在心裡暗暗鄙視：「貓哭耗子，假慈悲！」

為什麼我要說劉邦的哭戲只是一場政治作秀？很簡單，因為接下來的一件事暴露了劉邦的本心。

《史記・汲鄭列傳》提到漢武帝時期有一位大臣叫鄭當，他的父親鄭君曾經是項羽手下的將軍，項羽戰死後，鄭君歸降了劉邦。楚漢戰爭結束後，大量楚軍投奔了劉邦，而劉邦卻要求項羽的老部下在提到項羽的時候，一律稱為「項籍」，不能再叫「項羽」，更禁止稱其「項王」，否則，一律嚴懲。

要知道，在古代，直呼別人的名字是一種很不禮貌的行為，劉邦此舉就是要求他們與項羽劃清界限。

當大多數人卑躬屈膝，向劉邦臣服時，鄭君卻站了出來，對劉邦說：「不！」

第十三章　君臨天下

　　鄭君不願執行此令，他始終恪守作為西楚臣子的禮節，堅持稱項羽為「項王」，用生命捍衛君臣之禮。劉邦很生氣，又下了一道命令：「凡是稱呼『項籍』者，一律升官加爵，不願意稱呼『項籍』的人，一律給我滾蛋。」

　　鄭君不願意向劉邦屈服，最終被趕出朝廷，病死家中。

　　雖然鄭君此後再也沒能獲得當官的機會，但是他並不後悔，因為他用實際行動證實了一句話：「氣節比生命、仕途更重要！」

　　做完這一切，劉邦馬不停蹄地趕到定陶，做了一件最重要的事：收兵權！

　　具體來說，是奪回韓信二十萬軍隊的指揮權。在滅掉項羽後，韓信手中還有二十萬軍隊，這支軍隊一直以來都是劉邦心中的一塊石頭。到滅楚前夕，韓信已經成為與劉邦、項羽鼎足而立的強大勢力。

　　作為一名政治嗅覺異常敏銳的帶頭大哥，劉邦對可能威脅到自己的一切事物都保持著高度的戒備心，尤其是兵權。隨著垓下之戰以勝利告終，韓信終於走上了人生巔峰，越過項羽，成為名副其實的一代戰神。隨之而來的，是劉邦對他的戒備心越來越重。

　　生逢亂世，有統軍之能，又有練兵之識，力挽狂瀾破霸王，扶大廈於將傾，門生故將遍天下，楚漢諸雄，無人可與之匹敵。

　　「這麼厲害的人，絕對不能讓他掌握兵權！」

　　收兵權，可是一項風險極大的技術，運氣不好有可能會被反收人頭。劉邦的經驗是：「趁其不備，果斷出手！」

　　雖然收了韓信兵權，但是劉邦深知打一巴掌給個甜棗的道理，他沒有剝奪韓信的爵位，只是由齊王改為了楚王，理由也很充分，讓韓信無法拒絕：「如今楚地已被平定，楚地百姓亟須安撫，需要一位治楚者走馬上任。韓將軍熟悉楚地風俗，現任命你為楚王，統轄淮北之地，定都下邳。」

終於當上皇帝了

安撫完了韓信，劉邦也沒有忘記那位游擊隊隊長彭越，他因為破楚有功，封梁王，定都定陶。

在完成這一系列工作後，劉邦終於將目光投向了那個至尊無上的高位──龍椅。

劉邦雖然臉皮夠厚，但是當皇帝這種事怎麼好意思主動開口？雖然皇帝是一定要當的，但是總得別人先捅破這層窗戶紙，自己才好意思借坡下驢嘛！

當然，劉邦也不用太為難，因為這工作有人搶著做，還衍生了一個專有名詞：勸進。

勸進本來的意思是勸勉、促進，但是這個詞出現在政治語境裡，氣氛立刻就變得不一樣了。大部分時候，勸進的技巧一般都是這樣的：有人累積了足夠的實力，但是憚於某種規矩和輿論，不好自己主動開口，這時候，賢臣們就會主動站出來發文，論證其稱帝的舉動是多麼正確合理，敦促他趕緊稱帝。面對眾人的熱情，老大一般都得反覆謙讓，說自己德行不夠，當不了皇帝，你們不要再逼我了云云。這個時候，賢臣們會堅持勸進，來回三次。走完這個流程，就可以稱帝了。你要是不這麼做，在史書中就會留下吃相太難看的汙點，這輩子都別想洗掉了。

對於登基稱帝這事，劉邦的小弟們心領神會，一起寫了封勸進表給他，理由也很充分：

一、漢王率先入關，穩定了關中大地，功勞最大。

二、漢王存亡定危，救敗繼絕，以安萬民，功盛德厚。

三、漢王加惠於諸侯王有功者，使得立社稷，如今各路諸侯已獲得分封，但是漢王卻和其他諸侯王名義上處於平等的地位，無法區分尊卑上下。

「總而言之，言而總之，我們經過討論，一致認為，漢王稱帝是民心

第十三章　君臨天下

所向，你就趕緊答應了吧！」

為什麼下面的小弟會對勸進如此情有獨鍾？很簡單，因為這是一份高收益低風險的投資，需要的，只是一紙勸進表而已。

劉邦想當皇帝嗎？當然想！但是此時此刻，他不得不謙讓一番：「我聽聞，皇帝的尊號，是賢能的人才能具有的，我出身卑微，又無才能，可承擔不起這尊貴的稱號啊！你們把我捧得那麼高，好像我很被動嘛！」

各路大哥們心領神會，緊接著，他們又寫了一封勸進表：「大王雖然布衣出身，但是出師滅秦，又率眾除暴，使天下安定，自然應該稱帝。我們跟您一起打天下，現在終於都有資格裂土封疆了。你堅持不當皇帝，難道是打算不分我們好處了？」

話都說到這個份上了，劉邦要是再不答應，那就有點說不過去了，他不得不裝作無奈地說道：「既然大夥兒覺得我適合當皇帝，那我就勉為其難，多為國家做點貢獻了。」

劉邦當然也沒有虧待他們，登基後的第一件事就是封賞給他們，一共封了七個異姓王：楚王韓信、韓王信、淮南王英布、梁王彭越、趙王張敖、衡山王吳芮和燕王臧荼。

嚴格來說，劉邦遭遇的勸進，是有皇帝以來的頭一回。這之後，歷代的帝王們有樣學樣，上演了各種勸進鬧劇，我們不妨試舉幾例。

西晉滅亡之後，好多群眾紛紛寫勸進表給逃到南邊的晉王司馬睿，請他稱帝。司馬睿充分發揮從善如流的優點，立刻建都改元。登基之後，司馬睿做的第一件事，就是為所有勸進的人升官，就算你是平頭百姓，也能成為司徒吏，雖然只是個榮譽頭銜，但是好歹算編制內了。

那麼這一次寫了勸進表的有多少人呢？總共二十多萬。結果司馬睿剛流露出這個想法，旁邊號稱「忠公」的熊遠嚇得臉都綠了：「皇上啊，封賞是好事，可是也不能這麼慷慨啊！」

我們接著說劉邦。

在眾人的歡呼下，劉邦一級級登上臺階，看著匍匐在自己腳下的眾人，心中熱血湧動。回憶如潮水般湧來，那一瞬間，他想起了很多。

那一年，劉邦第一次到咸陽出差，第一次見到了秦始皇出巡的隊伍。看著冠蓋如雲的車隊，以及霸氣側漏的嬴政，劉邦發自內心地說了一句：「大丈夫當如此也！」

這才是男人該有的樣子啊！

那時候的嬴政，一定想不到，秦帝國的掘墓人就在離自己不遠處吧？「嬴政，你可曾想到過，你的江山，有一天會交到我劉邦的手上？」

有人說，真正厲害的人，是將自己曾經吹過的牛都實現了。這句話用來形容此時的劉邦，最為合適不過。

他看著高臺下的芸芸眾生，聽著他們對自己高呼萬歲，彷彿來自遙遠的呼喚。

西元前 202 年，劉邦在氾水北岸郊天祭地，正式稱帝。

一個舊的時代結束了，一個新的時代在廢墟中誕生，它有一個偉大的名字：漢！

劉邦的煩惱

劉邦雖然當了皇帝，但是他並不開心。

在劉邦看來，皇帝就得有皇帝的排場、皇帝的樣子。他安排人去準備一輛豪華馬車，結果到了跟前一看，差點噴出一口老血：「這也太寒酸了吧？馬車普通也就算了，連四匹毛色一樣的馬都湊不齊，你們到底怎麼辦事的？」

第十三章　君臨天下

底下人也覺得很委屈：「不是我們辦事不力，打了這麼多年的仗，民生凋敝，能找到四匹馬就不錯了，朝中官員們還有坐牛車上班的呢！」

劉邦有點尷尬，他這才意識到，自己接手的哪是什麼帝國，簡直就是個爛攤子，先別想著享樂了，抓緊恢復民生吧！

讓劉邦更鬱悶的還在後面。

劉邦當皇帝後，封賞了一大批跟隨自己出生入死的人，這些人都是粗人，仗著自己是革命元老，一個個在朝堂之上大呼小叫，甚至喝醉酒後拔出劍砍柱子，沒一點規矩。這讓劉邦很是不爽：「我現在好歹是皇帝了，你們尊重我一下好不好？」

也難怪這些人不懂禮數，劉邦自己就是混混出身，他身邊的人，除了張良、蕭何還算文化人外，其餘的都在底層混過。樊噲是賣狗肉的，曹參是牢頭，夏侯嬰是車夫，周勃是喪事上的吹鼓手，灌嬰是布販。指望著這幫粗人在自己面前守規矩，怎麼可能？

就在劉邦鬱悶得懷疑人生時，一個儒生上前，對他說：「我知道陛下為何苦惱，臣有辦法幫陛下教導他們。」

劉邦一看，原來是叔孫通。

叔孫通這個人之前介紹過，他是魯地薛縣人，從小精研儒學，後來到了秦國，當了待詔博士。和印象中那些刻板的老古董不同，他是個聰明人。

陳勝、吳廣起義後，叔孫通跟著項梁混世砍人；項梁死後成了楚懷王的跟班；楚懷王死後，又成了項羽的小弟；劉邦奪了項羽的彭城，他帶領一百多位儒家弟子投到了劉邦的門下。但是很可惜，劉邦平生最討厭儒生，甚至還拿儒生的帽子當過夜壺，對這幫儒生沒什麼好臉色。

叔孫通倒十分坦然：「既然老大不喜歡，我可以改嘛，什麼都可以

改!」儒家的長袍也不穿了,天天穿了短衫,跟著劉邦到處跑。叔孫通的學生們飽受冷落,都暗地裡鄙視叔孫通:「我們跟隨老師這麼多年了,如今老師不推薦我們出來做官,反倒天天推薦那些街頭打架的混混,這是什麼道理?」

叔孫通聽到後,對學生們說:「漢王正冒著刀林箭雨爭奪天下,你們這些儒生手無縛雞之力,能上陣殺敵嗎?你們別著急,且耐心等待,我不會忘了你們的,等天下安定,一定有你們大顯身手的時候。」

眼下,叔孫通感覺到機會來了——儒家可以致用,能幫劉邦解決實際問題。

劉邦不喜歡儒生,一看是這老頭,沒好氣道:「你能有什麼辦法?」

叔孫通一拱手:「打天下的時候儒生們沒有用,守天下時就有用了。臣願意去魯地徵召儒生,與臣的弟子一起制定禮儀和規矩。」

劉邦是混混出身,最討厭那些繁文縟節,就問叔孫通:「那什麼,不會很複雜吧?」

叔孫通拍著胸脯保證:「陛下放心,五帝用的音樂各不相同,三王用的禮儀也不一致。禮,是根據不同時代的人情世態所制定的一套規矩準繩。孔夫子所說的夏、商、周三代的禮儀各有什麼增損,我都知道。我可以參照古代的禮法,吸收秦朝的一部分東西,來為您制定一套符合今天使用的禮儀,保證讓陛下滿意。」

劉邦點了點頭:「那就試試看,不要讓我失望!」

為了完成任務,叔孫通特地去禮儀之邦的魯地,徵召一批懂得朝廷大典的人。有兩個讀書人不願意來,還當面指責他:「你踏上仕途以來,前前後後跟了十幾個主人,都是以阿諛奉承而得到貴寵。現在天下剛安定下來,死者還沒得到安葬,傷者還未得到治療,國家百廢待興,你卻一門心

第十三章　君臨天下

思去搞那些不符合古法的禮儀，我是不會跟你去的，你趕緊走，別玷汙我。」

叔孫通對此一點也不生氣，反而譏笑道：「你們可真是些榆木腦袋，根本不懂時代的變化！」

叔孫通與徵召到的三十名儒生回到長安，開始安排劉邦身邊的學者與自己的弟子共百餘人，在郊外練習禮儀。他們拉起繩子圈起一塊地方，立起草人，開始練習禮儀的一整套流程，如何穿衣，如何朝拜，如何尊君，君主面前如何行禮，彼此間如何行禮。

練習了一個多月，叔孫通對劉邦說：「可以請陛下過目了。」

劉邦看了他們的演練，禮成之後說：「這些我還能做得到。」於是下令群臣學習這套禮儀。

漢七年十月，長樂宮興建完成，諸侯和群臣都來朝見天子。

這是漢朝開國以來第一次重大禮儀活動。根據新制定的禮儀，天剛亮時，掌管傳令、迎賓的人引導官員各按尊卑次序進入殿門，門內庭院排列著保衛宮廷的車、騎、步卒，陳設著兵器，大張旗鼓。

當主持禮事對某人傳呼：「趨！」這個人就要小步快速走上殿。

殿下有郎中站立在臺階的兩邊，每層臺階都有幾百人。武官站在西邊，文官站在東邊。皇帝坐著車從寢宮出發到正殿，各級官員依次向皇帝朝賀，行禮完畢，找到自己的位置老老實實坐下。臣子全都低頭趴伏，依照尊卑次序起身向劉邦敬酒祝壽。

要是有誰不聽話，旁邊的執法御史就會將他們帶到場外。在整個朝會和酒宴的過程中，沒有人敢大聲喧譁，違反禮儀。

劉邦看著馴服的臣民，慨嘆道：「我直到今日才知道天子的尊貴啊！」

心情愉悅的劉邦升叔孫通為太常，又賜金五百。叔孫通這時才提出：

「臣的學生們跟隨臣多年了,又和臣一起制定禮儀,希望陛下為他們封官。」

正在興頭上的劉邦爽快地答應了他的要求:「准了,就封他們為郎官吧!」

回去之後,叔孫通把劉邦賞的五百金又分給那些弟子們,弟子們皆大歡喜:「先生真是聖人也,懂得什麼是當務之急。」

叔孫通這個人歷來評價不一。談起漢代儒學史上有名的儒學家,一般都會首提董仲舒,而對叔孫通卻置若罔聞。有的人認為,此人朝秦暮楚,不值一提;也有人認為,此人忍辱負重,終成大器。比如,刻板的司馬光打心眼裡看不起叔孫通,他說:「叔孫生之器小也!徒竊禮之糠秕,以依世、諧俗、取寵而已。」

但是司馬遷卻稱讚他,說他是知進退的「一代儒宗」。

叔孫通制定漢初的朝儀,恢復了儒家的禮制,推動了漢代儒學的復興乃至獨尊,所以說孔子最該感謝的人是他也並不為過。

咬牙封雍齒

後世有很多人分析,楚漢戰爭打了五年,劉邦基本上都是處於下風,為什麼最後贏的卻是劉邦?

對於這個問題,不僅後來的人們,連當事人也有思考過。

西元前202年的二月,志得意滿的開國皇帝劉邦在洛陽南宮舉辦規模空前的慶功宴。

酒酣耳熱之際,劉邦出了一道題目給大家:「大家都來說說,朕為什

第十三章　君臨天下

麼能成功，而項羽為何失敗了？」

高起和王陵首先舉手發言：「陛下為人粗獷豪放，項羽為人器小易盈。陛下派人攻城略地，打下來的地方就直接賞給部下，大家一起發財。項羽呢？妒賢嫉能，見不得別人比自己能幹，戰勝了不論功行賞，打下地盤了也不分給部下，所以最後失敗了。」

這個點評可以說是很到位了，劉老闆粗獷豪放，那是因為出身低微，雖然社交禮儀欠缺了點，但是在關鍵的利益問題上，該發的獎金、該給的待遇，毫不含糊，說給就給。而項羽發起獎金來總是很不痛快。大夥兒把腦袋拴在褲腰帶上跟你鬧革命，不就是為了將來等你發達了，跟你一起喝湯吃肉嗎？

劉邦很謙虛，說道：「你們講得很好，但是你們只知其一，不知其二：夫運籌策帷帳之中，決勝於千里之外，我不如子房；鎮國家，撫百姓，給饋餉，不絕糧道，我不如蕭何；連百萬之軍，戰必勝，攻必取，我不如韓信。這三人都是當世人傑，卻能為我所用，這才是我最後能贏的原因。」

張良、蕭何和韓信，一個是謀士，一個是後勤，一個是將帥。劉邦認為自己什麼本事都沒有，但是能夠駕馭這三位厲害的人，為自己所用，把不同的人才放在各自適合的職位，所以能取天下。

說白了，這就是領導的藝術。

很多人因為這段話，從此變得喜愛劉邦。很簡單，難得有一位皇帝能這麼坦誠，承認自己的不足，把功勞都讓給小弟們。劉邦雖然算不上君子，但至少不是小人。

軍事能力不及項羽的劉邦之所以得天下，靠的就是其出色的政治思想，總能得各方人心。劉邦利用民意，拿捏人心，左右輿論的能力，是他最大的政治天賦。

咬牙封雍齒

老闆最大的能耐是什麼？不是專業，也不是德行，更不是事必躬親，死而後已，而是善於識人、用人，尤其是勇於使用那些本事比自己強的人，並且有能力駕馭他們。就拿劉邦來說，帶頭砍人那是小弟們做的事，自己所要做的是整合各種資源，把專業技術工作交給具體技術人員來做，自己關注更長遠的目標。

劉邦的對手項羽，「力拔山兮氣蓋世」，號稱「西楚霸王」，能力太強，做什麼都是自己帶頭衝，誰的主意都不聽，只有一個范增，卻不給他施展的機會，氣得范增罵項羽：「豎子不足與謀！」最終項羽落得孤家寡人，只能問虞姬「奈若何」。

這裡再寫一個細節：劉邦剛開始時，一口氣分封了二十多個功臣，而在頒獎典禮上，劉邦把第一功臣的榮譽送給了一向低調的蕭何。

為什麼會這樣？

劉邦把蕭何排在前面，其實是頂住巨大壓力的。劉邦主要仰仗的力量是豐沛鄉黨，奪取沛縣時，劉邦是完全依靠鄉黨。雖然蕭何也是出自豐沛黨，但是豐沛黨和楚漢中的功勳武將們，連蕭何都是不服的。

畢竟，戰爭年代，大夥兒更看重的是上場殺敵、收人頭的能力。「我跟著劉老大在前線跟項羽拚命，南征北戰多年，身上舊傷未癒，又添新傷；你蕭何一介書生，從未領過兵打過仗，大多數時候都遠離前線，獨自躲在大後方，憑什麼算第一功臣？我不服！」

抱怨多了，自然就傳到了劉邦的耳朵裡。

這一日，劉邦在朝會上問道：「近來聽聞諸位對朕的分封多有不滿，諸位知道朕為何封蕭何為第一功臣嗎？」

底下的人開始竊竊私語，樊噲站了出來，說道：「陛下，臣等披甲帶兵，衝鋒陷陣，多者身經百戰，少者數十戰。蕭何沒有經歷征戰之苦，沒

第十三章　君臨天下

有打過一次仗,只靠舞文弄墨,出出主意,論功封賞時反而在我們之上,臣等不服!」

劉邦點了點頭,目光掃過眾人,道:「各位知道狩獵嗎?狩獵時,追殺野獸、野兔的是獵狗;而放狗追擊,指示獵物方向的是獵人。你們只是能捕捉走獸,是有功之狗;至於蕭何,發號施令,指示追蹤目標,是有功之人。當年與項羽爭奪天下時,要是沒有蕭何管理大後方關中,提供源源不斷的軍糧和士兵,哪有各位後來的屢敗屢戰?」

此言一出,群臣皆不敢言。

從這裡不難看出,劉邦不愧是一個卓越的策略家,他顯然明白一個道理:打仗打的是後勤。

俗話說得好「兵馬未動,糧草先行」,後勤補給對戰爭的重要性由此可見一斑。打仗打的是後勤,沒有吃的喝的,多厲害的軍隊都得打敗仗。隋煬帝三徵高麗,元軍攻打日本,都是在後勤這方面吃了虧。

蔣琬作為諸葛亮的正牌繼承者,曾一度統領蜀漢的朝政大事。諸葛亮每次征伐,蔣琬都在後方負責籌集糧食,組織運輸,補充兵源。諸葛亮常說:「蔣公琰忠心耿耿,雅量寬和,應該與我一起復興漢室。」他不僅這麼說,也是這麼做的。在給劉禪的信中,諸葛亮曾說過:「臣如果出了什麼意外,軍國大事可以全部交給蔣琬。」

雖然劉邦暫時堵住了悠悠之口,但是時間一長,閒言碎語還是多了起來。要知道,跟隨劉邦打天下的沒有一千也有八百,你光封二十多個,後面的人怎麼辦?「打敗項羽,我們也是出了大力的呀!」

這一天,劉邦和張良在洛陽南宮閒逛,遠遠地看到眾將都聚集在一起,討論得熱火朝天。

劉邦非常好奇,便問身邊的張良:「他們在討論什麼?」

咬牙封雍齒

張良：「陛下您還不知道嗎？他們聚集在一起討論謀反啊！」

劉邦有點糊塗了：「天下終於安定了，他們為什麼要謀反？」

張良說道：「陛下您起自布衣，靠著這群人得以君臨天下，如今貴為天子，卻只分封蕭何、曹參這些舊部，大肆誅殺與您有過節的人。如果按照軍功分封，您的天下早就不夠分的了，大家都怕您不能給每個人論功行賞，又怕自己曾經與您有過節而被殺，所以聚集在一起商量謀反。」

劉邦思考半天問道：「你說該怎麼辦？」

張良：這「好辦，陛下應該讓大夥兒相信，賞賜一定會有的，每個人都會有，不要著急。」

「可是，如何才能讓他們相信？」

張良道：「陛下平生最恨的人，大夥兒都知道的是誰？」

劉邦不假思索說道：「當然是雍齒了！他曾經是我的好朋友，卻數次讓我陷入困境，我本來都想殺了他，可是他確實又有戰功，所以一直不忍心。」

張良說道：「如今事情緊急，乾脆陛下先封賞雍齒，樹立一個榜樣給群臣，大夥兒看到雍齒都能受封，就都會安心了。」

不知道大家是否還記得這位仁兄，雍齒是劉邦的老鄉，同時也是叛徒。想當初，雍齒趁著劉邦出差的機會，果斷背叛他，占了劉邦的老家。劉邦幾次進攻都吃了癟，最後在項梁的幫助下才拿下豐縣。而此時，雍齒早就投奔了魏國的周市，後來又跳槽投奔了趙國。韓信攻破趙國後，雍齒搖身一變，又成為劉邦集團高層幹部。

對於這樣的人，劉邦做夢都想殺掉他，可惜一直沒有得空。拖到如今，想不到竟然便宜這小子了。

劉邦咬著牙，封雍齒為什邡侯，食邑二千五百戶。

第十三章　君臨天下

得知雍齒升官了，大夥兒擺酒為他慶祝。酒宴上，劉邦命令丞相蕭何盡快給群臣論功行賞。大夥兒喜出望外，酒宴結束後議論：「連雍齒都能封侯，我們沒什麼可擔心的了！」

作為管理者，很多時候都會遇到這樣的難題：手下人著急要待遇，但是你暫時還沒想好怎麼分，小道消息已滿天飛。

為了穩定大夥兒的情緒，你可以選擇那些跟自己關係較遠的、交情一般的員工，先發獎勵給他們，這樣大夥兒才會安心：「你看看，連他這樣的人都能得獎金，我們肯定沒問題。」

田家兒郎夠血性

劉邦一生中最重要的對手只有一個：項羽。

眼下，項羽早已不在人世，按理說，此時的劉邦可以高枕無憂了。然而，每當夜深人靜的時候，劉邦看著漢帝國的萬里江山圖，依然長吁短嘆。

難道劉邦心中仍有遺憾？

有的，這個讓他睡不著覺的人叫田橫。

田橫是原齊王田榮的弟弟，田榮不滿項羽分封，跳出來反抗項羽，結果卻被項羽反殺。田榮死後，弟弟田橫接過對抗項羽的旗幟，繼續跟項羽對抗。隨著劉邦越來越囂張，項羽只能跟田橫講和，然後掉頭去剿滅劉邦了。

在楚漢相爭的歲月裡，田橫先是兩不相幫，在齊地坐山觀虎鬥，後來沒想到戰火燒到了自己的身上，韓信滅了齊國，田橫果斷選擇了跑路，一

口氣跑到了彭越那裡。

田橫和彭越的關係還是相當好的。但是，到了劉邦封彭越為王之後，田橫意識到彭越也靠不住。彭越已經投靠了劉邦，如果到時候劉邦想抓自己，彭越會不會為了自身利益，出賣自己？

想來想去，田橫只能帶領著自己的五百個小弟，逃到黃海的一個小島上當了島主，倒也樂得逍遙快活。

田橫想當韋小寶，但是劉邦卻沒有康熙的雅量，他對田橫這個曾經的造反頭子很不放心。「田氏兄弟在齊國很有威望，如果這小子回過頭來，鼓動齊國的不穩定分子繼續造反，那可是個麻煩事。」

為了消除這種潛在的隱患，劉邦決定招安田橫：「只要你在我眼皮底下老老實實待著，我保證你的人身安全，還封個官給你。」

接到劉邦的通知後，田橫心裡也是七上八下，他的第一反應是：「黃鼠狼給雞拜年，沒安好心呀！」

田橫把大夥兒召集起來投票，結果所有人都投反對票──沒有一個人願意向劉邦投降。

大夥兒都不願意，田橫心裡稍稍有了些底氣，他寫了一封回信，言辭很客氣：

「罪臣曾經烹殺了陛下的使者酈食其，罪行不可不謂深重。如今聽說酈先生的弟弟酈商身為漢將，賢明而為陛下所親近，所以還是忘了我吧，這個島雖然荒蕪了點，但是對於我們這些亡命之徒來說，還算是衣食無憂的。」

田橫死不奉詔，沒辦法，使者只能空手而歸。

使者回去把田橫的話帶給了劉邦，劉邦聽完後，明白了田橫不來是因為忌憚酈商。劉邦把酈商叫了過來：「我要召田橫來朝中做事，你最好不

第十三章　君臨天下

要打他的主意，若是他有個三長兩短，我滅你酈家全族。」

酈商嚇壞了，趕緊答應劉邦，自己保證不找田橫的麻煩。

劉邦很高興，搞定酈商之後，又派使者去找田橫：「這下你總該沒有理由拒絕了吧？」

沒辦法呀，田橫不死，齊地不安呀！這個人在齊地的破壞能力，始終是讓劉邦寢食難安，這樣的危險分子必須要在自己的掌控之內，要麼招降，要麼殺之。

劉邦的使者又陰魂不散地出現在了田橫的面前，田橫都快憂鬱了，我就占了這麼一個小破島，你至於這樣天天惦記著我嗎？我要是想造反，早就提著刀反了，至於跑到這個海島上嗎？

使者告訴田橫：「陛下已經跟酈商說好了，若是膽敢對你有非分之想，陛下就會滅他全族。陛下還說了，只要你回來，大小是個王侯，如果不回來，即刻發兵誅盡。」

話都說到這個份上了，再拒絕那真就找死了。

得知老大要走，小弟們紛紛挽留，都說劉邦言而無信，千萬不能上他的當。田橫擺擺手道：「從齊國臨淄到這荒涼的海島，你們願意追隨我，我很感激。如果我不去，劉邦一定會派大軍前來討伐，到時候大家都受到牽連，我於心何忍？」

在婉拒了眾人後，田橫帶著自己的兩個小弟，踏上了前往都城洛陽的路。離開海島的那一刻，也許田橫心中已然明白，這一次注定是回不來了。

一路風塵僕僕，在距離洛陽還剩三十里地時，田橫找了一個藉口，告訴劉邦的使者：「我聽說人臣見天子前是一定要先沐浴更衣的，這樣才顯得對皇帝更加尊重。」

田家兒郎夠血性

使者一聽:「這小子很上道嘛,准了!」

田橫帶著自己的兩個小弟進了屋內,對二人說道:「想當年,我也和劉邦一樣,都是一方諸侯。如今他貴為皇帝,而我成了通緝犯,四處逃亡。我若是真去見了他,那才是我的奇恥大辱呀!更有甚者,我曾經烹殺酈食其,如今要與其弟酈商比肩而立,一起服侍他們的主子。縱使他畏懼天子的詔令不敢動我,我能問心無愧嗎?」

悲憤之餘,田橫平靜地交代道:「想來,劉邦之所以召見我,不過是想看一看我的相貌,炫耀他的威風罷了。如今劉邦身在洛陽,你們砍下我的頭送到洛陽吧,這麼近的距離,我的容貌尚未改變,可供一看。」說完拔劍自刎。

兩位小弟大哭一場,遵從田橫的遺言,帶著田橫的頭,與使者一道疾駛前往洛陽。

身在洛陽的劉邦一心想見到田橫,體驗他匍匐在自己腳下的榮耀感。田橫離島啟程、抵達洛陽郊外的消息,源源不斷地傳送到洛陽,然而,劉邦最終等來的卻是田橫的人頭!

劉邦驚詫之餘,感慨道:「田橫自布衣起兵,兄弟三人相繼為王,都是大賢啊!」

當即拜田橫的兩位小弟為都尉,又調集兩千名士兵修築陵墓,組織葬儀,以王者的規格將田橫埋葬於洛陽郊外。

葬禮結束後,兩個小弟在田橫墓旁邊挖了個坑,雙雙拔劍自刎,陪葬在主公的身旁。

消息傳到洛陽,劉邦再一次震驚了,對二人的忠勇氣節深感敬佩。他得知田橫部下五百人還在島上,馬上派遣使者前往,想招攬剩餘的五百人回朝。

第十三章　君臨天下

為什麼劉邦還要固執地讓那五百人回來？

我們不妨猜想:「田橫和他的小弟視死如歸，表現出了與劉邦堅決不合作的態度，那剩下的五百人態度也可想而知。這樣一股勢力，如果哪天上了岸，招攬齊國的不穩定分子對抗朝廷，那還得了？」

為了清除隱患，必須將那五百人安置在自己眼皮子底下！

不料，使者抵達海島，五百部下得到田橫的死訊後，紛紛面向西方，在遙祭主公的悲恨中集體自殺。

這個海島後來就叫做田橫島。

坦白說，田橫原本不必一心求死，王朝的更迭，不是尋常事嗎？齊國亡了，那麼多齊國百姓依然選擇卑微地活著，也沒見誰為齊國殉身；劉邦不就是想看看你長什麼樣子嗎？給他看看不就得了，為何你田橫要這麼做？如果降了，或許可以高官厚祿，富貴如故，但他最後還是選擇了「亡」，選擇了殺身成仁的放棄。

為什麼？

如果你去問他，他會告訴你：「因為我是田橫！我不要卑微地活著！」

田橫的死，是一種對氣節的堅持，以及對故國灰飛煙滅的無奈和絕望；當大多數人對強權低頭時，田橫和他的五百壯士昂起高傲的頭顱，表達了絕不合作的態度。

這就是人最可寶貴的 —— 了解之後的拒絕，選擇之後的堅持。

一向崇拜英雄的太史公司馬遷寫到此處，也感慨道：「田橫之高節，賓客慕義而從橫死，豈非至賢！」

感慨之餘，司馬遷又說：「這樣的大英雄，為何無人為他及其賓客作畫，將這一段可歌可泣的歷史用影像留存下來呢？」

人和人不能比

　　田橫死了，但是劉邦的龍椅依然坐得不安穩，因為他發現，項羽死後，還有一條漏網之魚逃之夭夭，這條魚叫季布。

人和人不能比

　　季布是楚國人，性情耿直，為人俠義好助，只要是他答應過的事情，無論有多大困難，都一定設法辦到，因此受到大家的讚揚。民間有一句流行諺語「得黃金百斤，不如得季布一諾」，說的就是季布信守承諾的故事。

　　季布一開始是項羽手下的大將，打仗很猛，史書記載說他「數窘漢王」，屢次把劉邦打得落花流水。但是很不幸，天下後來還是姓劉了。

　　劉邦當皇帝後，哪能放過這樣的人？很快，他就發出了一條通緝令：「全國通緝季布，生要見人，死要見屍；抓到季布的，賞金千兩；窩藏季布的，罪及三族。」

　　按理來說，一般人遇到這樣的通緝，基本逃不脫先亡命天涯、最終被扭送砍頭的命運，但季布就是命硬，實現了一次劇情大逆轉。那麼，這場逆轉是如何實現的呢？

　　濮陽的周氏，人稱大俠，江湖救急，得知季布流落江湖，大方將其收留。然而，人的名，樹的影，季布雖然不在江湖，但是江湖依然流傳著他的傳說。很快，左鄰右舍都知道周家收留了季布，看到朝廷發出通緝令後，開始動起了歪腦筋。

　　周家主人心裡開始慌了，他知道自己保不住季布，但是不想就這麼把季布交出去。都說請神容易送神難，如果一不小心，讓季布不高興了，恐怕自己這一家老小都不夠季布砍的。左思右想，他終於想到了一個辦法：

第十三章　君臨天下

「將軍，我有一計，可助您脫身，但是一定要聽我安排。如若將軍不信任我，我立刻死在您面前！」

季布心中大為感動：「我都這樣了，自然信你，你來安排吧！」

在周家主人的安排下，季布剃了光頭，脖子戴了個鐵箍，穿上粗布衣服，打扮成一副犯人模樣，把他放在運貨的大車裡，將他和幾十個奴僕一同賣給了魯地的朱家。

這個朱家可不是一般人，他本人堪稱關東大俠，喜歡結交當世豪傑，在漢初曾大肆藏匿豪強和亡命之徒，在關東勢力很大。在看到這批奴隸後，朱家一眼就認出了隊伍中的通緝犯季布。知道他是劉邦要殺的人，但是朱家沒有當場說破，只是悄悄囑咐兒子：「家裡的農活他想做就做，做多少都看他自己，而且一日三餐你都要和他一起吃，千萬不能委屈了他。」

朱家確實夠義氣，不僅收留了通緝犯季布，還打算為他洗白。

要知道，季布可是劉邦點名要抓捕的通緝犯，誰敢幫他開罪？

可是朱家有信心。

在將季布妥善安置後，朱家趕赴洛陽拜見汝陰侯滕公，也就是劉邦曾經的專職司機，如今的太僕——夏侯嬰。

朱家畢竟是大俠，屬於黑道上的大哥級人物，夏侯嬰如今雖然位高權重，但是也不敢輕慢，親自出門迎接。一番寒暄後，朱家開門見山：敢「問滕公，季布到底犯了什麼罪，陛下這麼著急捉拿他？」

夏侯嬰：「季布屢次將陛下逼至困境，所以陛下對他恨之入骨，必欲殺之而後快。」

朱家：「滕公您怎麼看季布這個人？」

夏侯嬰：「季布的名聲我早有聽聞，武功高強，正直誠信，是個很有才幹的賢人。」

人和人不能比

朱家一聽，心裡有底了，他接過夏侯嬰的話：「我聽說身為人臣的，應盡忠職守。當日季布在項羽麾下聽命，楚漢相爭，季布也只是履行他的職責而已。如今天下已定，陛下為個人恩怨搜捕報復季布，反而顯得心胸狹隘。您也說了，季布是個賢人，如其情急投敵，北有匈奴，南有南越，反而不美。得天下者，最忌諱的就是逼人太甚，當年伍子胥被迫逃離楚國，後又殺回楚國鞭屍楚平王，就是前車之鑑啊！」

夏侯嬰是何等聰明之人？他知道朱家是來為季布說情的，從內心來講，他也認同朱家說的這些，於是答應幫忙從中調解。

這之後，夏侯嬰找了個機會見劉邦，將朱家的話又說給劉邦聽。劉邦雖然偶爾小心眼，但大道理還是懂的，當即下令赦免季布，還為季布封了官。後來季布為漢朝效力，做過河東郡守，隨周亞夫平定七國之亂，成為漢帝國名將。

季布得到劉邦重用的消息傳出後，有一個人的心思活絡起來：「既然季布都能封官，我救過劉邦的命，是不是也能要點好處？」

這個人叫丁公。

那一年彭城大戰，項羽以三萬精兵大破劉邦的五十六萬諸侯聯軍，劉邦一路狂奔，當時緊咬著劉邦的正是項羽手下大將丁公。一個在前面跑，一個在後面追。眼看著自己跑不掉了，劉邦索性停了車，大聲叫道：「這不是丁公嘛？你幹嘛追得這麼緊啊？我們兩個聰明人，做人留一線，日後好相見嘛！」

劉邦說這話，原本是為了緩和一下氣氛，沒想到，他這話發揮了作用，丁公居然放緩了馬，裝作沒看見，轉身回去了。

是的，你沒看錯，丁公居然就這樣放了劉邦。劉邦趁機拼了老命飛馳而去，逃得性命。

第十三章　君臨天下

劉邦當了皇帝後，丁公跑來拜見，卻見劉邦一聲冷笑，招呼眾人：「給我拿下！」

丁公徹底糊塗了：「為什麼？」

劉邦：「你還想到我這裡討功勞？季布追殺我，那是忠於職責；你把我放掉，這叫怠忽職守，懂嗎？」

緊接著，劉邦下令士兵將丁公押到軍營中遊行，順帶為大夥兒上了一堂課：「丁公作為項羽的臣子不忠，讓項羽丟掉天下的人，就是丁公。後世的臣子們啊，你們可不要再做第二個丁公！」

說完，一刀下去，鮮血濺地。

劉邦此舉讓很多人看不懂，而他所說的丁公讓項羽丟掉了天下，更是無稽之談，猜想沒幾個人會相信這話。既然如此，劉邦為什麼還要這麼做？

這就要談到帝王心術了。

自古以來，恩自上出，這是千古不易的法則。身為九五之尊，你可以根據自己的喜好對臣子加以封賞，但是身為臣子，卻絕不能主動伸手索要好處，這是大忌。

也許有人要說了，韓信不就是主動要了齊王這個頭銜嗎？劉邦不照樣也給了？

是的，劉邦是滿足了韓信的願望，但是同時，他也在心裡埋下了對韓信的殺機。這不，韓信馬上要倒大楣了。

落寞的韓信

　　當劉邦忙著給大夥兒分果果時，韓信已經踏上了南下的路，朝中的一切都與他無關，眼下的他只想做一件事，回到自己的封地。

　　韓信的國都雖然在下邳，但是讓他魂牽夢繞的，卻是自己的家鄉——淮陰。

　　韓信已經有很多年沒有回來淮陰了。每當夜深人靜的時候，韓信總會想起他在淮陰城的點點滴滴，慈愛的老婆婆、好心的亭長，還有那個曾經侮辱自己的屠戶。是時候回去看看了。

　　楚王韓信衣錦還鄉，轟動了整個淮陰城。

　　在一個陽光燦爛的日子裡，韓信的車隊浩浩蕩蕩進了淮陰城。看著高頭大馬上的韓信，淮陰城內的百姓議論紛紛，這其中，心情最複雜的要數當年侮辱過韓信的那位屠戶了。想不到當年街上的落魄少年，如今搖身一變，竟然成了高高在上的楚王！

　　這可如何是好？

　　韓信入城後，主要做了三件事，具體來說是見了三個人。

　　第一個人，是當年贈飯的老婆婆。

　　當一位滿頭白髮的老婦人被人攙著進入縣衙後，韓信一眼就認了出來，他上前一把攙住老婦人，還未說話就已淚流滿面。

　　韓信永遠也不會忘記，當年在淮陰城外，是她拿出自己的飯，挽救了餓得奄奄一息的韓信，在冰冷的人間給予他最博大最溫暖的母愛。

　　軒敞的縣衙內，老婦人也上下打量著眼前的這位楚王，試圖從他的身上找到當年那個落魄少年一絲殘存的記憶。十多年，變化可真大啊！

第十三章　君臨天下

韓信跪倒在地，拜謝老婦人當年的贈飯之恩，拿出千金要報答她，不料卻被她一口回絕：「大丈夫不能養活自己，我給你飯吃是可憐你，難道是希望你回報嗎？」

說完，老婦人轉身離去。

第二個人，是一位亭長。

亭長曾經有恩於韓信，那時的他三餐無以為繼，有一段時間經常到這個亭長家裡蹭早飯。日子久了，亭長的妻子不高興了，一大早就起來做好飯，和一家人全部吃光，韓信來的時候看到鍋裡已經沒飯了。一怒之下，韓信發誓此後再也不到他家。

接見這個亭長時，韓信態度很冷淡，給了他幾百個銅錢，說道：「你是小人，做好事有始無終。」隨後不耐煩地結束了會見。

韓信罵亭長是小人，明顯過分了，不論怎麼看，亭長當年都救助過韓信，不能因為後面沒給他飯吃就否定人家。不過韓信並不這麼看，他有他的理由。

第三個人，是當年的惡霸屠戶。

韓信永遠都不會忘記這張熟悉的面孔，他耳畔還迴盪著當年離開淮陰城時，惡少們肆意的笑聲。從那以後，他的人生與他們再也沒有過交集。

屠戶在堂下戰戰兢兢地跪著，他本以為自己小命休矣，不料韓信的表現卻頗為有趣。他提著劍，挑斷了綁在屠戶身上的繩索，當著屠戶的面對大夥兒說：「這是個壯士，當年他侮辱我的時候，我難道不能殺了他嗎？只是那樣做沒有意義，所以我才能忍受一時的侮辱，而成就了今天的功業。」

韓信不僅沒有懲罰他，還讓他出任楚國中尉，負責下邳的治安，維持街市秩序。

落寞的韓信

關於韓信不殺屠戶，反而對他委以重任，最常見的一種解釋是，韓信感激屠戶，如果沒有當年的忍耐，絕對沒有自己如今的成功。

然而，一個不容忽視的事實是，忍耐和成功之間沒有必然的連繫。何況，我不相信韓信面對讓他忍受胯下之辱的惡少，心中沒有任何波瀾。

既然如此，韓信為什麼還要表現出如此的大度？

很簡單，這是韓信的虛榮心在作怪。

殺一個惡少很容易，固然可以解自己的心頭之恨，可是殺完之後呢？別人會怎麼想？堂堂的一個楚王，竟然如此懷恨在心、睚眥必報？韓信很看重名，他不希望留給別人這樣一個負面印象。

在坐穩了皇位後，劉邦開始了另一項工作：削藩。

西元前202年的秋天，就在劉邦登基那一年，北方忽然傳來一個消息：臧荼反了。

臧荼的造反，不但沒有讓劉邦擔驚受怕，反而讓劉邦狂喜不已，真是想睡覺正好送上枕頭啊！「正愁沒有藉口收拾你們這幫異姓諸侯王呢，這下連藉口都省了。」

劉邦掂量了一下，決定親自收拾臧荼，捏捏這個軟柿子，在諸侯王中樹立自己的威信。

對付一個小小的臧荼，劉邦還是綽綽有餘的，只用了一個月的時間就拿下了臧荼，大軍勝利而歸。

剛回到首都，劉邦屁股都沒坐穩呢，又得知了一個消息：「項羽的舊將、新封潁川侯利幾又反了。」

沒辦法，劉邦只得再一次親征，捏死了這隻小螞蟻。

就在一年後，又有人打小報告：「韓信在預謀造反！」

得知這個消息，劉邦心中咯噔一下，韓信可不是臧荼、利幾這些小蝦

第十三章　君臨天下

米，如果要論在異姓王中對劉邦威脅最大的，毫無疑問就是為劉邦統一天下立下首功的韓信。他想起了之前和韓信的一段對話。

劉邦：「以朕的能力，能統率多少兵馬？」

韓信：「十萬。」

「你呢？」

韓信：「我自然是越多越好。」

劉邦：「既然你的能力這麼好，怎麼還會成為我的俘虜？」

韓信悚然一驚，這才意識到失言，嘆道：「陛下不善於帶兵，卻善於統御將領，這就是我被陛下俘虜的原因。況且陛下的能力是天賜予的，不是人力所能為之。」

韓信的軍事天才讓劉邦讚嘆，更讓劉邦睡不著覺，如果韓信真要造反，沒有人能制得住他，為了坐穩自己的江山，韓信必須死！

劉邦把揭發韓信「謀反」的信件拿到大殿上，詢問大家的意見：「韓信謀反，你們可有辦法應對？」

面對劉邦的詢問，武將們打叫囂道：「請陛下速發兵，殺韓信！」

不料，劉邦聽完後卻沒有說話，心想：「你們這些豬頭，哪個是韓信的對手？跟韓信打仗？還不被他玩死？」

跟這些頭腦發達、四肢簡單的傢伙討論，簡直就是浪費時間，劉邦揮揮手，讓他們走人，然後派人去找陳平。

劉邦的首席謀臣本來是張良，可惜在他登基後，張良就選擇了隱退，天天宅在家裡研究養生之術，很少參與朝堂事務。此時此刻，仍在朝堂的只有陳平。

陳平看完那封「謀反」的信件，問劉邦：「其他人都怎麼說？」

落寞的韓信

劉邦：「那夥人一致要求出兵討伐韓信。」

陳平：「陛下想想，您的將領中有能打得過韓信的嗎？」

劉邦：「沒有。」

陳平又問：「陛下的兵能打得過韓信的兵嗎？」

劉邦據實回答：「不能。」

陳平點了點頭：「陛下的兵不如人家，將不如人家，這個仗還怎麼打？何況韓信身邊還有個鍾離眛，兩個人聯手，陛下根本沒有勝的把握。」

劉邦一陣鬱悶：「那你說該怎麼辦？」

陳平：「陛下可知，南方有個叫雲夢的地方？古時天子都有巡視四方的習慣，陛下只要假裝巡視雲夢，然後折向北，在陳地召見諸侯，韓信肯定不會有疑心，必定會親自前來拜見陛下。到那時，陛下只需要派一名武士便可以擒獲韓信！」

劉邦一聽：「計畫不錯，就這麼辦！」

為了避免夜長夢多，劉邦立即準備巡遊事宜，並且提前放出風聲，說朝廷已經知道了韓信包庇鍾離眛的「罪行」。與此同時，韓信也得知了劉邦即將出巡的消息，聽聞傳言惴惴不安，為是否赴會而猶豫不定。

有人或許會問，劉邦為何不在拿下韓信後再宣布他窩藏鍾離眛的罪狀？事先放出風聲，不怕韓信鋌而走險，提前造反嗎？

這就要談到劉邦的自信了。他敢事先放出風聲，說明他已經摸透了韓信的秉性，算準了韓信沒有謀反的打算。

坦白來說，韓信不想造反，但是劉邦這次出門，顯然就是奔著自己來的。如果自己去赴會，難保不會出意外。就在韓信糾結的時候，有人為他出了個主意：「以鍾離眛的人頭作為效忠劉邦的證物，讓謠言不攻自破，打消劉邦的疑慮。」

337

第十三章　君臨天下

當韓信把意思轉述給鍾離眛後，鍾離眛疾言厲色地說：「劉邦不敢對你下手，是因為我在你這裡，你想抓我向劉邦邀功，我今日若死了，你也離死不遠了！」

見韓信默不應聲，鍾離眛又怒罵韓信是小人，隨後拔劍自刎。

這段遺言怎麼看都有誇大的嫌疑，言下之意是，韓信全靠鍾離眛的庇護，才沒有被劉邦收拾，這顯然是看得起自己了。

韓信帶著鍾離眛的人頭來見劉邦，他本以為可以藉此打消劉邦對自己的疑慮，但是劉邦卻一言不發，揮揮手，示意身邊的武士上前將韓信拿下。

那一刻，韓信忽然發覺，自己之前的想法是多麼幼稚，只要自己還活著，在劉邦眼裡始終是個威脅。

「狡兔死，走狗烹；飛鳥盡，良弓藏；敵國破，謀臣亡。天下已定，我也該受死了。」韓信仰天長嘆。

心思被揭穿的劉邦厚著臉皮道：「有人告你謀反。」

證據呢？窩藏鍾離眛就是證據！

當然，這話韓信沒有問，因為他知道，劉邦收拾人，是不需要理由和證據的。

韓信有沒有謀反？明眼人都看得出來，如果他想造反，就不會來見劉邦；就算來了，也不會毫無準備。韓信坦然赴會，說明他心中沒有鬼。

劉邦沒有抓到韓信的把柄，卻依然把他押解到了長安，關到了大牢內，這意圖再明顯不過——剷除異姓諸侯王，勢在必行。

韓信下大牢後，如何處置他成了眾人，尤其是各路諸侯王關注的焦點。其實，韓信到底有沒有造反，大夥兒心裡都清楚，但是朝中眾人的態度卻很耐人尋味：自沛縣就追隨劉邦起兵的武將們形成了一股勢力龐大的

落寞的韓信

「倒韓派」，大家紛紛叫囂著處死韓信，主張對韓信嚴懲；各路諸侯大哥們卻三緘其口，不發一言。

韓信在獄中待了幾個月，最終被無罪釋放。當然，他的爵位由王降為侯，即由楚王降職為淮陰侯，改由皇弟劉交任楚王。

不僅爵位降了，就連活動範圍也受到了限制，只允許他待在長安城內，不許回自己的封地。劉邦雖然赦免了韓信，但是對他的提防卻沒有絲毫減輕，就連第二年徵匈奴，劉邦也沒有帶上韓信。

第十三章　君臨天下

第十四章
內憂外患

第十四章　內憂外患

崛起的匈奴

正當劉邦一個個收拾異姓諸侯王時，遙遠的北方草原，一個叫匈奴的游牧民族正在迅速崛起。冒頓，以一代梟雄的姿態，正式踏上了歷史的舞臺，從此開始了與漢帝國長達三百多年的巔峰對決。

匈奴的生命力異常頑強，在航海業尚未開啟前，他們是陸地上走得最遠的一群人，是陸地上的探險家。那麼匈奴是怎麼來到這苦寒之地的呢？

根據《史記》的記載，遠古的時候，夏桀無道，被成湯所滅，成湯將夏桀和他的家族流放到北部苦寒地帶。三年後，夏桀死亡，他的兒子獯粥將父親的妾納為自己的老婆，繁衍生息，發揚光大，歷經數代發展，就有了匈奴這個民族。

匈奴曾有好幾個名稱，堯時稱葷粥，周朝稱獫狁，春秋稱戎狄，戰國才稱匈奴。

中原和匈奴的交往很早就已經發生，自西周起，匈奴開始威脅中原王朝。周幽王烽火戲諸侯後，犬戎部落攻陷鎬京，迫使平王東遷。戰國時期，匈奴不斷侵犯趙國，被李牧來了個反殺，從此幾十年不敢南下。

但是到了秦始皇統一天下，匈奴又占領了河套地區。秦始皇派蒙恬帶領三十萬軍隊將其打敗，擊退匈奴七百餘里，使其不敢南下牧馬，並修築長城防禦。

但是，強悍的匈奴人並沒有因此被擊倒。在首領頭曼單于的帶領下，匈奴逐漸恢復了元氣。看著自己的兒子冒頓一天天長大，騎馬射箭樣樣精通，頭曼單于很是欣慰。

然而，一個女人的到來，改變了這一切。

這個女人叫閼氏（閼氏是匈奴君王妻妾的統稱），是頭曼單于最寵愛的

崛起的匈奴

一個女人，她為頭曼單于生了一個兒子，並希望自己的兒子能夠取代冒頓，成為頭曼單于唯一的繼承人。

頭曼單于老了，和很多老年人一樣，他特別喜歡這個幼子，但是冒頓各方面表現都很優秀，從沒有做錯事，豈能說換就換？

然而，在閼氏的不斷央求下，頭曼單于終於動了換人的心思。只是，如今的冒頓早已長大成人，如何才能廢掉冒頓，改立小兒子？

在經過內心的一番激烈煎熬後，頭曼單于終於想出了一條計策。

當時的北方草原上，除了匈奴外，還有兩個部落非常強大，一個是匈奴東部的東胡，另一個是西部的月氏。

為了維持與周邊兩個國家的友好關係，匈奴經常派人到兩個國家當人質。頭曼單于的計策是，讓冒頓到隔壁鄰居月氏當人質，然後找個機會除掉他。

冒頓去了沒多久，匈奴就開始找各種藉口，頻頻與月氏製造摩擦，甚至出兵入侵月氏。月氏人很生氣，一腔怒火沒處發洩，只能找冒頓的麻煩，他們將冒頓關起來，商量著如何處置他。

直到此時，冒頓才醒悟過來，自己掉入了一個陷阱之中。但是為什麼？為什麼自己的父親會如此狠心？難道就為了那個寵愛的閼氏？

冒頓越想越不甘心，趁著月氏人商量的時候逃了出來，偷了一匹馬，一路向東疾馳。

月氏人發現冒頓逃跑後，立即派人去追。從草原到荒漠，冒頓帶著一把弓箭，不斷擊退追兵，憑藉著求生的本能，硬是逃回了匈奴。

對於冒頓的回歸，頭曼單于在震驚之餘，又有一絲欣慰。欣慰的是，自己的兒子果然已經成長為一名草原上的勇士，只是廢立一事恐怕就要擱置了。

第十四章　內憂外患

頭曼單于心中有愧，為了補償自己的兒子，他把一支一萬人的精銳騎兵交給冒頓，作為他的親兵。

冒頓會因此感激父親，從而放下對他的仇恨嗎？

不會！從他逃離月氏那一刻起，他只剩下一個目標：復仇！

為了完成自己的復仇大計，冒頓開始穩步推進自己的計畫。

他設計了鳴鏑，一種會發出聲響的箭。

冒頓把騎兵召集到一起，對他們說道：「這是一種響箭，從今以後響箭即是軍令，我的響箭射到哪裡，你們的箭也要跟著射到哪裡。違令者，斬！」

為了考驗騎兵們服從命令的程度，冒頓決定用自己心愛的戰馬來做試驗。一次訓練中，冒頓的鳴鏑對準自己的戰馬射了出去，大部分的騎兵下意識地將手中的箭射向戰馬，那匹戰馬立即倒斃在箭雨之中。冒頓點點頭，下令將不敢射向戰馬的騎兵全部抓起來，吐出一個字：「斬！」

這之後，冒頓又把自己的寵妾作為獵物，隨著他的響箭射出，一陣箭雨向他的寵妾鋪天蓋地射去，直接將其射成了刺蝟。看著身邊沒有將箭射出去的騎兵，冒頓的眼神中沒有絲毫憐憫，只是冷冰冰地吐出一個字：「斬！」

最後一次考驗，冒頓偷了他父親心愛的戰馬，在外出打獵時，突然將鳴鏑射向了父親的戰馬。對匈奴人而言，馬就是自己的半條命，而單于的坐騎更是權力的象徵。隨著冒頓的鳴鏑射出，所有騎兵的箭迅速射向了單于的坐騎，沒有一個人猶豫。

冒頓知道，時機成熟了！

為了完成自己的獵殺計畫，冒頓邀請自己的父親打獵。頭曼單于高高興興地出了門，卻不知道自己就是兒子眼中的獵物。

崛起的匈奴

　　父子二人馳騁在大草原上，追逐著飛禽走獸。眼看著父親離自己的衛隊越來越遠，冒頓意識到，機會來了！

　　他悄悄張弓，搭箭，射向了自己的父親。身後的騎兵不假思索，迅速將手中的箭射向了頭曼單于。可憐頭曼單于一世英雄，卻栽在了自己兒子手上，他對世界的最後一眼，是鋪滿天空的一片箭雨。

　　冒頓立即趕回王庭，宣布頭曼單于已死，自己將繼承單于的位子。在眾人的驚愕中，冒頓下令處死了頭曼單于所寵幸的閼氏及她的孩子。

　　就在冒頓忙著清除異己勢力時，旁邊的東胡坐不住了。

　　東胡人仗著兵強馬壯，得知匈奴換了主人，就想過來欺負一下。他們派來了使者，點名要冒頓單于的千里馬。

　　冒頓召集眾人徵詢意見，部下紛紛反對，說：「那千里馬是單于的寶馬，怎能送人呢！」

　　冒頓卻說：「東胡是我們的鄰邦，我們何必愛一匹馬呢？不如送給他們。於是把他的那匹千里馬送給了東胡。」

　　不久，東胡又派人來要冒頓單于寵愛的閼氏。部眾知道了，都很氣憤，說：「東胡欺人太甚，竟敢來要單于的閼氏，我們應該立刻進攻他們！」

　　冒頓卻平靜地說：「雙方既是鄰國，怎麼能為一個女人起爭端呢？不如送給他們。」又把自己的女人送給了東胡。

　　兩次試探，東胡以為匈奴軟弱可欺，更加驕橫，又派使者來要匈奴讓出一千里土地。冒頓不出聲，讓大臣議論此事。有人鑒於上兩次的經驗，就順水推舟地說：「那是些荒廢的土地，送給東胡也無不可。」

　　不料冒頓卻勃然大怒：「土地乃是國家之根本，怎麼可以拱手相讓予人！」他立刻下令，把主張以國土送人的大臣全部處死，然後釋出全國戰爭總動員令，糾集了三十萬控弦之士，向東胡發動進攻！

第十四章　內憂外患

東胡人還在喜滋滋地等匈奴割讓國土，不料等來的，卻是來勢洶洶的匈奴騎兵。由於沒有任何準備，東胡來不及做有效抵抗，就被匈奴滅了國。匈奴的地盤得到了一次極大的擴張！

緊接著，冒頓又回過頭，將矛頭對準了西邊的月氏。

月氏是冒頓的傷心地。曾幾何時，他在月氏當人質，甚至險些丟掉性命，此仇不可不報！

月氏有控弦之士十萬，在北方草原與匈奴、東胡三足鼎立。而如今，匈奴在吞併了東胡後，實力大增，早已今非昔比。雙方在遼闊的草原上進行了一場大戰，月氏軍隊全線潰敗！

在接連滅了東胡和月氏後，匈奴的國土幾乎可以和漢帝國看齊。但是冒頓的野心並不止於此，戰爭機器一旦啟動，再也無法停下來。

冒頓將矛頭指向了南方。很快，匈奴的大軍越過陰山，向南挺進，渡過黃河，吞併了兩個盤踞在此的蠻族部落樓煩和白羊，重新占領了這片被稱為「河南地」的策略要地。

這之後，匈奴的兵鋒一路向南，直指漢匈邊境的韓國。兩國即將燃起長達三百年的熊熊烽火。

劉邦對決冒頓

此時駐守韓國的是韓王信，他是劉邦分封的七個異姓諸侯王之一。漢初有兩個韓信，一個是戰神韓信，此時已被貶為淮陰侯；一個就是眼前的這位韓王，一般稱之為韓王信，以與韓信區別。

為了防備匈奴南下，韓王信早早做了準備，他告訴劉邦：「我的封國

劉邦對決冒頓

在北方，靠近匈奴，匈奴人又經常南下入侵，王城如果設在太原郡的郡所晉陽，離邊境太遠，不利於邊防，建議將郡所遷到更北的馬邑。」

劉邦一看：「小夥子很有進取心嘛，准了！」

韓王信帶著小弟北上，他已經做好了大展拳腳的心理準備，但是正應了那句話，理想很豐滿，現實很骨感。匈奴騎兵勢如破竹，對韓王信鎮守的馬邑發動進攻。

直到此時，韓王信才真正見識了冒頓一手訓練出來的騎兵打仗有多猛。早知如此，當初就不該拍著胸脯要求把駐地搬到馬邑了，待在晉陽多好，好歹是個穩固的大後方，既安全，又便於指揮。

面對當時世界上最厲害的騎兵，韓王信明知不是對手，不斷派人到冒頓面前，要求講和。當然，講和是假，拖延時間是真。與此同時，韓王信立即派人向劉邦報告前線最新戰況，向劉邦求救。

結果劉邦竟然誤會了：「要你好好守城，你竟然跟匈奴人眉來眼去。你既然已經和人家在談了，還向我報告什麼！」

為了避免韓王信投敵，劉邦趕緊派人八百里加急，前去馬邑，強烈譴責韓王信首鼠兩端的行為。希望韓王信在自己的威懾之下，能夠兢兢業業地防守馬邑，不要有小動作。

韓王信氣壞了：「我辛辛苦苦在前線跟匈奴人周旋，不就是為了拖延時間，給漢軍準備時間嗎？你倒好，不領情，反而劈頭蓋臉一頓罵。你不是說我要反嗎？好，我就真的反了，看你能把我怎麼樣！」一轉身，直接帶人投奔了冒頓單于。

漢帝國北方門戶大開！

有了韓王信的助攻，匈奴騎兵越過句注山，直抵晉陽。韓王信更是甘作急先鋒，直達銅鞮。

第十四章　內憂外患

消息傳到長安，劉邦坐不住了。

這一年是劉邦登基後的第三年，他已經五十七歲了，長樂宮剛剛建成，他完全可以把戰事交給身邊的武將們，自己在長樂宮中繼續享受人生。

可是，劉邦並沒有這樣做。

美酒與美女，並沒有消磨劉邦的鬥志，他雖然喜歡這些奢靡的東西，卻並不沉溺於此。雖然已經當了皇帝，但是他骨子裡依然是草莽英雄的氣質，渴望征戰沙場的那種感覺。面對剽悍如風的匈奴騎兵，劉邦內心的鬥志再一次被點燃了，他要親征，親自與匈奴過招！

這年冬天，劉邦親率三十二萬大軍，從長安出發，直奔韓王信的兵團所在地：銅鞮。一場廝殺，韓王信的部隊被擊潰，還損失了一名屬將。

韓王信果斷選擇了跑路，一溜煙逃到匈奴的大本營代谷，部下被遠遠甩在了後面。眼看著這些殘兵敗將群龍無首，即將被漢軍收割人頭，韓王信的部將曼丘臣、王黃等人臨時找了一個趙國王族的後裔，推他為趙王，以趙王的名義總算把這些殘兵敗將聚集了起來。

與漢軍正面對戰，顯然是打不過，這支臨時湊起來的隊伍趕緊向匈奴冒頓單于求援。

匈奴的速度也很快，左、右賢王各領一萬騎兵緊急救援，在廣武至晉陽一帶迎戰漢軍。周勃、夏侯嬰、灌嬰三個猛人各帶一支隊伍，猛攻晉陽，匈奴騎兵遭到重創，一路逃到硰石。漢軍猛追不捨，匈奴騎兵只能繼續向北逃竄。

與此同時，一則絕密情報傳到了劉邦手上：「冒頓單于的大本營就駐紮在代谷，由冒頓單于親自駐守，距離劉邦率領的前鋒部隊，相距不足百里。」

天賜良機！

劉邦對決冒頓

就在劉邦準備高歌猛進時，一股寒流席捲了北方大地，氣溫驟然下降，天地間一片肅殺。漢軍對此沒有任何防備，不少士兵都被凍傷，戰鬥力大大下降。

一個難題擺在了漢高祖劉邦面前：打還是不打？

打？這是漢軍第一次到寒冷的北方作戰，衣衫單薄，不少人手腳都被凍壞了，凍傷減員高達十分之一。更關鍵的是，眼下漢軍的主力都被周勃帶去追擊韓王信的殘部了，劉邦手上的士兵已不足十萬。要想繼續打仗，成本太高了。

但是不打？匈奴大本營就在眼皮子底下，就好比一塊紅燒肉送到嘴邊上，只要再加把勁，匈奴人就此徹底玩完。就這麼放棄，太可惜了。

怎麼辦？

短暫糾結之後，劉邦終於拍了板：「打！」

老大發了話，下面的人就算再不情願，也得玩命繼續拼了。當然，劉邦做事並不冒失，大軍出發前，他派出了十撥偵察兵潛到代谷附近，偵察匈奴的軍事部署情況。

與此同時，前方的匈奴大本營內，冒頓單于也接到了一條情報：「大漢帝國的皇帝親自帶隊，準備對代谷發動偷襲，並且已經派了偵察兵前來偵察虛實。」

狂喜之下，冒頓單于立即進行了一系列部署，他將精銳部隊隱藏起來，只讓老弱病殘留守大本營。

十撥偵察兵陸續返回，帶來的消息都一樣：「匈奴主力部隊不在代谷，大本營空虛，若是漢軍突襲，必定可以將冒頓單于一舉拿下！」

聽到這裡，手下的弟兄們按捺不住了，紛紛向劉邦請戰。劉邦很激動，但是為了穩妥起見，他還是決定再派一個人，做最後一次偵查。

第十四章　內憂外患

這個人就是婁敬。

婁敬原本是戍守隴西的一個小嘍囉，卻頗有頭腦。這一年，婁敬到隴西戍守邊塞，經過洛陽的時候，得知劉邦要在此定都。在他看來，洛陽不適合定都，只有關中最合適。

婁敬想提建議給劉邦，問題在於，他一個小嘍囉，怎麼才能見到劉邦？

這倒難不倒腦袋靈光的婁敬。他找到了劉邦身邊一個叫虞將軍的老鄉，請他幫忙牽個線。

虞將軍看他穿了一身羊皮襖，就差頭上戴個白頭巾了，調侃他道：「你想見陛下，也得先換身衣服吧？不知道的還以為你是羊倌呢！」

不料婁敬卻說：「我穿著絲綢衣服來，就穿著絲綢衣服去拜見；穿著粗布短衣來，就穿著粗布短衣去拜見，我是絕不會換衣服的。」

虞將軍也很無奈，只得將他引薦給劉邦。

劉邦得知有人要提意見給自己，很是開心，為他準備了一大桌子飯。婁敬也不客氣，坐下後大快朵頤，讓一旁的劉邦看著餓了。

好不容易等他吃完飯，劉邦就問他要談什麼大事。

婁敬：「陛下建都洛陽，難道是要跟周朝學習嗎？」

劉邦：「然也。」

婁敬：「陛下學不了周朝！」

劉邦問：「為何？」

見唬住了劉邦，婁敬開始為劉邦上了一堂歷史課：

「陛下獲取天下的方式和周朝不一樣。周朝的祖先來自后稷，堯帝將邰地封給后稷，此後族人在邰地積德行善，前後有十幾代人。再後來周的祖先公劉因為逃避夏桀，又遷徙到豳地。太王古公亶父因為狄人的侵擾，離開豳地，拖家帶口來到岐山，在岐山實施仁政，其他氏族的人紛紛前來

歸附。

到了文王做了西伯，為虞國人、芮國人調解糾紛，更是眾望所歸，呂望、伯夷從遙遠的海濱來歸附文王。武王伐紂，沒有邀請別人，竟然有八百個諸侯在黃河渡口孟津聚會，要協助武王伐紂，因此才一舉滅掉了殷商。

等到成王繼位，周公帶領著官員輔佐成王，營建國都洛陽，並以此地作為天下中心，諸侯國從四面八方前來朝貢，天道蒼蒼，有德的君主得以稱王，無德的君主最終滅亡。所以居住在洛陽的君王，一定要以德來治理天下，而不是憑藉著險阻，後世的繼承人也不能驕奢，更不能虐待自己的臣民。

等到周王室衰落後，分為東西二周，天下的諸侯不再來洛陽朝貢，周王室也無可奈何。這並不是周王室的德變了，而是天下的形勢變了。陛下從豐沛起兵，率領的義軍不過三千人，帶領著他們縱橫天下，在蜀漢稱王，後來又平定了三秦，在滎陽與項籍對峙，大戰七十，小戰四十，天下的黎民百姓肝腦塗地，父子親人暴屍荒野，幾年的時間內，死者難以計數，哀哭之聲，遍布寰宇，現在還有傷者躺在床上。陛下卻要和他們比仁德，臣以為，這不知應該從何比起。

關中之地則不同，背靠秦嶺，面對黃河，有四座險關，猶如金湯之固，即使有危機發生，還有關中的百萬大軍可以憑藉。除此以外，秦地還是天下少有的膏腴之地，資源豐富。陛下在關中設立國都，即便崤山以東有亂，秦地仍可以保全，這就像跟人打架一樣，想要制服他，必須扼住他的咽喉，按住他的脊背。現在陛下進入關中設立國都，充分利用秦地的有利條件，就是扼住了天下人的咽喉，按住了他們的脊背啊！」

婁敬的話聽著很有道理，但是遷都這麼大的事也不是劉邦一個人能拍板的，他決定聽聽大家的意見。

第十四章　內憂外患

聽說老大想遷都，大部分人心中都有牴觸情緒，因為他們的老家都在東部，誰也不願意大老遠跑到關中去上班。就在氣氛尷尬的時候，張良站了出來，力挺劉邦，說了一大堆定都關中的優勢。在婁敬、張良等人的力勸之下，劉邦最終決定離開洛陽，將國都遷往長安。

這一次，婁敬接到任務後，立即悄悄前往代谷調查。眼前所見的景象與之前的偵查結果一致，匈奴大本營中只有一些老弱殘兵，根本沒有精銳部隊的動向。

按照一般人，看到這種情況，多半會得出和別人一樣的結果，可婁敬卻從中嗅到了一絲不同尋常的危險氣息。作為匈奴的大本營，防守竟然如此薄弱，太不正常了，匈奴的主力部隊到現在都沒露面，到底去哪兒了？

「有陰謀，絕對有陰謀！」

白登山的七天七夜

想到這裡，婁敬急匆匆趕回漢軍大營，不料半路上就碰上了劉邦的大軍。婁敬趕緊攔住了劉邦，說：「匈奴有詐，不可出兵！」

劉邦嚇了一跳，問婁敬：「你在代谷發現匈奴的精銳騎兵了嗎？」

婁敬：「這倒沒有。」

劉邦這才放下心來，問道：「既然沒發現，為何說匈奴有詐？」

婁敬：「陛下，兩國交兵，應該向對方展示自己才對，但是匈奴軍隊卻十分低調，大本營裡只有一些老弱病殘，這明顯是在示弱，以誘使我軍進行攻擊。他們的精銳部隊一定藏在某個地方，準備實施伏擊。所以我認為，絕不可以貿然出擊。」

白登山的七天七夜

婁敬一番好意，不料劉邦卻不領情：「你這死賊，靠著一張利嘴才混得個官職，如今居然敢妖言惑眾，擾動軍心，該當何罪？」說罷就讓衛兵把婁敬抓了起來，關到了廣武監獄中，準備凱旋後再做處置。

隨後，劉邦親自帶著大軍，直奔匈奴的狼穴。

部隊很快到達了距離代谷很近的平城，劉邦登上了附近的白登山，極目望去，北方大地依然是冰天雪地的世界，耳邊是呼嘯的寒風，大片雪花直往脖子裡鑽，讓劉邦感到一陣寒意。

不過，劉邦的心情卻很好。不遠處就是匈奴大本營，只要大軍一個衝鋒，用不了多久，狂妄的冒頓單于就會被五花大綁，匍匐在自己腳下。想到這裡，劉邦嘴角露出一絲得意的笑容。

沒等他這笑容消失，耳邊忽然傳來了一陣隆隆的馬蹄聲，劉邦循聲望去，只見遠遠的天邊捲起漫天的風雪，無數匹匈奴駿馬像是疾奔的飛矢，如流星般穿梭在大漠，馬蹄踢打著大地，地動山搖，彙整合一道壯麗雄偉的洪流向白登山湧來。無數雪亮的彎刀高舉在他們粗壯的手臂中，在日光照耀下，閃爍著幽幽寒光。

「匈奴人來了！」

震天的聲響彷彿要將劉邦心臟都震出來，望著遠方烏雲、戰馬與人混雜成天地一色，蒼涼中帶著無比的震撼，不管你是多麼偉大的人，在這無與倫比的氣勢面前，都會變得無比渺小。

匈奴此次出兵，號稱四十萬，多半是虛張聲勢，實際兵力當然沒有這麼多，但是圍困劉邦綽綽有餘；劉邦出門時帶了三十二萬軍隊，但是主力部隊都被周勃帶去追擊韓王信的殘部了，劉邦帶的士兵也就十萬左右。

對於這一戰，匈奴人勢在必得，如果能擒獲漢帝國的皇帝，那將是何等榮耀？匈奴戰馬速度極快，騎兵又都是馬背上長大的，動作熟練之極，

第十四章　內憂外患

眨眼之間，奔騰的烏雲翻滾而來，數不清的流矢密集如沙，隆隆的馬蹄聲直欲把人的耳膜震破。那氣勢，直令天地也變了顏色。

然而，漢帝國的部隊也不是吃素的，八百名弓箭手手挽長弓勁弩，瞄準匈奴來騎，如同一陣箭雨齊齊射去。衝在最前的匈奴人應聲落馬，慘叫聲連綿不絕。

然而，跟隨其後的匈奴人卻渾然不覺，快速穿過受傷的同伴，眨眼便到跟前，弩手想射殺已是不及。

這就是白刃戰的時候了！勇猛的漢軍拔出長刀，衝出掩體，與匈奴人戰在一處。到處都是刀光，到處都是血跡，雙方激烈廝殺，匈奴人不斷折戟，也有無數的漢軍兒郎就此倒下，胸前的汩汩鮮血，染紅了大漠的塵沙。

憑藉著趙國遺留下來的防禦工事以及手中的勁弩，漢軍硬是頂住了匈奴騎兵的數次衝鋒，讓對方吃了不少苦頭。劉邦在白登山被圍了七天七夜，匈奴騎兵始終無法突破漢軍的防線。

此時的劉邦急得直跳腳：「周勃的主力部隊怎麼還沒到？」都怪自己粗心大意，如果當初聽了婁敬的勸告，如今也不至於被包圍。

後悔是沒有用的，劉邦只得找來身邊唯一的謀士──陳平，問問他有沒有辦法。

陳平想了半天，告訴劉邦：「辦法確實是有，不過有些麻煩。」

「哦？說來聽聽。」

陳平湊過去，獻上一條密計，劉邦聽罷連連稱善。

當天晚上，陳平派人祕密去見冒頓單于最寵愛的一位閼氏。密使不僅帶了一大批珠寶玉器給閼氏，還帶了一張美人像，告訴她：「漢朝有一位絕代佳人，貌美如花，天下無雙。漢軍今日被圍困，焦急萬分，已經派人

去接那位美女，準備獻給單于。如果冒頓單于見到這位美女，肯定會特別喜歡，憐愛有加。閼氏您不如趁著那美女沒有到來的時候，想辦法讓漢軍逃脫，那樣的話，漢軍自然不會捨得將那美女貢獻出來了。」

閼氏也是女人，是女人就有妒忌的心理。於是，閼氏說道：「漢、匈兩國不應該互相逼得太狠，現在漢朝皇帝被困在山上，漢人怎肯就此罷休？自然會拚命相救的。就算你今天打敗了漢人，奪取了他們的城地，也會因水土不服，無法長住。萬一滅不了漢軍，等救兵一到，內外夾攻，那樣我們就不能共享安樂了。」

說到這裡，閼氏淚如雨下。單于一時也不知怎麼辦才好了，就問：「那你說怎麼辦？」

閼氏看冒頓單于上道了，這才說出自己的想法：「漢人皇帝被我們困了七天，但是他們一點都沒有慌亂的意思，這肯定是有神靈在幫助他們。這樣看來，我們是奈何不了他們的，您又何必逆天而行，乾脆放他們走就是了，免得日後神靈怪罪。」

冒頓單于一聽，反正自己也對漢軍的防禦工事無可奈何，不如就放漢朝皇帝一條生路，於是在西南方向留下了一個缺口。

有這樣的機會，劉邦哪能錯過？立即準備狂奔逃命，不料夏侯嬰一把攔住了他：「不能逃得太快，否則讓匈奴騎兵看到我們方寸已亂，反而會惹禍上身。」

在陳平的安排下，漢軍士兵拉滿弓，箭頭向外，警戒匈奴騎兵可能發起的突襲，全員很淡定地撤出了白登山。

由此也傳出了一個說法：劉邦之所以能從白登山突圍，靠的是陳平的計謀，也就是冒頓經不起閼氏的慫恿，退兵了，劉邦這才得以脫困。

這套說辭，你信嗎？

第十四章　內憂外患

要知道，那位苦心設計了包圍圈的冒頓單于，可不是什麼模範丈夫。當年做王子時，為了訓練自己的精銳衛隊，敢拿自己的老婆當箭靶子。後來為了爭奪單于的寶座，親爸爸也是說殺就殺。這樣的一個冷血人物，怎麼可能因為閼氏幾句話，放棄到嘴的肥肉？

我不信，一定有更深層次的原因。

事情的真相是，當時劉邦雖然被包圍了，但是匈奴人也打得艱難。打攻堅戰，本身就是匈奴的弱點，在此堅固城牆之下，匈奴騎兵的機動優勢喪失了。

更何況，漢軍使用的勁弩，射程遠，威力大，很容易就能刺穿匈奴人的甲冑，其效能遠遠優越於匈奴人的弓箭。匈奴人狂攻七天七夜卻前進不得，落入進退兩難的地步，這哪裡是放棄到嘴肥肉？分明就是啃不動了。閼氏的一番話，正好借坡下驢。

還有更重要的一點，就在白登山血戰的同時，周勃率領的近二十萬漢軍主力已經完全擊敗了韓王信部隊，正掉頭朝著代谷殺來。如果再不撤，匈奴人即將成為夾心餅乾，想走都走不了了。

冒頓單于以退為進，雖然在戰場上沒有占到太大的便宜，在面子上卻贏了，而且是穩贏！

劉邦從白登山逃命回來，立即釋放了被關押在牢獄中的婁敬，向他認錯：「當初不聽先生的話，以至於被困白登山，還讓您坐了幾天牢，委屈先生了。隨後封婁敬二千戶家，並擢升為建信侯。」

匈奴人在氣勢上贏了漢軍，自然沒有就此罷手的道理，索性一路南進，侵入代國。此時的代王叫劉喜，是劉邦的哥哥，什麼本事都沒有，一看匈奴人來了，嚇得趕緊開溜。劉邦氣到不行，索性一把撤了他的代王封號。

匈奴人氣焰囂張，打又打不過，怎麼辦？

劉邦又想起了婁敬：「這傢伙不是足智多謀嗎？說不定他會有主意。」

婁敬賣起了關子：「我有長久之計，可以讓匈奴的子孫後代臣服漢朝，只是怕陛下不願去做。」

劉邦被婁敬說得抓耳撓腮：「少廢話，趕緊說！」

婁敬：「陛下如果能把長公主魯元公主嫁給冒頓做妻子，送他豐厚的禮物，以大漢長公主的身分，冒頓勢必會將其立為皇后，那麼以後生下的兒子，也勢必就成為匈奴的太子。這樣冒頓就成了陛下的女婿，以後的太子，也就是陛下的外孫了。想想看，外孫又豈能跟外祖父作對呢？這樣一來，可以不戰而令匈奴臣服。」

劉邦一聽，拍著大腿道：「厲害啊，真厲害！」

計謀是好計謀，問題在於，這事光他一個人說了不算，還得找呂后商量一下。

不料，呂后聽完，心中暗暗將婁敬的祖宗十八代問候了一遍：「這麼爛的招你也好意思提出來？」當然，面對劉邦，她是不敢頂撞的，只能發揮自己的特長：哭，哭得稀里嘩啦，泣不成聲。

劉邦也心軟了，既然老婆不同意，那就找個替身吧，包裝打扮一番，反正冒頓也沒見過公主到底長什麼樣子。

就這樣，冒牌的魯元公主開啟了漢朝的和親時代。

狡兔死，走狗烹

匈奴的氣焰囂張，內部也不省心，異姓王一個接一個地造反，讓劉邦心煩意亂。

第十四章　內憂外患

　　首當其衝的是長安城裡的韓信。

　　劉邦北伐匈奴時，並沒有帶上韓信，這讓韓信內心很是落寞。從昔日的齊王到後來的楚王，再到今日的淮陰侯，韓信的地位一步步下降。人世間最大的痛苦，莫過於從群山之巔跌下，心卻在高處。他無法適應這種落差，每天枯坐家中，回味此前的種種過往。

　　人都是孤獨和痛苦的，不是嗎？人生有兩種痛苦，一種是得不到，一種是得到了，這痛苦帶來的挫敗感是源於自己對全域性失去掌握的恐懼與不甘。

　　為了排遣這種孤獨，韓信開始寫一部兵書，書名就叫《韓信兵法》，他要將自己的軍事見解寫下來，傳至後世。

　　偶爾心情好的時候，韓信也會出門走走。這一日，韓信在街上漫無目的地走著，不知不覺間到了樊噲的家門口。

　　得知韓信出現在自家門口，樊噲很高興，立即親自出門迎接，一見韓信，二話不說竟撲通一聲跪了下來，激動道：「大王肯到我家來，我真是太高興了！」

　　「來都來了，那就進去坐坐吧。」樊噲擺了一桌子酒菜，準備好好向韓信請教一番。韓信卻自恃清高，覺得跟這種大老粗沒什麼好說的，坐了一會兒就要離開。

　　樊噲又恭恭敬敬地送他出門，卻沒曾想韓信方出門不遠，竟然對左右苦笑道：「想不到，我這輩子竟淪落到與樊噲這種人為伍，真是悲哀！」

　　劉邦從白登山回來後，派了陳豨去鎮守北部邊疆代地。臨行前，陳豨去拜訪韓信，兩個傷心人碰到一起，難免發洩一下心中的牢騷，不料就是這一次見面為韓信埋下了危機。

　　韓信被滅族之後，依據漢帝國釋出的官方宣告，陳豨臨走前與韓信有

狡兔死，走狗烹

一番密談。

韓信拉著陳豨的手，屏退左右，仰天長嘆：「你想聽聽我的心裡話嗎？我有幾句話想跟你聊聊。」

「一切聽從大將軍吩咐。」

「你管轄的地區，精兵集結，而你是陛下信任的大臣。如果有人告發你反叛，陛下一定不信；再次告發，陛下就會懷疑；第三次告發，陛下必定會親自帶兵去討伐你。我願意為你在京城做內應，助你取得天下。」

「一定聽從您的指教。」

韓信想造反嗎？如果他想造反，之前那麼多的機會都沒有出手，何必等到今日？

這一年的七月，劉邦的父親劉太公去世，劉邦派人召陳豨進京，但是陳豨稱自己病情嚴重，來不了。劉邦本來就對陳豨不放心，發現這種情況，更是派出密使前去調查。

陳豨嚇壞了，投降匈奴的韓王信得知消息，立刻派人聯繫陳豨，鼓動陳豨造反，並且拍著胸膛保證，援助陳豨。

陳豨早有想法，於是果斷選擇造反。

劉邦領兵征討，要求韓信一起，不料韓信卻以生病為由，拒絕了劉邦。

不得已，劉邦只得選擇獨自出征，而他心中對韓信也已忍耐到了盡頭。

劉邦忙著平叛，而韓信這邊又出事了。他有個門客，因得罪韓信被囚禁，即將被處死。不料那位門客的弟弟情急之下，跑到呂后面前密告韓信要謀反！

呂后慌了，此時劉邦出征在外，如果韓信要行不軌之事，誰能降服得了他？

慌了神的呂后趕緊找來蕭何，兩人商量出了一個辦法。

第十四章　內憂外患

這一日，蕭何上門拜訪韓信，告訴他一個消息：「邊關傳來捷報，陳豨已被俘獲處死，呂后明晚將在宮中設宴招待群臣，希望韓信也能準時赴宴。」

如果是一般人來邀請自己，韓信多半也就拒絕了，但是蕭何不一樣。他是自己的伯樂，如果沒有蕭何，就不會有後來的韓信了。

次日傍晚，韓信獨自一人出了門，前往長樂宮。然而，等待他的，卻是高高舉起的屠刀。

那一刻，韓信仰天悲嘆：「我後悔當初不聽蒯徹的計謀，以至於被一介婦人所欺，這難道不是天意嗎？」

西元前196年正月，韓信死於長樂鍾室，年僅三十三歲，死後被誅三族。

一切都是天意，一切都是命運。

劉邦回朝，得知韓信已被處死後，他的反應是「且喜且憐之」。喜的是，韓信這個隱患終於被除去了；憐的是，韓信畢竟是開國元勛，就這樣被誅三族，確實挺慘的。

在除掉韓信後，劉邦將下一個目標瞄向了梁王彭越。

想當初，陳豨在代地造反，劉邦親自帶隊去平定叛亂，順道向彭越徵兵。不料彭越卻以身體不好為由，只派出小弟去幫忙。劉邦很生氣，派人去責備彭越。

彭越很驚恐，正準備親自去道歉，結果卻被他的部將扈輒攔住了：「大王當初不去，被他責才去，如果前去，難保不會被捕治罪，不如索性就此出兵造反！」

彭越不聽。

恰好彭越手下有個太僕惹他生氣，打算殺掉他，太僕得知後一路跑到

京城，控告彭越謀反。

劉邦的動作很快，悄悄地逮捕了彭越，關在洛陽監獄。經過法庭審判，彭越被判有罪。劉邦念昔日戰功，赦免了彭越，剝奪爵位，貶為庶民。

彭越被發配到蜀地，走到鄭縣時，剛好碰上了呂雉。彭越一看到呂雉，眼淚就止不住了，對呂后一陣哭訴，為自己辯解，說自己現在什麼都不想要，只想回家，夾緊尾巴做人。

呂后假意答應下來，把他帶回洛陽，對劉邦說：「彭越是個厲害的人，如果把他流放蜀地，這是自留禍患，不如殺掉他，免得遭禍後世，所以我帶著他一起回來了。」

為了坐實彭越謀反的證據，呂后讓彭越的門客再一次告他陰謀造反，連廷尉也力挺誅滅彭越。這麼多人想要彭越的命，劉邦還能怎麼辦？「我也很無奈啊！」

三月，彭越被夷三族，劉邦把他製成肉醬，分賜給各地的諸侯，警告那些異姓王。

劉邦派人送來肉醬時，英布正在打獵，看到肉醬後嚇壞了。當初分封的七個異姓諸侯王，如今只剩長沙王吳芮和燕王盧綰。長沙國比較小，長沙王又乖巧聽話，不足為慮；盧綰跟劉邦是穿一條褲子長大的，肯定不會動他，算來算去，就剩自己了。原本想著劉邦會念在一起打天下的舊情上，放大夥兒一馬，沒想到到頭來卻等來了秋後算帳。

這是要逼著自己造反呀！

必須拋棄幻想，準備戰鬥！

想到這裡，英布坐不住了，他立即部署軍隊，密謀造反。本來這一切都是祕密進行的，不料一件小事暴露了英布的動態。

事情的經過是這樣的：英布的愛妾生病了，去大夫家看病，這個大夫

第十四章　內憂外患

住的地方和一個叫賁赫的侍中是對門。三個人正好碰到了一起,那就喝酒聊天吧!不料這事傳到英布這裡,卻變了調。他懷疑賁赫與愛妾私通,想捉拿賁赫,賁赫得知消息後,提前開溜,一路跑到了長安。

賁赫見到劉邦,就開始爆英布的料:「淮南王英布有謀反的跡象,陛下要趁他沒動手前,先下手除掉這個禍患啊!」

一旁的蕭何對劉邦說道:「英布沒來由不至於做這種事,萬一是小人汙衊呢!不如先派人打探清楚再說。」劉邦點點頭,將賁赫關了起來,派人去看看再說。

得知劉邦派了調查組過來,英布嚇壞了:「反正遲早要反,就現在了!」他召集眾人,為大夥兒打氣:「劉邦已經老了,身體也不好,即使知道我們造反,也不可能親自領軍出戰了。他手下的將領中,只有韓信、彭越本領最高,是將帥之才,也死在了他手上。現在的漢軍中已經沒有本領出眾,讓我們擔心的將領了,這正是我們的機會。只要大家同心協力,打敗劉邦指日可待,到時候我們共享榮華富貴!」

消息傳到長安,劉邦重重一拍桌子:「好啊,還是反了!」

劉邦放了賁赫,封其為將軍,召集諸將開會,商議對策。

這種事根本就用不著討論,大夥兒的意見空前一致:「既然他敢反,就打到淮南國去,坑殺這個豎子。」

劉邦聽了,心裡一陣苦笑:「你們這些人啊,就知道打打殺殺,可曾考慮過我的感受?多年的戰場生涯,自己早已是一身傷病,早就打不動了。」

他本想讓太子劉盈帶兵去平叛,順便也鍛鍊鍛鍊這位未來的帝國繼承人,可是呂后卻執意不肯。她的理由是:「英布是天下猛將,用兵很厲害,劉盈才只有十五歲啊,讓他帶著你手下這幫桀驁不馴的武將們去打仗,肯定是打不過的。」

緊接著，呂雉說了一句讓人心酸的話：「上雖苦，為妻子自強。」老頭子，我知道你不容易，但是為了老婆孩子，還是要再辛苦你一下啦！

劉邦氣得大罵：「我就知道這孩子靠不住，還是我自己去吧！」咬咬牙，拖著風燭殘年的病體，趴在車上，又一次踏上了親征之路。

得知劉邦親自出征，英布有些意外，不過都到這份上了，硬著頭皮也得上了。

戰場上，二人遙遙相望。劉邦大聲道：「英布，你不好好做你的淮南王，何苦要造反？」

英布遙遙一指：「我也想嘗嘗做皇帝的滋味！」

「沒什麼好說的，那就開戰吧！」劉邦親自到前面鼓舞士氣，不料對方一支冷箭襲來，正中自己的胸口。危急關頭，劉肥和曹參率十二萬大軍送了一波助攻，英布的三員大將被灌嬰斬殺。英布抗不過這麼多人的圍毆，率殘部南撤淮水，最終在逃亡的路上被殺。

廢立太子風波

返回長安的路上，劉邦順道回了一趟老家：沛縣。

這是劉邦當了皇帝後，第一次回老家，他要在死前回一趟家鄉，讓承載了榮耀的靈魂得到一次真實的安頓。

得知皇帝來了，沛縣上下無不振奮，大夥兒紛紛出城迎接，安排了隆重的歡迎儀式。小地方出了大人物，又貴為皇帝，自當沾點喜氣，同享榮光，以顯示這裡風水好，可以長面子。

劉邦還鄉，前後約二十天，關鍵詞就一個：「喝！」

363

第十四章　內憂外患

面對熱情的家鄉父老，劉邦非常激動，跟大夥兒痛飲一場，還選了一百多個年輕人，教他們唱歌。喝到興起處，劉邦親自擊築，寫了一首歌，這就是著名的〈大風歌〉：

大風起兮雲飛揚，

威加海內兮歸故鄉，

安得猛士兮守四方！

第一次讀這首詩，我被劉邦的豪情所感染；如今再讀，卻從中讀出了一個孤獨的劉邦，不由得感慨萬千。

打江山難，守江山更難。居安思危，如何讓自己與將士們辛勞打下的江山基業，不在日後他人覬覦中得而復失？去哪裡挑選出更精良的勇士來鞏固這大好河山？

老驥伏櫪，志在千里，烈士暮年，壯心不已。

想到這裡，劉邦禁不住淚流滿面。

動情之下，劉邦對家鄉的父老鄉親說道：「遊子悲故鄉，我雖然身在關中，但是將來我死後，我的魂魄還會喜歡和留戀故鄉。」

隨後，他下令沛縣世代免賦稅。

待了十多天後，劉邦擔心自己的部隊糧草消耗太大，家鄉百姓負擔不起，決定出發了。百姓得知劉邦要走，依依不捨：「陛下您不要擔心，我們招待得起。您南征北戰，好不容易路過故鄉一次，容易嗎？來來來，殺牛宰羊且為樂，勸君更盡一杯酒！」

劉邦再一次被感動了，只得又留下來，和鄉親們痛飲三日。

在沛縣的日子，是劉邦為數不多的最快樂的日子。

回到長安後，劉邦的病情愈發嚴重，然而他最放心不下的，還是心愛

的女人和孩子，這個女人是戚夫人，兒子叫劉如意。

戚夫人是劉邦在戰場上遇到的，能歌善舞，善解人意，很得劉邦的寵愛，沒過多久，就為他生了一個兒子，取名如意。自從戚夫人得寵後，她的野心開始膨脹，天天在劉邦耳邊唸叨，想讓自己的兒子當太子。

在劉邦看來，劉盈太過仁厚，性格上偏柔弱，一點也沒有繼承自己的優秀基因，這樣的人如果繼承皇位，怕是搞不定周圍這些人。而劉如意雖然年齡小一點，但是從性格上來看更像劉邦。所以，劉邦雖然把劉如意封為趙王，但是沒有讓他去趙國，而是留在身邊。在戚夫人的嘮叨下，劉邦逐漸有了換太子的念頭。

可是問題在於，太子劉盈是呂后的兒子，人家有娘家人支持，而且沒犯什麼錯誤，哪那麼容易說換就換？

無論如何，劉邦決定試一試。在搞定英布後，劉邦的身體一日不如一日，他又開始思索換太子一事。

叔孫通得知後堅決反對：「陛下你難道忘了，晉國因為驪姬廢了太子，導致晉國亂了十幾年；秦國沒有立扶蘇，導致秦國滅亡。太子仁慈，海內皆知，怎麼可以隨便廢呢？如果要廢的話，就先殺了我吧！」

劉邦只好說：「行啦，我只是開玩笑而已！」

叔孫通繼續說：「太子是國家的根本，根本一旦動搖，天下就會震動，這種事情怎麼能開玩笑呢？」

劉邦簡直無語了，心想：「我立哪個兒子當太子，是我自己的事，你們怎麼這麼有幹勁！」當然這話也只能心裡想想而已，他明白群臣的心都向著劉盈，只得暫時放下此事不提。

呂后哪受得了？只得暗中託人請教張良，想一個一勞永逸的法子。

說起來，自從劉邦登上帝位之後，張良已經很久沒有露面了。

第十四章　內憂外患

聰明的人都懂得明哲保身，在伴君如伴虎的時代，張良明智地選擇了遠離朝堂，遠離政治，他以自己身體不好為由，潛心修練道家辟穀之術去了。

功成而不居，夫唯不居，故成其功，謀士者，先謀己再謀人，這一點，張良確實做到了。

呂后的哥哥呂澤第一次去找張良，卻被他婉言拒絕：「你別以為陛下很信任我，覺得我說什麼陛下都聽，那是因為一開始他老是被項羽打得團團轉，沒有我他就完蛋了，所以他必須聽我的。現在不一樣了，天下安定，沒有了競爭對手，陛下執意要換太子，我說了又有什麼用？」

呂澤不甘心，繼續糾纏不休。張良沒辦法，只得替他出了個主意：「這樣吧，我知道天下有四個聲望很高的人，陛下一直想請他們出來做官，但是這四個人都認為陛下對人傲慢、脾氣大，不肯出來。陛下雖然請不來他們，卻一直很敬重這四個人。如果太子寫一封言辭恭敬的信給這四個人，派口才好的人去，請他們出來太子站臺，太子的位子就穩了。」

一次宴會上，劉邦見太子身後站著四個白髮蒼蒼的老人，於是出言相問，四人自報家門：我們這個組合叫「商山四皓」。

劉邦大吃一驚：「多年來我一直徵辟你們，你們都避而不見，如今為什麼來追隨我兒子？」

四皓：「陛下一向輕慢士人，動輒辱罵，我們都義不受辱，所以避而不見。如今聽說太子仁孝，恭敬愛士，天下人都願為太子效力，所以我們才出來幫助太子。」

劉邦聽後訥訥說道：「那就有勞你們好好輔佐太子了。」

宴會結束後，劉邦指著四人的背影對戚夫人說道：「我本來想行廢立之事，但是現在太子羽翼已成，動不得了。呂后真的是你的主人了。」

戚夫人大哭。劉邦心裡也很不好受：「為我跳支舞吧！」

廢立太子風波

藉著戚夫人的舞姿，劉邦即興寫了一首歌：

鴻鵠高飛，一舉千里；

羽翮已就，橫絕四海；

橫絕四海，當可奈何；

雖有矰繳，尚安所施！

意思是：大雁啊，天鵝啊，飛在千里高空，羽翼已經長成，能夠縱橫四海，你能怎麼辦？自己手上雖然有射麻雀的短箭，但是根本奈何不了大雁、天鵝啊！

在這場太子廢立大戰中，戚夫人完敗！

為什麼連張良、蕭何等重臣都改變不了劉邦換太子的主意，而商山四皓只露個臉就成功了？

我認為，在各種反對聲中，劉邦的壓力已相當大，而商山四皓，就是壓倒他的最後一根稻草。

劉盈即位的時候才十六歲，他能把握住帝國的航向嗎？當然不能，他只能依靠自己的母親。呂后的娘家實力自不必說，劉盈作為正牌太子，身後還有沛縣所有的開國功臣，大家幾乎是一邊倒地支持劉盈。

那麼劉如意呢？他的年齡比劉盈還要小，所能依靠的只有自己的母親，而戚夫人身後沒有任何政治勢力的支持。劉邦雖然寵愛戚夫人，但是腦子並不糊塗，一個沒有人支持的太子，將來這皇位必定是坐不穩的。

劉邦心裡比誰都明白，呂后將是他死後，最看重大漢江山、最能守住大漢江山的人物。

第十四章　內憂外患

王者孤獨

高帝十二年四月。

劉邦病了，病得很重。

他預感到自己的生命即將走到終點，掙扎著爬起來，寫了一封布告天下的政治遺囑：「我當天子，如今已有十二年了，當年追隨自己打天下的那幫老兄弟們也沒少沾光，封王的封王，封侯的封侯。我對得起你們了，如果有對不起我家後人的，應天下共誅之。」

這是劉邦內心的獨白，也是他最想說的話。

多年的軍旅生涯，留給他一身的傷病，前不久去平定英布叛亂時，又不小心中了一箭，到現在都沒好，連劉邦自己都認為治不好了。呂雉為他找來大夫時，劉邦直接拒絕了：「吾以布衣之身，提三尺劍而取天下，這難道不是天命嗎？命是由上天決定的，即使扁鵲來了又有何用！」

劉邦揮手賜了他五十金，直接打發走了。

人人都怕死，都想渴求長生不老，帝王更甚，但是劉邦卻是個例外。無論別人怎麼神話自己，他內心都很清楚，自己只是個普通的農家子弟，如果沒有後來的風雲激盪，自己絕對不會有出頭之日。

是人都會死，這是自然界的規律，誰也躲不掉。秦始皇不是痴迷於長生不死嗎？最後不也歸於塵土了？可見這所謂的長生，也不過是水中月、鏡中花罷了。

生命的最後歲月，劉邦獨自躺在病床上，想起了很多往事。

那一年，他到咸陽出差，偶遇秦始皇出巡的隊伍，發出了「大丈夫當如此也」的感嘆。

王者孤獨

那一年，他在項梁的軍營中見到了意氣風發的項羽，他身上的熱血與激情點燃了劉邦的鬥志。

那一年，他在最落魄的時候遇到了求職的韓信，在蕭何的極力推薦下，他封韓信為大將軍，拉開了楚漢相爭的序幕。

這些人，有的是他的對手，有的是他的朋友，在歷史的舞臺上揮灑自己的人生。「可是，那又如何？最終的贏家只有一個，那就是我劉邦。」

對了，還有那個從小玩到大的盧綰。盧綰和劉邦不但是鄰居，而且還是同年同月同日生，從小玩到大，一起參加了反秦起義。試問這樣的交情，除了劉邦的親兄弟外，誰還能比得上？

盧綰雖然在戰場上沒什麼突出表現，但是劉邦很照顧他，拿下江山後想給他封王，大夥兒知道劉邦的心思，主動推舉了盧綰，盧綰這才當上了燕王。

「盧綰在哪裡？為什麼不來看望我？」

旁邊的人告訴劉邦：「盧綰在北方燕國，早在您平定陳豨叛亂時，他就與匈奴暗中往來，有造反的意圖哪！」

劉邦心中一陣失落：「讓他來見我，我要當面問問他！」

「陛下，通知早發出去了，盧綰一直遲遲不肯入京，說是有病在身，無法進京。前些時日，一些投降過來的匈奴人招供說，盧綰的使節張勝並沒有被處死，他此刻就在匈奴王庭呢！」

劉邦很憤怒，最好的兄弟，竟然背叛了自己，是可忍、孰不可忍！他立刻叫來樊噲，讓他率軍攻打燕國，務必要活捉盧綰，押解到長安！

此時的盧綰把自己的家屬及小弟們安頓好後，一直在長城腳下等待機會，希望等劉邦病好之後，親自進京謝罪。

樊噲走後，有人在劉邦面前吐槽，說樊噲串通呂后圖謀不軌，想殺害

第十四章　內憂外患

戚氏母子。

這還得了！劉邦又找來陳平，讓他除掉樊噲。

接到任務後，陳平心裡七上八下。樊噲是呂后的親妹夫，劉邦眼看著就快不行了，呂后必將掌權，如果殺了樊噲，呂后那邊肯定饒不了自己。

怎麼辦？

陳平與周勃一合計，不如將樊噲押解進京，讓劉邦親自處理。

自從當了皇帝後，劉邦對誰都不信任，滿腦子都是總有刁民想害朕。欲帶王冠，必受其重，至尊之位，雖然看著高高在上，但是其實無比孤獨寂寞，沒有人能理解他，也不可能有人理解他。

昏昏沉沉間，呂后來了，詢問身後之事。

「陛下百年之後，蕭相國若也故去，誰可以接替他呢？」

劉邦說：「曹參。」

呂后問：「誰能接替曹參？」

劉邦說：「王陵。只不過王陵此人太過耿直，可以讓陳平輔助他。但是陳平這小子智雖有餘，卻難以獨當大任。周勃沉穩厚道，不善花言巧語，但是能安我劉氏天下者，必周勃也，可令為太尉。」

呂后又問：「誰來接替周勃？」

劉邦嘆息說：「再以後的事，你就用不著擔心了。」

雖然還有很多事沒做完，但是劉邦已經沒有時間和精力去管那些了。他這一生，起自布衣，卒定天下，也沒有什麼遺憾的了。

劉邦太累了，他需要一個漫長的休息。待呂后進來的時候，他已經睡著了，永遠地睡著了。

高帝十二年四月二十五，西元前 195 年，劉邦崩於長樂宮。

此時的盧綰還在長城邊等劉邦的消息，結果等來的卻是他去世的噩耗。得知這個消息，盧綰知道此生再也沒有機會消除誤會了，索性大哭一場，然後投奔了匈奴。

陳平得知劉邦駕崩的消息，趕緊跑到皇宮彙報工作。呂后對陳平的辦事能力讚賞有加，由於他也是託孤大臣之一，於是封陳平為左丞相。

是時候好好評價一下劉邦了。

中華民族古代那麼多帝王將相，那麼多英雄人物，唯有劉邦最特別，他的人生堪稱逆襲的典範。

為什麼這麼說？

劉邦這個人，沒有顯赫的身世，從基層公務員做起，一步一步發展，他的人品也不完美，甚至有點無賴。年過四十，依然一無所成，在鄉里被人嘲笑。當同輩人秦始皇完成自己的歷史使命時，劉邦卻還在沛縣遊手好閒、混吃混喝，過自己逍遙快活的日子，一點也看不出有做大事的苗頭。

可是劉邦在乎嗎？一點都不在乎。因為有一個詞，叫大器晚成；有一句話，叫人生沒有最晚的開始。

劉邦出來創業時，已經四十七歲了。在那個風起雲湧的時代，他的競爭對手實在太多了，其中最大的對手是意氣風發、力能扛鼎的項羽，出身好，粉絲多，徹徹底底的官後代一枚。反觀自己，除了身邊的一幫狐朋狗友，一無所有，實在是太普通了。

然而，就是靠著身邊的這些朋友，劉邦一步一步，逐一擊敗了那個時代最厲害的人物，登上了九五之尊的位子。

如果說，從劉邦的身上能學到什麼？我認為是永不言敗的精神。

在這個世界上，我們大部分的人都沒有項羽那樣的背景與資源，也沒有韓信那樣的卓越天賦。和劉邦一樣，我們都是掙扎著溫飽的普通人，沒

第十四章　內憂外患

有背景、沒有靠山、沒有資源可以揮霍。要想改變自己的命運，唯有兩個字：堅持。

彭城之戰、滎陽突圍，在和項羽的正面對抗中，劉邦幾乎每一次都輸得底朝天，每一次都輸得乾脆俐落，只能像個喪家之犬一樣夾著尾巴跑路，這就是他顛沛流離的最直白寫照。

可是，那又如何？打不贏就跑，只要沒死就接著打！

一次次的失敗，一次次的崛起。連續的失敗沒有消磨掉他的雄心，多年的安逸也沒有消磨掉他的銳氣。他用超一流的努力和堅持，硬生生改變了自己不入流的命運，把自己強行拉高了幾個等級，成為那個時代超一流的大人物。

如果不是拚命堅持和努力，我們就不會在史書上看見這個名字，也不會有漢朝這個偉大的朝代了。

如果項羽是在大勢中沉浮，並隨波遠去，那劉邦就是一塊頑石，頑強地任憑雨打風吹。

這樣的一個人，就算落於九幽之下，也會一步步向前，慢慢爬上來。只要他想，沒什麼不可能的。

王者孤獨

龍種崛起，從市井無賴逆襲成為大漢帝王：
芒碭山裡的大王、賣狗肉的販子、刺殺失敗的刺客……英雄不論出處，只要確認過眼神，走對路跟對人，混混也能當皇帝！

作　　　者：	朱耀輝
責 任 編 輯：	高惠娟
發 　行 　人：	黃振庭
出　版 　者：	複刻文化事業有限公司
發 　行 　者：	複刻文化事業有限公司
E - m a i l：	sonbookservice@gmail.com
粉 　絲 　頁：	https://www.facebook.com/sonbookss
網　　　址：	https://sonbook.net/
地　　　址：	台北市中正區重慶南路一段61 號8 樓

8F., No.61, Sec. 1, Chongqing S. Rd., Zhongzheng Dist., Taipei City 100, Taiwan

電　　　話：	(02)2370-3310
傳　　　真：	(02)2388-1990
印　　　刷：	京峯數位服務有限公司
律師顧問：	廣華律師事務所 張珮琦律師

版權聲明

本書版權為樂律文化所有授權複刻文化事業有限公司獨家發行電子書及紙本書。若有其他相關權利及授權需求請與本公司聯繫。
未經書面許可，不得複製、發行。

定　　　價：520 元
發行日期：2024 年11 月第一版
◎本書以POD 印製

Design Assets from Freepik.com

國家圖書館出版品預行編目資料

龍種崛起，從市井無賴逆襲成為大漢帝王：芒碭山裡的大王、賣狗肉的販子、刺殺失敗的刺客……英雄不論出處，只要確認過眼神，走對路跟對人，混混也能當皇帝！/ 朱耀輝 著 .-- 第一版 .-- 臺北市：複刻文化事業有限公司 , 2024.11
面；　公分
POD 版
ISBN 978-626-7595-82-4(平裝)
1.CST: 漢史 2.CST: 通俗史話
622　　113016775

電子書購買

爽讀APP　　　臉書